Stefan Schulz

REDAKTIONSSCHLUSS

Die Zeit nach der Zeitung

Carl Hanser Verlag

1 2 3 4 5 20 19 18 17 16

ISBN 978-3-446-25070-3

Satz: Greiner & Reichel, Köln
Druck und Bindung: CPI books GmbH, Leck
Printed in Germany

In Erinnerung an
Frank Schirrmacher

INHALT

NACHRICHTENDIÄT

ANHANG

VORWORT

Wir sind heute alle wahnsinnig gut informiert. Nur worüber, durch wen und zu welchem Nutzen? Was für mühsame Fragen! Geben wir es zu: Wir haben uns gerne verführen lassen. Wir lieben die kleinen Annehmlichkeiten. Uns stört der Verlust an Kontrolle kaum. Andauernd greifen wir zu unseren Handys. Wir freuen uns über ihr Piepsen. Manchmal spüren wir sie in unseren Taschen vibrieren, auch wenn sie gar nicht in ihnen stecken. Die kleinen Bildschirme faszinieren uns. Sie zeigen an, was wir uns wünschen. Sie halten uns mit der Welt verbunden. Nur ausdauerndes Lesen machen sie uns etwas schwer. Sei's drum: Wir wissen heute so viel wie niemals zuvor über die Welt, in der wir leben. Aber können wir uns auch noch darüber verständigen, was uns betrifft?

Von dieser wahnwitzigen Frage handelt dieses Buch. Sie ist wahnwitzig, weil die Antwort längst feststeht: Nein. Wir wissen kaum etwas von dem, was um uns herum passiert. Unsere Telefone erklären es uns nicht. Sie beschäftigen uns bloß. Sie verstricken uns in Kommunikation, die auch später oder gar nicht hätte stattfinden können. Sie lenken uns ab. Wissen Sie, wie oft Sie am Tag zum Handy greifen oder wie lange Sie auf seinen Bildschirm schauen? Wieder eine wahnwitzige Frage, deren Antwort »Nein!« lautet. Wir leben in einer Informationsgesellschaft, über die wir eigentlich nichts wissen.

Das zweite Mal nach der Überwindung des Hungers in der westlichen Welt erleben wir totalen Überfluss. Diesmal macht er uns weder dick noch sichtbar krank. Wenn wir nur daran glauben, bedeutet die neue Informationsflut endlose Unterhaltung, ständig verfügbare Freunde und ein wahnsinnig unkompliziertes Leben. Doch der unendliche Spaß hat eine Schattenseite. Mit dem Wissen der Welt, dem wertvollsten Schatz unserer Zeit, wachsen die Möglichkeiten und unser Unvermögen, sie kennenzulernen, sie zu nutzen und uns vor ihnen zu schützen. Wir – als Konsumenten, Wähler und Arbeitnehmer – fühlen uns allwissend, sind aber orientierungslos. Nach den neuen Datenschätzen schürfen die wertvollsten Unternehmen der Geschichte mit den intelligentesten Mitarbeitern der Welt. Beim Blick ins Silicon Valley werden alle Superlative Wirklichkeit. Die ganze Welt ist mitgerissen. Junge Menschen, die vor lauter Modernität nichts mit Religion am Hut haben wollen, verlieben sich in Technologien. Sie loben das Gefühl der Geborgenheit, das sie ihnen bieten. Und sie preisen einen Gemeinschaftssinn, um den sie von ihren Eltern beneidet werden – als habe es nie zuvor soziale Netze gegeben. Sogar neue Testamente werden geschrieben, die im Silicon Valley tatsächlich wie heilige Schriften gelesen werden: »Überfluss. Die Zukunft ist besser als Sie glauben«.[1]

Aber langsam dämmert es doch. Soziologen stellen heute nicht nur fest, dass die Rechnung aus geschöpftem Wissen und verdrängtem Unwissen anders als gedacht kein Nullsummenspiel ist. Sie fragen sich erstmals, was Überfluss eigentlich ist. Jahrhundertelang hat sich die Menschheit mit Knappheit beschäftigt. Es wurden Universitäten und Unternehmen gegründet, Politikmodelle erforscht und Märkte erobert, um der Knappheit Herr zu werden. Jetzt plötzlich herrscht Überfluss, der uns mit selbstverschuldeter Konzeptlosigkeit konfrontiert. Der Chicagoer Soziologe Andrew Abbott fragte als Erster: Wie viele unserer modernen Probleme lassen sich denn wirklich allein durch mehr Informationen lösen?[2] Ist zu wenig Wissen tatsächlich ein grundlegendes Problem, oder ist es nicht häufiger der Mangel an sozialer Nähe und sinnvoller Beschäftigung, die uns zum Arzt, zum Einkaufen, zur Familie, an den Schreib- oder Stammtisch und in den Ortsverein bringt? Privilegierte Menschen schützen diese sozialen Räume. Alle anderen bedienen sich aus Ermangelung anderer Auswege Technologien, um sich politischen Frust von der Seele zu schreiben, um mit ihren Stars mitzufühlen oder um ihren möglichen Krankheiten nachzugoogeln. Wer keine Freunde hat, brauche eben Geld, hieß es früher gehässig. Heute reicht zur Ablenkung von der persönlichen Misere oft schon das Smartphone.

Andrew Keen, britischer Unternehmer und Medienstar, beschäftigte sich aus dem Innenleben des Silicon Valleys heraus mit »der Katastrophe des Überfluss«.[3] Er zählt die Ideen und Theorien auf, die bislang enttäuscht wurden: Dank Internet kann nun jeder seine Musik veröffentlichen, für die allerdings kaum mehr bezahlt werde. Das Internet habe Demokratie und Professionalisierung versprochen, aber Monopolisierung und Amateurisierung gefördert. Das Internet habe die Gesellschaft überschwemmt. Große Datenhändler – wie Amazon, Google und Apple – gelang es gerade noch, Preisschilder an die digitalisierten Kulturgüter zu kleben, die jedoch nicht ihre sind, und deren kreative Schaffensräume sie nicht zu schützen vermochten. Unsere ideologieverseuchte Zeit, sagt Keen, sei geprägt von einem »Überfluss an Dummheit«. Die Medien, darüber werden wir sprechen, hat er zuerst erreicht.

Vor drei Jahren sprach Nicolas Clasen vom »digitalen Tsunami«, der die Medienunternehmen erfasst habe. Heute können wir von einer Informationssturmflut sprechen, die der Naturgewalt folgte und die Gesellschaft gänzlich überschwemmte. Den Zuschauern reichte es, die Hosen etwas hochzukrempeln, um den neuen Strömen fasziniert zu folgen. An den Küsten, wo der Tsunami tobt, untergräbt das Unwetter jedoch die Fundamente der alten Leuchttürme. Vielerorts ist die Aussicht schlecht, die Pegel steigen – manche Häuser mussten bereits evakuiert werden.

Dass wir in einer Informationsgesellschaft leben, wissen wir – ausgerechnet aus den Massenmedien. In jedem neuen Wetterbericht klagen sie ihr Leid. Doch das Unwetter ist für sie nur noch eine fortlaufende Erzählung, nämlich ihre Leidensgeschichte, die alle Beteiligten so in ihren Bann schlug, dass niemandem auffiel, dass die Erklärungen schon länger ausblieben. Umso größer sind die Überraschungen beim Blick aus sicherer Entfernung: »Zu Lebzeiten der Schriftstellerin Jane Austen (1775–1817) wurde in London sechsmal pro Tag Post zugestellt«, berichtete Peter Glaser in einem Essay zum Thema »Onlinejournalismus«. Er beschrieb eine Hochgeschwindigkeitsinformationsgesellschaft, von der kein Mensch aus eigener Erfahrung berichten kann.[4] Bis vor fünfzig Jahren erschien die »Neue Zürcher Zeitung« dreimal am Tag, notiert er weiter. An anderer Stelle lesen wir: Die täglich neue Gestalt der »New York Times« wird bis heute auf Papier vorgezeichnet.[5] Mehr als eine Million Abonnenten der Zeitung sehen diese Seiten allerdings nie, nicht mal als digitalisiertes Abbild. Oder: Mitarbeiter von Jon Stewart, dem bis zu seinem Abschied von der »Daily Show« im Sommer 2015 die Genrebezeichnung »Fake-News« angedichtet wurde, obwohl seine Glaubwürdigkeitswerte und Erfolge allen Abwärtstrends widersprachen, berichtete ganz offen von einer »Arbeitsethik des nicht objektiven Journalismus«.[6] Teufelswerk! Das subjektive Gebrabbel eines lustigen Jedermanns, der sich selbst nicht ernst nahm, sollte plötzlich den Olymp der Nachrichtenwelt besetzen?

Offenbar ja. Stewarts Ziehson, John Oliver, gelang mit ähnlichem Witz noch Erstaunlicheres: In der Hektik der beklagten Netzkommunikation, die alle Aufmerksamkeitsausdauer zum Erliegen brachte, etablierte er den anspruchsvollen, politischen, monothematischen Monolog als Erfolgsformat, das alle Maßstäbe sprengte – in seiner Glaubwürdigkeit, seiner Reichweite und in seiner Beliebtheit. Hatte das Zauberstück etwas mit Journalismus zu tun? Darüber lacht Oliver bloß.[7] Teufelskerl! Die Konkurrenz und medienwissenschaftliche Beobachter reiben sich dagegen verwundert die Augen.

Bleiben wir noch kurz in Amerika: Die Frage, ob sich mit neuen Formaten neue Geschäftsmodelle für Journalisten auftun, trieben dort manche Einzelkämpfer auf die Spitze. Robert Cottrell arbeitete für den »Economist« und die »Financial Times«, lebt aber heute davon, Zeitungen bloß zu lesen. Ein Abonnement seiner Leseempfehlungen kostet zwanzig Dollar im Jahr.[8] Mit Zeitunglesen lässt sich also Geld verdienen, während Blattmacher über knausrige Leser klagen. Tatsächlich sitzen im Silicon Valley deutsche Entwickler in Hightech-Bussen, um zu Facebook zur Arbeit zu fahren, und können, obwohl sie wollen, die »Süddeutsche Zeitung« nicht lesen, weil ihnen das technische Verfahren zu kompliziert ist.[9] Der Eindruck ist wirr, aber nicht falsch – es geht drunter und drüber.

Statt dass Zeitungsverlage in gut funktionierende technische Verfahren des digitalen Zeitungsvertriebs investieren, durch die sie wieder in eine Beziehung zu ihren Lesern treten, setzen sie auf die Laufkundschaft der sozialen Netzwerke und Werbeerlöse im Massenmarkt. Dabei lässt sich sogar Google inzwischen von seinen Nutzern dafür bezahlen, endlich die nervige Werbung auszublenden.[10] Das Unternehmen, das sechzig Milliarden Dollar im Jahr damit umsetzt, Werbung auf Bildschirmen zu vertreiben, weiß nämlich am besten, dass dieses System schon nicht mehr richtig funktioniert. Ein Viertel der Deutschen benutzt Werbeblocker.[11] Google selbst gibt zu bedenken, dass mehr als die Hälfte der aufgerufenen Werbung niemals von einem Menschen gesehen wird.[12] Informiert man sich über das Ausmaß des Problems, erfährt man, dass manche Betrüger bis zu 120 000 Computer nur dafür betreiben, Werbung aufzurufen und anzuklicken.[13] Plötzlich wundert sich die deutsche Branche, dass ihr Guru, Thomas Koch, die Online-Werbung 2015 ohne große Theatralik für tot erklärte und zu Grabe trug.[14] Der redaktionelle Journalismus steht ohne Hosen da, und wir haben bis hierhin noch nicht einmal auf seine inhaltliche Leistung geblickt.

Das werden wir auch weiterhin nur begrenzt tun. Das Ziel dieses Buches ist, herauszufinden, ob Medienverzicht die letzte Rettung vor dem Irrsinn der Welt ist oder ob sich nicht mit ein paar Tricks eine Nachrichtendiät gestalten lässt, mit der wir uns der Welt- und Nachrichtenlage wieder konstruktiv zuwenden und einen klaren Kopf bewahren können. Der Weg dorthin führt – vorbei an »Lügenpresse«-Vorwürfen, ökonomischen Panikberichten und Experimenteerkundungen – durch den Maschinenraum der Massenmedien. Wir werden zurückblicken auf die Jahre, in denen sich der Journalismus an der Oberfläche mit Tsipras' Griechenland, Putins Russland, Blatters Fußball, Hoeneß' Steuerzahlungen, Lubitz'

Geisteszustand, Assads Regime und Trumps Politikverständnis herumschlug. Hinter der Bühne der Protagonisten und ihrer Probleme ging es nämlich spannender zu. Um im Modus der Auswahl und im Genre des Sensationellen zu bleiben: Wie wurde es möglich, dass Jakob Augstein im Sommer 2015, ausgerechnet unter dem Dach des »Spiegels«, den Wahnsinnssatz schrieb: »Vielleicht ist es ganz gut, dass immer weniger Menschen Zeitung lesen«?[15] Zur selben Zeit, innerhalb von nur zehn Tagen, wurde er flankiert von Georg Diez, der titelte: »Flüchtlingskrise: Wir brauchen einen neuen Journalismus«[16], und Sibylle Berg, die schrieb: »Panikmache in Medien: Angst, Angst, Angst – und nicht fragen, wieso«, beide ebenso beim »Spiegel«.[17] Wie kam Heiner Flassbeck, ehemaliger Staatssekretär im Finanzministerium, dann Chefökonom bei den Vereinten Nationen in Genf und heute gefragter Welterklärer, dazu, nach unzähligen Fernsehinterviews zur Griechenlandkrise, die Leser seiner Website darauf hinzuweisen, »dass man sich im Internet umfassender und besser informieren kann als bei den Leitmedien«?[18] Wir werden es zu Beginn klären, wenn wir das Ende der Zeitung besprechen.

Die anschließende Leitfrage ergibt sich ebenso aus sensationellen Beiträgen in den zurückliegenden Medienjahren. Für den Chefredakteur der digitalen »Frankfurter Allgemeinen Zeitung«, Mathias Müller von Blumencron, verkam das Internet 2015 zur »Empörungsmaschine«, »Gerüchteschleuder« und zum »Propagandavehikel für jede noch so obskure Theorie«.[19] Und von amerikanischen Wissenschaftlern haben wir erfahren, dass die Leserkommentare, mit denen sich Journalisten heute auseinandersetzen müssen, manche von Blumencrons Kollegen ähnlich getroffen wie Trauma-Patienten zurücklassen.[20]

Was wie eine Floskel klingt, ist bitterer Ernst. Der bisherige Umgang mit den neuen Informationsangeboten der Gesellschaft macht manche Menschen von Berufs wegen krank. Und ebenso zieht er Organisationen und gesellschaftliche Systeme in Mitleidenschaft.

Können wir überhaupt noch zielorientiert debattieren, und wenn ja, worüber? Eignet sich die Politik, die schon vor Jahrzehnten an Küchentischen verboten wurde, weil sie zu nichts als Streit führt, überhaupt noch als Thema für öffentliche Auseinandersetzungen? Es gibt nicht wenige hiesige und ausländische Journalisten, die in Berlin seit Jahren keine konstruktive politische Auseinandersetzung mehr beobachtet haben, von ihnen werden wir hören, wenn sie ihre eigene Branche besprechen. Dass sie von Angela Merkel zu ihrer »Propagandamaschine« degradiert wurde, lautet beispielsweise ein Vorwurf, der sich prominent nachlesen ließ.[21] Von Debatte keine Spur. Stattdessen haben Politiker ganz neue Strategien. Sie schweigen oder lügen, und geben zumindest das ehrlich zu.[22] Wir werden also die Fragen beantworten, wie politische Willensbildung heute funktioniert, was eine politische Wahl noch bedeutet und was das mediale Theater, das Zeitungen und Fernsehnachrichten stets als Erstes behandeln, mit Demokratien oder gar mit uns persönlich noch zu tun hat.

Danach werden wir die Massenmedien hinter uns lassen und nachschauen, wie insbesondere Google und Facebook im Aufmerksamkeitskampf aufgerüstet haben. Ging es bislang um gesellschaftlich relevante Informationen und regelmäßige Nachrichten, tobt heute ein Kampf um geistiges Eigentum, das die größten Unternehmen der Welt geschaffen haben und das sie in einem erbitterten Wettstreit miteinander erobern. Sie meinen das in unseren Köpfen. Glaubwürdigkeit und Relevanz, Intelligenz und Erkenntnis, das war einmal. Gefallen und Reichweite, Instinkte und Emotionen, das sind die neuen Schätze. YouTube-Stars, die nicht einen wichtigen Satz sagen, erobern ihr Millionenpublikum. Neuer Journalismus, der heute klüger ist als jemals zuvor, ist das nächste stolze Nischenprodukt. Nebendran findet in den Computern das Phantastischste überhaupt statt. Der Fachbegriff könnte nicht passender sein: *unsupervised learning*. Wir stellen uns also die Frage: Wie funktioniert die neue Medienwelt? Ist sie mehr als nur ein technisch aufgerüstetes bäuerliches Mittelalter, das uns aus Zeitnot in der Gegenwart gefangennimmt und erfahrungs- und erwartungslos, vielleicht sogar hoffnungslos zurücklässt? Wir werden den Wirrungen der Welt nicht ausweichen.

Aber wir werden uns letztlich auch um Klarheit bemühen und mit Konrad Lischka, einem ehemaligen »Spiegel-Online«-Journalisten und heutigen Referenten in der Landesregierung von Nordrhein-Westfalen, über professionelle Medienbeobachtung sprechen. Den Journalisten Stefan Niggemeier werden wir nach den neuen Aufgaben professioneller Medienkritik fragen. Mit der Aktivistin und Journalistin Constanze Kurz werden wir über den Unterschied von Aktivismus und Journalismus sprechen und sie fragen, ob wir die technische Welt überhaupt noch begreifen können. Und der Soziologe Dirk Baecker wird uns von Sinn- und Kritiküberflüssen berichten, wenn wir mit ihm der Frage nachgehen, was die neuen Medien aus uns und der Welt, in der wir leben, machen.

DAS ENDE DER ZEITUNG

DER WICHTIGSTE MANN IM GLOBALEN NACHRICHTENGESCHÄFT

Würde man sie fragen, wen würden sie nennen? Mehrmals im Jahr treffen sich renommierte Journalisten und ihre Verleger, um Medienpreise an ihre bedeutendsten Vertreter zu verleihen und ihre Lage zu diskutieren. Würde man bei diesen, ein wenig staatstragenden Veranstaltungen in holzvertäfelten Räumen über Greg Marra sprechen wollen, um ihn für einen wichtigen Preis vorzuschlagen, fände man niemanden, der sich für diesen Techniker, Jahrgang 1988, interessiert oder ihn überhaupt kennt. Marra ist Software-Entwickler. Ausgebildet am renommierten Franklin W. Olin College für Ingenieure, nach beruflichen Stationen bei Google und Microsoft, arbeitet er heute für Facebook. Fast jeder zweite Mensch mit Internetanschluss hat dort einen Account. Mit gerade einmal sechzehn Mitarbeitern entwickelt und betreut Marra den Newsfeed des Unternehmens. Er entscheidet, nach welchen Regeln Facebook mit seinem Datenschatz umgeht, was Nutzer zu sehen bekommen und was nicht. Einmal wöchentlich passt er die Algorithmen an, deren Such- und Sortierergebnisse seit Oktober 2015 mehr als einer Milliarde Menschen täglich angezeigt werden. Nur die »New York Times« hat bislang mit ihm über seine Arbeit gesprochen. Im Herbst 2014 stellte die Zeitung den Roboterbauer im Nebenberuf, der in seiner Freizeit über Dinge wie Armeen von Fake-Twitter-Accounts nachdenkt, die er dann auch tatsächlich aufstellt, erstmals ihren Lesern vor – als den Mann mit dem »wahrscheinlich größten Einfluss im neuen globalen Nachrichtengeschäft«.[1]

Das Desinteresse deutscher Medienmacher an Greg Marra beruht auf Gegenseitigkeit. Marra sieht sich nicht einmal selbst als Journalist und ebenso wenig seine Arbeitsgruppe als Redaktion. »Wir übernehmen keine redaktionelle Verantwortung für die Inhalte in ihrem Facebook-Newsfeed«, erklärt Marra freimütig. Jeder Nutzer habe schließlich eine eigene Liste von Freunden erstellt und Nachrichtenseiten sowie Unternehmensangebote abonniert, die ihrerseits Facebook mit Inhalten füttern: »Sie haben als Nutzer selbst entschieden, für was sie sich interessieren.« In dieser Argumentation steckt ein Denkfehler mit gravierenden Folgen, um die sich Marra allerdings nicht zu kümmern braucht, die hiesige Medienhäuser allerdings erschüttern, ohne dass sie verstehen, wie ihnen geschieht. Denn Facebooks Newsfeed ist kein weiterer Vertriebsweg für Zeitungen, Fernsehsendungen oder Magazine. Die Medienhäuser stoßen bei Facebook weder auf ein Massenpublikum, noch finden sie dort nennenswerte Zahlungsbereitschaft. Die sozialen Netzwerke funktionieren stattdessen wie Echokammern. Sie machen Resonanz sichtbar. Journalisten erhalten sofort Rückmeldung darüber, wie ihre Artikel gelesen werden, wer sie kommentiert und wie Themen verfangen. Aber all das gilt nur für einzelne Artikel, Ausschnitte von Sendungen und Bilder.

Für das Publikum wurden die Resonanzräume der sozialen Medien als Komfortzonen entwickelt. Nirgendwo ist es einfacher, sich in reichhaltiger Bandbreite zu informieren und unterhalten zu lassen. Jeder dritte erwachsene Amerikaner erhält Nachrichten per Facebook, lautet das Ergebnis einer Umfrage des Pew Research Centers im Herbst 2013.[2] Die sozialen Netzwerke versprechen schon längst nicht mehr nur privates Vergnügen. Die Medien arbeiten mit ihnen und investieren in sie. Das soziale Netz steht in Konkurrenz zu den klassischen Websites im Nachrichtengeschäft. Eine Zweidrittelmehrheit der mehr als fünftausend Befragten gab zudem an, tatsächlich nur ein einziges soziales Netzwerk für Nachrichten zu nutzen: 85 Prozent nannten Facebook.

Diesen Zahlen lässt sich einiges Gewicht zumessen. Sie wurden von der amerikanischen Filiale der GfK (Gesellschaft für Konsumforschung) ermittelt und sind nach denselben Maßstäben für Amerika repräsentativ wie die von der GfK ermittelten Einschaltquoten in Deutschland. Eine weitere Auswertung der Zahlen brachte bemerkenswerte Resultate hervor: Nur sechzehn Prozent der Befragten sagten, sie nutzten Facebook, um Nachrichten zu finden. Aber 78 Prozent gaben an, sie stolpern bei Facebook über sie.[3] Zwar stoßen wir im Newsfeed auf die Inhalte, die unsere Freunde, Bekannten und Unternehmen dort teilen. Aber nur wenige wissen, dass Facebook tiefgreifend sortiert – und im Schnitt vier Fünftel der Inhalte stillschweigend ausblendet. Facebook möchte nämlich vermeiden, dass »Nutzer etwas verpassen, für das sie sich wirklich interessieren«, was dem Unternehmen nach geschähe, würde man ihnen einen zu überfrachteten Newsfeed präsentieren.[4]

Die Hunderte von Millionen von Menschen, die über einen Facebook-Account verfügen und ihn ähnlich den Amerikanern nutzen, sind die Schmiermasse der neuen Medienwelt. Auf der einen Seite arbeiten Redaktionen, die täglich mehrere Stunden Fernsehnachrichten oder dicke Zeitungen produzieren. Auf der anderen Seite versuchen die Betreiber sozialer Netzwerke im

Sekundenrhythmus, mit diesem Material das Engagement ihrer Nutzer zu steigern, sie zu begeistern, sie zum Lachen zu bringen und sie zu motivieren, Inhalte zu teilen, sie als gefällig zu markieren und zu kommentieren. Sein Ansinnen formulierte Facebook-Chef Mark Zuckerberg bereits 2013: »Das Ziel ist, eine perfekte personalisierte Tageszeitung für 1,1 Milliarden Menschen zu entwickeln.«[5]

Es ist eine fatale Konstellation, dass sich beide Rationalitäten – die der traditionellen Redaktionen und die des technologiegetriebenen Internets – heute so frontal gegenüberstehen im Kampf um das einzige und zugleich knappste Gut, das sich von ihnen vermarkten lässt: Aufmerksamkeit. Und es ist ein Irrglaube, zu hoffen, dass dieser Konflikt verständig gelöst werden kann. Ohne den Einsatz menschlicher Intelligenz aufseiten der Konsumenten und Produzenten von Nachrichten- und Unterhaltungsmedien wird sich der neuen Maschinenrationalität nur wenig entgegenhalten lassen. Bis heute ist den meisten Protagonisten im Mediengeschäft aber nicht einmal ersichtlich, was überhaupt auf dem Spiel steht.

Klar ist nur, wie die den Maschinen überlassene Entwicklung verläuft: Rufen Menschen die Websites von Nachrichtenangeboten direkt auf, bleiben sie rund viereinhalb Minuten und rufen 25 Seiten auf. Kommen sie über Facebook, bleiben sie nur knapp ein Drittel der Zeit, nämlich eineinhalb Minuten.[6] Dies ergab die Analyse von Nutzungsdaten, die Comscore, ein amerikanisches Unternehmen für digitale Marktforschung, erhob und Forscher des Journalism Projects des Pew Research Centers auswerteten. Das Laufpublikum der sozialen Netze klickt zudem nur ein Fünftel der Seiten, nämlich fünf, an. Als vorbeieilende Leser kehren sie außerdem sehr viel seltener, wenn überhaupt, auf die Seiten zurück. Diese Zahlen vom März 2014 sind vielleicht schon wieder überholt.

Einblicke in ihre fatalen Nutzungsdaten gewähren die Medienhäuser nur noch begrenzt. Anhaltspunkte für die Entwicklung gibt aber das inzwischen berühmte Strategiepapier der »New York Times«, das im Mai 2014 versehentlich veröffentlicht wurde.[7] Eine Botschaft des hundertseitigen Dokuments hat Medienhäuser weltweit aufgerüttelt: Innerhalb von zwei Jahren, von 2011 bis 2013, sank die Zahl der Leser, die die Website der »New York Times« auf der Suche nach Artikeln direkt aufrief, um die Hälfte von 160 Millionen auf achtzig Millionen. Verringert hat sich die Leseraktivität im selben Zeitraum nicht. Die Leser nahmen einfach den neuen, schnelleren Weg. Sie folgten punktgenauen Empfehlungen ihrer Freunde in sozialen Netzwerken, statt sich aus dem Themen- und Text-Angebot der Redaktion zu bedienen. Das Interesse der Leser gilt also noch den Texten der »New York Times«, aber ihre Treue gilt heute Facebook. Das ist gemeint, wenn von Medienwandel die Rede ist.

Es handelt sich um einen tiefgreifenden Wandel und nicht nur um den nächsten Verlegenheitsbegriff im Schlepptau der Digitalisierung. In Deutschland verlief die Entwicklung nicht anders. Die »taz« hat ihre Zahlen dazu veröffentlicht und kommentiert: Im Vergleich zum Sommer 2013 verfünffachten sich die Besucher, die über soziale Netze die Nachrichtenseite besuchten. Die Bedeutung der Startseite sank um ein Fünftel, die Bedeutung der Suchmaschinen sank um ein Drittel. *Search* und *Social* haben die Rollen getauscht. Jeder dritte Leser von Nachrichtenwebsites folgt inzwischen Links in sozialen Netzwerken. Neue Publikationsunternehmen wie »BuzzFeed«, die den auf Reichweite setzenden Vertrieb ihrer Texte weit wichtiger nehmen als die Qualität ihrer Inhalte, kümmern sich nach eigenen Angaben überhaupt nicht mehr um Suchmaschinenoptimierung. Das Füttern ihrer Facebook-Seite ist ihnen dagegen heilige Arbeit, die nur per Hand erledigt wird. Überschrift-Varianten werden vor ihrer Publikation beispielsweise aufwendigen Tests unterzogen, um nur die sozial tauglichsten zu verwenden.[8]

Was das für alle Zeitungsmacher bedeutet, beschrieb ein Autor der »taz«: »Wir haben immer weniger Einfluss darauf, welche unserer Artikel die Leser lesen.«[9] Facebook entscheidet, was sichtbar wird. Medienhäuser, die von sich behaupten, sie experimentierten mit neuen Publikationsformen und nähmen dafür sogar Geld in die Hand, tun nichts anderes, als sich Facebooks Regelwerk zu unterwerfen. Wer morgens zuerst zu seinem Handy greift, statt zu einer Tageszeitung, hat diesen Wandel kaum bemerkt. Es geht wie bisher um das Suchen und Finden von Informationen und Nachrichten. Auch die Medienhäuser haben den Wandel bislang eher unbewusst absolviert. Rückblickend gilt 2014 allerdings als das Schicksalsjahr, in dem sich der Medienwandel ins Bewusstsein der Organisationen vorarbeitete. Im selben Atemzug, spätestens im turbulenten Medienjahr 2015, haben sie mit Schrecken bemerkt, dass ihnen das Heft des Handelns schon aus der Hand genommen wurde.

Auswege aus der für die etablierten Redaktionen verheerenden und sich weiter verschlimmernden Situation gibt es bis heute nicht. Zu sehen ist lediglich die erfolglose Suche nach neuen Vermarktungsmodellen für alte Medienmarken. Sie führte in Deutschland nicht viel weiter als zu einem von Verlagen geforderten Leistungsschutzrecht für Presseerzeugnisse,

Print-Redaktionen als gefühlter Klotz am Bein junger Online-Journalisten und zerstörerischen Entlassungswellen. Die Stimmung in den Redaktionen wurde nicht nur von der angespannten Finanzlage getrübt. Erstmals schämen sich Journalisten wegen Lobbyarbeiten wie der für das Leistungsschutzrecht oder den abgewehrten Mindestlohn für Zeitungsausträger öffentlich für ihre Verleger. Junge Kollegen entwickeln einen ausgeprägten Zynismus gegen ihre erfahrenen Kollegen, die nämlich gar nicht die Erfahrung haben, auf die es jetzt ankommt. Und Redakteure aller Altersklassen schauen hoffnungslos in die Zukunft. Redet man mit den älteren, etablierten Journalisten, die mit ihrer überwältigenden Mehrheit in den Redaktionen den Ton angeben, glauben sie, es gehe um nichts weiter als um ihre traditionellen Privilegien, nämlich Dienstautos, Reisen und das liebgewonnene Papier.

Unterhalb dessen, was sich im klagenden Bewusstsein der Redaktionen abspielte, markierte das Jahr 2014 auch für das Publikum den entscheidenden Paradigmenwechsel: Sogar Leser, die Facebook meiden und Zeitungen noch ausschließlich gedruckt lesen, die Journalisten Autorität zurechnen, der redaktionellen Arbeit vertrauen und jährlich hohe dreistellige Beträge für ein Abonnement ausgeben, können sich den neuen Medienprinzipien von Google, Facebook & Co. nicht mehr entziehen. Alle Nachrichtenmedien leiden unter ökonomischer Schwäche. Und für fast alle gilt, dass nur noch der Ausbau ihrer Reichweite einen realistischen Ausweg aus der Not bieten kann. Reichweite kann heute jedoch nur noch digital gewonnen werden. Als ich im August 2011 zur »Frankfurter Allgemeinen Zeitung« kam, wurde das Blatt jeden Abend 462 000 Mal gedruckt. Kurz vor Jahresende 2014, als ich die Zeitung verließ, wurden die Redakteure darauf vorbereitet, dass die Druckauflage der Zeitung schon Anfang 2015 die Marke von 300 000 unterschreiten würde. Die Anzahl der Abonnenten fiel zur selben Zeit unter die Marke von 200 000. Das größte Einsparpotenzial wurde darin gesehen, die Bordexemplare in Zügen, Flugzeugen und Hotels und die Zahl der Verkaufsstellen zu reduzieren. Damit sank die Wahrscheinlichkeit, dass die gedruckte Zeitung zufällig ihr Publikum fand. Gleichzeitig stiegen natürlich die Kosten jedes einzelnen Exemplars. Gewonnen wurden in diesem rund dreijährigen Zeitverlauf nicht einmal 30 000 E-Paper-Abonnenten. Auf jeden gewonnenen digitalen Zeitungsleser entfielen fünf verlorene Print-Kunden.

WO DIE ZEITUNG NOCH LESER FINDET, ZERSTÖRT SIE SICH SELBST

Nur im Onlineangebot per Website ließen sich in nennenswerter Anzahl neue Leser finden: Der Vertrieb einzelner Texte, ohne direkte Kosten für die Leser, aber mit störender Werbung – das ist das bislang einzige nennenswerte Modell. Die Medienhäuser können das Netz allerdings nur für sich nutzen, wenn sie sich seiner Logik beugen. Und die gibt Greg Marra vor. Nur über ihn finden Zeitungen noch Leser, die sich eigentlich gar nicht für Journalismus interessieren, aber ihm dann doch ihre Aufmerksamkeit schenken. Zur Erinnerung: 78 Prozent der befragten Amerikaner sagten vor zwei Jahren, sie lesen per Facebook Nachrichten – obwohl nur sechzehn Prozent dies vorhatten.

Die Redaktionen haben seit langem damit begonnen, ihre Produkte diesem Hoffnung versprechenden Nutzerverhalten anzupassen und grundlegend umzubauen. Sie zerstückeln ihre Zeitungen und Sendungen, um sie als einzelne Artikel und Clips vermarkten zu können. Während gegenwärtig darüber diskutiert wird, wie lange es gedruckte Zeitungen noch gibt – weil man sich eine ungedruckte Zeitung aus rein traditionellen Gründen auch heute nicht recht vorstellen will –, werden sie von ihren Machern selbst abgeschafft. Die technischen Prinzipien des Internets haben sich gegen die soziale Form der Institutionen des Zeitungsgeschäfts durchgesetzt. Der organisierte Journalismus wurde zum Zulieferer der neuen Informationssysteme degradiert.

An jedem Artikel oder Ausschnitt einer Sendung hängt heute ein Preisschild. Damit ging nicht nur die Querfinanzierung als ökonomisches Fundament der Medienproduktion verloren. Tatsächlich löste sich auch die innere Logik der redaktionellen Arbeit auf. Texte und die Prozesse ihrer Herstellung werden nicht mehr in ein inhaltliches Verhältnis zueinander gesetzt, sondern ökonomisch gegeneinander aufgewogen. Artikel werden für einen einzigen Zweck optimiert. Sie sollen sich möglichst lange in den Resonanzräumen des Internets bewähren. Vom Moment ihrer Publikation an verfällt ihr Wert im Sekundentakt. Texte, die aufgrund ihrer überdurchschnittlichen Länge oder thematischen Spezialisierung als wenig attraktiv eingeschätzt werden, erscheinen in schwachen Klick-Zeiten, beispielsweise um zehn Uhr morgens, wenn in Deutschland die Arbeit beginnt, oder um siebzehn Uhr, kurz nachdem die Büros verlassen werden.

Wenn die Klickraten zur Mittagszeit zuweilen auf das Doppelte steigen, gehört die Bühne den aufrüttelnden Meinungsbeiträgen und prägnanten Kommentaren. Es geht dabei nicht mehr um den »Talk of the Town«, sondern um den Flurfunk, beispielsweise als gefällige Untermalung der Geselligkeit am Arbeitsplatz. In den Abendstunden ist Platz für ein prominent gespieltes Lesestück. Der Tag wird von den Redaktionen in neunzigminütige Zeitfenster aufgeteilt. Der Durchschnittsleser, der morgens, mittags, abends seine Lieblings-Nachrichtenseite aufruft und für vier Minuten und acht Klicks bleibt, soll ein ständig aktuelles Angebot vorfinden. Die Medienhäuser bieten es ihm heute in minutiös optimiertem Rhythmus.

Im Gegenzug entfiel die alte Bedeutung der redaktionellen Arbeit. Sie bildet nicht länger den Resonanzraum für das Denken und Reden in der Gesellschaft. Ein besonders klickträchtiges Thema lässt sich vielleicht zwei Mal durch inhaltliche Aktualisierungen »nachdrehen«. Nach fünf Stunden ist jedoch jede Attraktivität erloschen. Themen erhalten heute eine informationelle Halbwertszeit, die sich erschreckend genau quantifizieren lässt.

DER COMPUTER ALS CHEFREDAKTEUR

Jede Online-Redaktion nutzt dafür mehrere Analysewerkzeuge. Das auch in Deutschland am weitesten verbreitete, »Chartbeat«, pinnt für die Redakteure an jeden Artikel ein Hinweisschild, das grün, grau oder rot leuchtet. Es gibt Auskunft darüber, ob ein Beitrag häufiger oder seltener als andere auf der Seite geklickt wird und wie er sich im Vergleich zum vorherigen

Text an derselben Stelle in der Lesergunst schlägt. Man braucht schon gute Argumente und enorme Rechtfertigungsarbeit, will man ein Thema binnen Tagen oder Wochen wiederholen. Allein sachliche Gründe sind im Kampf des Einzelnen gegen seine – von einer Maschine gesteuerten – Redaktion nicht genug. Im Frühjahr 2014 schleppte sich eine mühselig-kleinliche Diskussion darüber, ob ein großer Feuilleton-Seite-1-Text auch gegen die rot leuchtenden Warnhinweise von Chartbeat weiter auf der Startseite der Website der »Frankfurter Allgemeinen Zeitung« gespielt wird, bis ins Büro des damals für das Feuilleton zuständigen Herausgebers Frank Schirrmacher. Es war das erste Mal, dass er von Chartbeat hörte. Er mahnte deutlich an, dass über die Linie der Zeitung von den fünf Herausgebern entschieden würde und nicht von einer Software. In Zukunft wollte er sofort darüber informiert werden, wenn leitende Online-Redakteure die Empfehlungen der Software zu ihrer journalistischen Entscheidungsgrundlage machten und dies auch von anderen verlangten. Doch das Horrorszenario des einen war längst Alltag der anderen.

Zu dieser Zeit bestimmte die Steuersache von Uli Hoeneß die Medien. Die ein Dutzend prominenten Plätze für Texte auf der Startseite von »faz.net« waren fast zur Hälfte mit diesem Thema besetzt, weil Chartbeat seine Attraktivität bezeugte. Viele Redakteure und Autoren wurden aufgefordert, Hintergründe, Meinungen und Berichte zu Hoeneß zu schreiben. Jeder weitere Text zu Hoeneß versprach fünfmal mehr Klicks als die anderen Themen des Tages. Die Redaktionen investieren viel Planung und Strategie, um den Leser heute niederschwellig und unterbewusst anzusprechen. Die Instinkte haben den Intellekt übertrumpft, das erste Interesse des Lesers zählt.

Die Medienhäuser haben mit dieser Ausrichtung erheblichen Erfolg. Statistisch erreichen Deutschlands bedeutende Tages- und Wochenzeitungen im Vergleich zu ihrem gedruckten Angebot im Internet ein mindestens zehnmal so großes Publikum.

Folglich haben sie im Medienwandel deutlich mehr zu verlieren als ihre einst lukrativen, gedruckten Zeitungen – die als Umsatzgeneratoren noch immer von enormer Bedeutung sind. Und so versuchen Online-Redaktionen, denen die Zukunft des Journalismus zugeschrieben wird, heute nichts anderes, als morgens zu prognostizieren, wie Leser im Tagesverlauf ihre Website benutzen – in der Hoffnung, dass sie recht behalten. Das Publikum als diffuse, unbekannte und stumme Größe gilt dabei nur noch wenig, die Leseransprache erfolgt individuell und zielgenau. Jeder Leser soll über die Attraktivität der Startseite und einzelner Artikel, die dafür mit vielen Ablenkungen umrahmt werden, angelockt werden. Jeder einzelne Klick wird als Gewinn verbucht. Dem Besucher einer Website traut man nicht mehr zu, sich selbständig durch ein bestehendes Angebot zu navigieren. Die Pfade werden ihm vorgegeben und aufwendig schmackhaft gemacht. Die technischen Hilfen, mit denen sich jeder Klick beobachten lässt, dominieren die Planungen – schon allein, weil ihre Handlungsanweisungen so einfach umzusetzen sind und von allen weiteren Überlegungen entlasten. Redaktionelle Entscheidungen gehorchen technischen Vorgaben, sie haben sich allerdings bis heute als kaum hilfreich erwiesen, das detailliert beobachtbare Klickverhalten der Leser tatsächlich zu verstehen. Die Medienhäuser hecheln ihrem virtuellen Laufpublikum blindlings hinterher und bieten ihren anspruchsvollen Lesern wenig.

Print-Redaktionen bauen noch ganze Zeitungen zusammen und kümmern sich auch um die vierzigste Seite mit Sorgfalt. Online-Redaktionen dagegen gestalten nur Start- und Ressortseiten. Texte, die ein paar Stunden alt oder von gestern sind, wandern ins Archiv. Der Leser, der zum Stöbern kommt, ist nicht vorgesehen. Ihm bleibt nur die Suchfunktion. Wer dann nicht schon vorher weiß, was ihn interessiert, findet nichts.

Wie bestehende Redaktionen aus diesem Teufelskreis durch schrumpfende Print-Redaktionen und der Aktualitätsfalle, in der Online-Redaktionen stecken, ausbrechen können, ohne all ihre historischen Errungenschaften und ökonomischen Grundlagen aufs Spiel zu setzen, ist völlig unklar. Die Antwort auf die Frage, wie sie in ihn hineingerieten, lässt sich dagegen leicht beantworten: Die Verlage sind den Versprechungen der Display-Werbung gefolgt. Den führenden deutschen Nachrichtenseiten spielte sie 2013 noch bis zu 80 000 Euro pro Tag in die Kassen. Dass die Preise infolge der Inflation digitaler Anzeigenflächen allerdings rapide verfielen, dass Werbung selbst raffinierter wurde und einfache Werbeanzeigen an ökonomischer Sinnhaftigkeit verloren, all das kam unerwartet. Zu stark wirkten die Euphorie und der naive Glaube, dass die technische Entwicklung in dem Moment abrupt stoppen würde, an dem sie sich von den Medienhäusern ideal als weiterer Vertriebsweg nutzen lässt. Doch die Digitalisierung entpuppte sich nicht bloß als elektronisches Duplikat eines analogen Verlagswesens.

Und als wäre es nicht genug, dass die allein auf Werbung beruhenden Finanzierungsmodelle von heute auf morgen nicht mehr funktionierten, verlor auch das Papier für große Teile des Publikums seine Notwendigkeit. Den Online-Redaktionen fehlt heute ihre finanzielle Grundlage. Den Print-Redaktionen geht es noch schlechter, denn mit ihrer Auflage sanken ebenso Ansehen und Autorität ihrer Marken. Zu spät besinnen sich die Medienhäuser nun auf ihr eigentliches Fundament. Wieder führen es die Entwicklungen 2014 vor Augen: Im Herbst feierte »Spiegel Online« sein zwanzigjähriges Bestehen. Ebenso brach im selben Jahr in der Redaktion des »Spiegels« großer Streit aus, nachdem der damalige und damals neue Chefredakteur Wolfgang Büchner seinen Plan eines »Spiegel 3.0« enthüllte. Die Redaktionen von »Spiegel« und »Spiegel Online« sollten enger verzahnt werden, die Print-Redakteure wehrten sich dagegen. Ressortleiter wetterten in offenen Briefen gegen die Umstrukturierung. Bis dahin galt: Die »Spiegel-Online«-Redaktion sitzt im Hamburger Redaktionsgebäude im obersten Stockwerk, der Rest des Gebäudes gehört der Print-Redaktion. Es galt aber auch: Die Auflage des gedruckten »Spiegels« fiel vor Jahren unter die Ein-Millionen-Marke, die Reichweite von »Spiegel Online« lag seit Jahren über der Zehn-Millionen-Leser-Marke. Mit den branchenüblichen Statistik-Tricks gaukelt sich der Verlag vor, dass die rund 800 000 gedruckten Exemplare eine Reichweite von mehr als acht Millionen Leser hätten. Ein Jahr später war keine Rede mehr von Streit, sondern nur noch von Streichungen. Die »Frankfurter Allgemeine Zeitung« führt im Vergleich dazu keinen Krieg zwischen Print- und Online-Redaktion. Dort ignoriert man sich und fühlt sich als Print-Redakteur noch immer »strafversetzt«, wenn stundenweise Onlinedienste geleistet werden müssen. Allein das »Handelsblatt« fasste Ende 2014 den Entschluss, die verschiedenen Redaktionen tatsächlich zusammenzulegen.

DIE WIEDERENTDECKUNG DES PUBLIKUMS, ALS ES SICH AUFDRÄNGTE

Vielleicht hilft es, dass die Redakteure nun zusammenrücken. Ebenso besinnen sich die Medienhäuser auf ein anderes Fundament. Sie entdecken ihr Publikum als »Community« neu. Als Vorreiter dafür gilt der britische »Guardian«, dessen Chefredakteur Alan Rusbridger im September 2014 den Plan vorstellte, aus Abonnenten der Zeitung Mitglieder der »Guardian«-Gemeinschaft zu machen. Wieder geht es um eine Form des Zusammenrückens, diesmal zwischen den Autoren und ihren Lesern. Wer als Abonnent bereit ist, sechzig britische Pfund pro Monat für die Arbeit der Redakteure zu bezahlen, bekommt die Gelegenheit, der Redaktion bei extra anberaumten Veranstaltungen zu begegnen. Es gehe dabei nicht um eine »Pay-Wall«, die den Leser zwinge, zu zahlen. Die »Guardian«-Mitgliedschaft sei stattdessen eine »physische Manifestation dessen, was man auf iPhones, iPads und Computerbildschirmen vom Guardian sehe«, zitierte Rusbridger bei der Vorstellung des Projekts David Pemsel vom Guardian-Verlag.[10] Selbst der »Guardian« – mit weltweit mehr als hundert Millionen Lesern, obendrein mit hoher Relevanz, beispielsweise durch die damaligen Veröffentlichungen der Dokumente Edward Snowdens – leidet wirtschaftlich darunter, ein nur begrenzt vermarktbares »physisches« Produkt zu haben, nämlich eine Tageszeitung in Großbritannien mit einer Druckauflage unterhalb der Marke von 200 000.

Deutsche Medienhäuser sind selbst von solchen Diskussionen noch weit entfernt. Sie führen stattdessen öffentliche Diskussionen über ihren Umgang mit Leserkommentaren. Sogar die sich über Jahre als erhaben gebende »Frankfurter Allgemeine Zeitung« veröffentlichte Texte darüber, wie sie einzelne Kommentatoren zu Hause besuchte, um zu ermitteln, woher »der Hass« komme. Die »Süddeutsche Zeitung« hat zur selben Zeit ihre Leserkommentare nicht nur abgeschafft, sondern sogar alle bisherigen gelöscht. Die Redaktion stellt stattdessen täglich eine Handvoll Themen in einem abgeschotteten »Leserdialog« zur Diskussion. Die »Krautreporter«, ein Medienprojekt, das bis Herbst 2014 von mehr als zehntausend Lesern rund eine Million Euro per Crowdfunding einsammelte, um »den Online-Journalismus neu zu erfinden«, stellte die »Community« gar in den Mittelpunkt des journalistischen Handelns. Leserkommentare zu schreiben und zu lesen kostete plötzlich fünf Euro pro Monat.

DIE TRUGSCHLÜSSE DES DIGITALEN WANDELS

Rückblickend lassen sich die ausgetragenen Konflikte um die Arbeitsweise in den Redaktionen und die Bemühungen um Nähe zum Publikum nur schwer verstehen. Den Lesern waren sie zu Recht egal. Selbst die Versuche der Redaktionen, aktiver an ihr Publikum heranzutreten, tangierten die wenigsten. Die Ursachen des Medienwandels spielten sich schließlich ganz woanders ab – nicht in den Redaktionen, sondern bei den Lesern: Blättern und stöbern Menschen nicht durch Zeitungen oder Magazine, sehen sie also nicht auf den ersten Blick, was sich hinter einer Überschrift verbirgt und wie umfangreich ihre

Zeitung oder ihr Magazin über den einzelnen Artikel hinaus ist, interessieren sie sich in der Regel für zwei Sorten von Informationen. Entweder suchen sie nach emotionaler Beschäftigung oder nach brandaktuellen Neuigkeiten. Sie lassen sich mit beidem wunderbar als Leser ködern, als suchten sie einfach nur Gesprächsstoff. Die morgendliche Beschäftigung mit einer Tageszeitung, der häufig als historisch-idyllisches Ideal nachgetrauert wird, ist tatsächlich mehr als pure Romantik. Mit dem Prinzip Tageszeitung geht ein Moment der bewusst gewählten intellektuellen Konzentration und sozialen Ruhe verloren. Ein Moment der bewussten Auseinandersetzung mit der Gesellschaft jenseits der eigenen Interessen und Horizonte. An seine Stelle trat das exakte Gegenteil, nämlich emotionale und kommunikative Aufgeregtheit. Nichts steht dafür deutlicher als der Erfolg von »heftig.co«, der für die Zukunft der Medien, selbst für die »Frankfurter Allgemeine Zeitung« und das »heute-Journal«, prototypisch ist.

Ich muss es kurz erklären: Im Mai 2014 gerieten einige Redaktionen über ein seltsames Internetportal in Aufregung. Nach langem Rätseln wurde bekannt, wer hinter »heftig.co« steckte. Zwei Potsdamer Betriebswirtschaftler, die bereits erfolgreiche Onlineportale für Hobbyköche und Notare betrieben, hatten sich einem Experiment gewidmet. In die Sprache der Medienwissenschaftler übersetzt, lautete ihr Kalkül: Was wäre, wenn Marshall McLuhan recht hätte und der Satz »The medium is the message« stimmte, im Nachrichtengeschäft die Form der Mitteilung tatsächlich entscheidender wäre als die eigentliche Information? Der Versuchsaufbau war übersichtlich: Bei »heftig.co« wurden mehrmals am Tag alte Videos veröffentlicht, gerahmt von einem wenige Sätze umfassenden

Text samt prägnanter Überschrift. Der Aufbau war stets ähnlich: Einem kurzen inhaltlichen Hinweis, worum es im Groben gehe, folgte eine emotionale Ich-Botschaft, beispielsweise: »... hat mich zu Tränen gerührt«, »... bekam ich eine Gänsehaut«, »... beschäftigt mich noch immer«. Die Leser wollten wissen, ob sie das betrifft. »heftig.co« avancierte zum am schnellsten wachsenden Medienangebot im deutschsprachigen Raum. In den Monaten des Rätselns darüber, wer hinter der Website steckte, spielte sie sich in der Reichweite in die Liga überregionaler Tageszeitung wie des »Handelsblatts« oder des »Tagesspiegels« empor. Im Dezember 2014 überholte sie sogar die »Frankfurter Allgemeine Zeitung«. Erschüttert hat die Redaktionen neben der Reichweite aber noch eine weitere neue Kennzahl, deren Bedeutung vielen Verantwortlichen erst dieser Tage bewusst wurde. »heftig.co« übertrumpfte in Windeseile und mit zunehmendem Abstand alle deutschsprachigen Medienangebote beim Blick auf das Engagement seines Publikum. »heftig.co« hatte zeitweise fünfzig Millionen Besucher im Monat und schaffte es, sie mehr als 2,6 Millionen Mal zu motivieren, Artikel per Twitter oder Facebook zu teilen. Der Anteil der Leser, die nicht nur lasen, sondern die Artikel dann auch ihren Freunden empfahlen, lag bei bis zu sieben Prozent. Im selben Zeitraum lag diese Quote für »bild.de« bei rund 0,2 Prozent.[11]

Alle Medieninstitutionen, ob »Tagesschau«, »Süddeutsche Zeitung« oder junge YouTube-Stars, haben davon gelernt und profitiert. Angesprochen wird fortan der Einzelne, geweckt werden Emotionen, Erwartungen und das Bedürfnis nach Interaktion. Das stille, aber wissensdurstige Publikum geriet aus dem Blick. Niemand soll bloß lesen, jeder soll sich einbringen – im Idealfall Inhalte per Mail oder sozialer Netze empfehlen. Dieses Prinzip des Teilens, das inzwischen so banal und alltäglich scheint, ist ein wirkmächtiger, aber noch immer weithin unverstandener Mechanismus. Er hält den Journalismus in Atem, weil von ihm die künftigen ökonomischen Möglichkeiten abhängen. Zahlt der Leser nicht direkt für sein mediales Angebot, bleibt zur Finanzierung nur die Werbung – wobei die Reichweite, also bloße Anzahl an Klicks, an Bedeutung verliert. Erfolgreich vermarkten lässt sich das Engagement des Lesers. Merkmale dafür sind die Dauer, die er auf einer Seite verbringt, und seine Bereitschaft, sich einzubringen, Inhalte zu kommentieren, zu teilen und zu empfehlen.

Die redaktionelle Arbeit stellte das auf den Kopf. Das traditionelle journalistische Ideal ist schnell beschrieben: Üblicherweise nimmt sich ein kluger und unabhängiger Autor eines relevanten Themas an, das er wie kein Zweiter für Leser und Zuschauer aufbereitet. So funktioniert der meinungsstarke Leitartikel auf der Titelseite, das große Lesestück auf Seite 3 und auch die kurze Glosse im Feuilleton. In der neuen Medienrealität reicht diese kluge und glückliche Kombination von Thema, Text und Autor jedoch nicht aus. Besonders wirkmächtig sind journalistische Mitteilungen dann, wenn das Publikum sie selbst übernimmt. Ein Text erhält eine neue Form von Relevanz, wenn er Lesern von Freunden oder Bekannten empfohlen wird. »heftig.co« gibt, ebenso wie der renommierte »The Economist«, gar keine Autorennamen in Artikeln an, sondern verlässt sich auf seine engagierten Leser, die als »Empfehler« die Funktion des Autors übernehmen und den Inhalt eines Artikels mit einer Person verknüpfen – ihn autorisieren.

Facebooks Greg Marra bringt es auf eine einfache Formel: Er helfe mit seinem raffiniertem Facebook-Newsfeed Menschen,

»die Welt durch die Augen ihrer Freunde zu sehen«, schreibt er über sich und seine Arbeit in seinem Facebook-Profil. Und er belässt es bei diesem einen Satz.

Keine andere Form der Mitteilung entwickelt eine so gewaltige Zugkraft wie die persönliche Empfehlung. Das gilt für das Marketing von Produkten, es gilt für politische Wahlentscheidungen und für die allgemeine Meinungsbildung. Mund-zu-Mund-Propaganda wurde ausgerechnet in Zeiten der totalen Vernetzung das Maß aller Dinge. In der journalistischen Arbeit und ihrer kaum vorhandenen wissenschaftlichen Reflexion wurde in den vergangenen Jahren aber über kaum ein Thema so wenig nachgedacht wie über die redaktionell kaum planbaren Leseempfehlungen des Publikums. Stattdessen zeigt man sich genervt von einem angeblich aufmüpfigen Publikum, dessen sichtbare Vertreter als »Trolle« die Kommentare bevölkern und mit ihrem »Geschwätz« im Netz an der Ehre einzelner Redakteure kratzen. Nur über eine Sache herrscht noch weniger Klarheit – über die aus unerfindlichen Gründen in den Himmel gelobte Bedeutung des Papiers für zeitsensiblen und deswegen auf Displays eigentlich viel besser aufgehobenen Journalismus.

Die Medienhäuser steuern, abgesehen von den Kennzahlen, die sie aus allen erdenklichen Quellen bekommen, im Blindflug durch den Medienwandel. Das Schwinden von Papier und Publikum – die vermeintlichen und wahren Garanten ihrer Autorität – bringt sie ins Stolpern. Die Redaktionen balancieren heute auf einem schmalen Grat. Nur in Einzelfällen fallen ökonomisch notwendige Reichweite und publizistisch erhoffte Relevanz noch zusammen. Geht es nicht um Katastrophen wie in Fukushima oder um Kriege vor Europas Haustüre sind es häufig Ereignisse, die weder mit Aktualität noch Emotionalität vermarktet werden können, auf die es tatsächlich ankommt. Denn auch 2015 gilt, dass in der Politik dicke Bretter gebohrt werden, und nicht, dass bei Gipfeltreffen Götter entscheiden. Ebenso werden die Entwicklungen in Unternehmen von Planung und Zufall bestimmt, und nicht ausschließlich von prominenten Managern, so prägnant ihre Visionen und Verfehlungen auch sein mögen. Natürlich dürfen sich Journalisten für Köpfe interessieren, aber sie sollten die Konzepte und Kommunikationen dahinter nicht übersehen. Die Veränderungen journalistischen Arbeitens in Krisenzeiten – was man heute redaktionellen Alltag nennen kann – entsprechen jedoch verqueren Erwartungen und folgen merkwürdigen Zielen. Langfristig werden sie weder produktive noch konstruktive Strukturen schaffen. Der organisierte Journalismus verläuft sich in den Weiten des Internets, und er tappt dabei ständig in Fallen.

Es ist paradox: Während behauptet wird, die Welt werde komplizierter, schrumpft das journalistische Erklärungsangebot vom Umfang einer Zeitung auf die Länge eines Textes, dessen Aussage am besten in einem Tweet untergebracht werden soll. Aber worüber informiert er uns? Über die Welt? Das galt schon für die Zeitungen, als sie noch alternativlose und überwältigende Informationsvermittler waren, nur bedingt. Deutlich wird uns der verlorene Wert der Zeitung heute: Wer eine Zeitung las, informierte sich nicht nur darüber, was in der Welt vor sich ging. Er informierte sich auch darüber, was Menschen, die Zeitung lasen, lasen, wenn sie sich darüber informierten, was in der Welt passierte. Wer eine Zeitung liest, will wissen, was Präsidenten und Professoren wissen, denen er unterstellt, dass sie dieselbe Zeitung lesen. Gleichwohl wollen diese Eliten wissen, was die Welt über sie weiß. In der Zeitung stand es, sie war, wie es Arthur Miller am schönsten sagte, der Ort, an dem die Gesellschaft ihr Gespräch mit sich selbst führte.

Zeitungen boten kollektive kommunikative Reflexion, die wie soziale Magie wirkte, die wir aber banalen Technologien geopfert haben, als der Glaube um sich griff, dass es nützlich sei, in Lichtgeschwindigkeit über Flugzeug-Notlandungen vor der Skyline von Manhattan informiert zu werden. Dem kleinen, erquickenden, aber unbrauchbaren Gewinn an Aktualität und Attraktivität fiel alles zum Opfer. Unsere Computer, die wir inzwischen ständig in unseren Hosentaschen mit uns tragen und nachts mit unter die Bettdecke nehmen, haben uns aus den kommunikativen Labyrinthen hinaus auf informative Schnellstraßen geführt. Aber sie lügen uns etwas vor und verführen uns zu Irrglauben. Tatsächlich hat ein Tweet heute eine Halbwertszeit von 24 Minuten.[12] Wer sich per Twitter über die Welt informiert, darf keine Sekunde blinzeln, will er nicht vor einem unlösbaren Puzzle und Welterklärungen als Stückwerk verzweifeln. Enthält ein Tweet einen Link, hat derjenige, der ihn abschickte, den so empfohlenen Text im Durchschnitt nicht einmal selbst bis zur Hälfte gelesen.[13] Nur vier Prozent der Leser des Tweets werden den Link überhaupt anklicken.[14] Das ist die optimistische Zahl. Realistisch ist eher, was Derek Thompson in »The Atlantic« behauptet: »99 Prozent meiner Arbeit auf Twitter bleiben bei Twitter.«[15] Die Tweets des Journalisten sahen im Januar 2015 zwei Millionen Twitter-Nutzer, sie teilten seine Tweets weit häufiger, als sie die Links anklickten. Das geschah nämlich nur in einem Prozent der Fälle. Twitter vermittelt folglich keine Realität, es schafft sich eine eigene, die weniger durch Bezüge zu Wahrheit und Wirklichkeit denn durch Geschwindigkeit kurz verfängt. Börsencomputer – die ersten zum Entscheidungshandeln befähigten Maschinen, die Intelligenz gegen Geschwindigkeit eintauschten – nutzen diese Möglichkeiten, eigene Realitäten zu kreieren und sich an ihnen zu orientieren. Weshalb schon vorkam, dass mit bis zu 30 000 Fake-Accounts erprobt wurde, Börsenkurse zu manipulieren.[16] Die Aktion war erfolgreich. Im April 2013 reichte sogar ein einzelner Tweet, mit dem die Nachrichtenagentur »Associated Press« fälschlicherweise Angriffe auf das Weiße Haus und Verletzungen Barack Obamas vermeldete, um die amerikanischen Fortune-500-Unternehmen an der New Yorker Börse für ein paar Minuten zweihundert Milliarden Dollar weniger wert sein zu lassen.[17] Ebenso lässt sich politische Wahrheit heute einfach fabrizieren: Amerikanische Geheimdienste versuchten, Kubas Regierung mit manipulierten Kurznachrichtendiensten zu destabilisieren.[18] Nicht zuletzt verwenden Parteien und Unternehmen Twitter für ihre Werbebotschaften. Bosch nutzt mehr als 350 Twitter-Accounts, um neue Formen des »Storytellings« auszuprobieren.[19] Dass Kanzleramtsminister Peter Altmaier im Februar 2014 Twitter als die »schärfste Waffe der Demokratie«[20] bezeichnete, verwundert nicht. Schon seit Jahren profitiert Kanzlerin Angela Merkel von den rapide aufwallenden und ebenso schnell verebbenden Empörungswellen im Internet, die bloßen Stimmungen folgen und den gefährlichen Brechern der redaktionellen Massenmedien, die mit Autorität überwältigten, heute die Kraft rauben. Die Piratenpartei mag in »Shitstorms« verendet sein, die Regierungsparteien lassen sie kalt – zu Recht. Es ist nämlich ganz anderes zu beobachten: Umso mehr die regierenden Parteien die Gesellschaft im Modus der Krisenbewältigung und Katastrophenabwehr regieren, desto mehr bringen sie das Primat der Politik zur Geltung. Alle Augen werden auf die Bundespolitik gerichtet, obwohl schon nach wenigen Wochen egal ist, was konkret über Banker, Griechen und Flüchtlinge gesagt wurde. Eine Aufklärung über dieses Phänomen fehlt. Niemand nimmt sich für sie Zeit.

Der Trugschluss, neue Medien als demokratischere, schnellere, schlicht bessere Medien zu betrachten, liegt auf der Hand. Er verbirgt sich insbesondere in der hämischen Kritik, mit der Redaktionen von Tageszeitungen heute konfrontiert werden. Dabei gilt der zentrale Vorwurf an sie gerade nicht: Mit den Zeitungen verschwand nicht eine technische Form der Informationsvermittlung, die bloß abbildete, was in der Gesellschaft vor sich ging. Es verschwand stattdessen ein Teil der Gesellschaft selbst, der die Funktion erfüllte, die Gesellschaft mit sich selbst zu konfrontieren, der wichtige Wortmeldungen Einzelner legitimierte und autorisierte, der Unbeteiligte zu Betroffenen machte und von Beteiligten Verantwortung einforderte. In derartiger Kürze dargestellt, ist es ein idealisiertes Bild. Noch kürzer formuliert gilt aber: In einer Zeitung stand nicht, was gestern Wichtiges passierte, sondern was heute und morgen wichtig werden sollte – ohne dass sich die Verantwortlichen und Angesprochenen einfach davonstehlen konnten. Das Verschwinden der Zeitung – nicht ihr unternehmerisches Dasein, sondern ihre Stimme von Autorität – riss eine Lücke in die Gesellschaft.

Es ist wichtig, an Zeitungen nicht nur als papierenes Verbreitungsmedium zu erinnern, sondern auch darüber zu diskutieren, was jenseits des umständlichen Vertriebsprinzips mit Zeitungen verlorenging, ohne wie ebenso häufig zu verschweigen, was tatsächlich gewonnen werden kann, wenn redaktioneller Journalismus auf die neuen, digitalen Kanäle einschwenkt. Er spielt sich schließlich schon seit zwanzig Jahren auch auf Displays ab und damit vornehmlich auf Geräten, die als Garant und Symbol der Freiheit sogar »das eigene Auto« in den Schatten stellen. Allerdings wurde der Journalismus im Internet in Ketten gelegt. Das verwirrt und betrübt, denn der historischen Gegenprobe hält der derzeitige Journalismus trotz seines beklagenswerten Zustands nicht stand: Niemand bei Verstand kann gutheißen, dass auch heute noch allabendlich für viele Millionen Euro Texte auf Hunderte von kilometerlangen Papierbahnen gedruckt, landesweit ausgeliefert und nachts zu Fuß zugestellt werden. In diesem Eingeständnis liegt auch die Antwort auf eine soziale Frage: Der Hamburger Bauer-Verlag ist nicht der Erste, der seine Zusteller nicht mehr bezahlen konnte. 2014 setzte sich die Branche deshalb geschlossen und erfolgreich dafür ein, dass der Mindestlohn für die 300 000 Zusteller in Deutschland nicht gelten sollte, sofern sie nur Zeitungen austrügen. Der Bauer-Verlag war jedoch der Erste, der schon vor der Einführung des Mindestlohns Ende 2014 dadurch auffiel, einige seiner 35 000 Zusteller darum zu bitten, Arbeitsverträge auf ihre minderjährigen Kinder umzuschreiben.[21] Für die gilt der Mindestlohn nämlich auch dann nicht, wenn Zusteller neben den Zeitungen und Zeitschriften auch Werbeblättchen in den Briefkästen verteilen. Zeitungen noch auf Papier zu lesen wird somit auch eine Angelegenheit der Moral. Dabei gilt schon seit Jahren: Zeitungen lassen sich schneller, günstiger, bequemer und umweltschonender direkt auf unsere Smartphones liefern, auf unsere Computerbildschirme und Tablets, die Wände in Flughäfen und Bahnhöfen, auf unsere Uhren, demnächst auf Kaffeemaschinen, Badezimmerspiegel und selbst auf unsere Kopfkissen.

Daraus jedoch entsteht eine paradoxe Situation. Ausgerechnet jetzt, da die digitale Informationsinfrastruktur vorhanden und erprobt ist, jeden potenziellen Leser binnen Sekunden sicher zu erreichen, versagen die Zeitungen ihren Dienst. Ihnen fehlt schlicht der Mut, sich vom Papier zu trennen. Dabei könnten Zeitungen wie die »Süddeutsche« oder die »Frankfurter Allgemeine Zeitung« so jährlich einen dreistelligen Millionenbetrag einsparen und sofort in ihre inhaltliche und redaktionelle Arbeit investieren. Grob überschlagen: Würde die F. A. Z. ihre Zeitung nicht mehr drucken, sparte sie 150 Millionen Euro im Jahr. Dieses Geld würde für 2500 Autoren reichen, die pro Monat fünftausend Euro Gehalt und Spesen erhalten könnten. Alternativ ließe sich mit dem Geld jedem Abonnenten ein Tabletcomputer im Wert von 750 Euro überreichen, auf dem er seine Zeitung künftig lesen könnte. Man hörte in den vergangenen Jahren sehr häufig vom »goldenen Zeitalter für Journalismus«. Der ehemalige »Zeit-Online«-Chefredakteur Wolfgang Blau äußerte sich in diesem Sinne.[22] Der Enthüllungsjournalist Glenn Greenwald[23] und die umstrittene Arianna Huffington,[24] die ihre Autoren nicht bezahlt, sprachen davon, ebenso Axel-Springer-Chef Mathias Döpfner,[25] mit Verweis auf das kommende digitale Papier und wie so oft ein wenig euphorisch der »Spiegel-Online«-Pionier und Digital-Chef der F. A. Z. Mathias Müller von Blumencron.[26] Das »goldene Zeitalter für Journalismus« ist ein gemeinsamer Nenner, auf den sich alle einigen können. Tatsächlich geben die Medienhäuser und ihre Zeitungen aber ein ganz anderes Bild ab, als wären sie die Ersten, die der Wirkmacht ihres geschriebenen und gesprochenen Wortes misstrauten, als wäre der journalistische Text nichts wert, würde er nicht auf Papier gedruckt. Die

Zeitungen sind sich selbst die größten Gegenspieler, weil sie in der neuen Medienrealität nie geklärt haben, was sie von den vielen neuen digitalen Publikationen eigentlich unterscheidet. Sie überbewerten und überfordern folglich das Papier als ihr vermeintlich einziges Alleinstellungsmerkmal, für das sie – da können sie sich in letzter Sicherheit wiegen – keine Konkurrenz fürchten müssen. Die Zeitungen sind in eine Falle getappt, die sie selbst aufgestellt haben.

WAS VON DER ZUKUNFT FÜR DIE ZEITUNG ÜBRIG BLEIBT

Ohne Not geriet die Arbeit der Redaktionen in einen Strudel, der Reichweite versprach, aber Relevanz kostete. Die »Süddeutsche Zeitung« zahlt ihren Volontären heute nicht einmal tariflichen Lohn und stellt seit Jahren nur noch Mitarbeiter, kaum Redakteure, ein. Die »Frankfurter Allgemeine Zeitung« entschied zwischenzeitlich, keine Volontäre mehr auszubilden. Inzwischen beginnt zumindest alle zwei Jahre ein kleiner Jahrgang die Ausbildung. Bemerkenswert ist, dass fünf junge Volontäre im ersten Lehrjahr weniger als 15 000 Euro im Monat kosten. Anders ausgedrückt: Der Verlag der Zeitung müsste nicht einmal drei ganzseitige Anzeigen zum vollen Preis verkaufen, um sich die Volontärsgruppe ein Jahr lang leisten zu können. Dem Feuilleton der »Frankfurter Allgemeinen Zeitung«, das lange als intellektuelles Energiezentrum Deutschlands galt, ist es Anfang 2015 gelungen, einen Redakteur einzustellen. Dieser ökonomische Kraftakt glückte, weil eine Stelle spontan frei wurde und weil sich die Redaktion schon 2014 mit einer anderen Vorgabe ihrer Geschäftsführung einverstanden erklärte: Mehr als ein halbes Dutzend altersbedingter Abgänge aus der Feuilleton-Redaktion werden nicht ersetzt. Die bedeutendsten deutschsprachigen Tageszeitungen haben sich entschlossen, der Rationalität der Maschinen, die die Medienwelt heute bestimmen, keine menschliche Intelligenz mehr entgegenzusetzen. Der »Tagesspiegel« verzichtete im Oktober 2015 auf alle Zuarbeiten von freien Journalisten für den Rest des Jahres.

Von Entscheidungen lässt sich bei all dem eigentlich nicht sprechen, tatsächlich sind es ökonomisch erzwungene Unterlassungen. Erzwungen von der eigenen Ignoranz zuvor. Die Redaktionen und ihre Verleger denken nicht mehr mit. Die überwiegend alten Mitglieder der bestehenden Redaktionen wissen nicht, womit sie es zu tun haben und zu tun bekommen. Sie hoffen einfach, dass sich ihre überregionalen Feuilletons mit Honoraren von 75 Cent pro Zeile anständig füllen lassen, während Redakteure mit alten Verträgen und sechsstelligen Jahresgehältern pro Monat vier Theateraufführungen kenntnisreich besprechen und alles Weitere ignorieren. Ganze Redaktionen wundern sich plötzlich darüber, wie dünn ihre Zeitung in den vergangenen Jahren geworden ist, weil sie sie nie ohne den Wasserbauch aus Lokalteil und Werbeeinlagen in die Hand bekamen. Und dann fallen sie aus allen Wolken, wenn Leserstudien ermitteln, dass einzelne Texte im Schnitt von wenigen tausend Menschen gelesen werden, da doch im Vergleich dazu behauptet wird, die Reichweite des Blatts liege im Bereich von Millionen Lesern.

Aber weiß das Publikum mehr? Die neuen sozialen Medien treten mit Transparenz- und Demokratisierungsversprechen auf, die noch viel Euphorie und wenig Skepsis wecken. Schon den alten Medien hafteten ähnliche normative Theorien an, die allesamt nicht aufgingen: Die GEZ-Gebühr für den öffentlich-rechtlichen Rundfunk wurde nicht in eine »Demokratie-Abgabe« verwandelt, wie es Jörg Schönenborn versprochen hatte.[27] Der WDR-Chefredakteur arbeitet, weil ihm von seinem Publikum mit der Haushaltsabgabe Zwangsgelder gezahlt werden. Nicht einmal Jean-Jacques Rousseau, der wohl wie kein anderer für die Idee verantwortlich ist, der Journalismus erfülle staatstragende Aufgaben in Form einer »vierten Gewalt«, hatte dabei die Demokratie im Blick. Ihm war mit der Gewaltenteilung am Funktionieren des Rechtsstaats gelegen. Die Tageszeitung war von dem Glauben, sie erfülle die Aufgabe einer »Publikative«, immer überfordert. Keine einzelne Redaktion und erst recht kein einzelner Journalist kann mit einer Verantwortung für die Demokratie belastet werden. Nicht weil Korruption und Unfähigkeit die Redaktionen beherrschen, wie Kritiker gerne unterstellen. Sondern weil der Alltag hektisch ist und das journalistische Produkt nur schlecht geplant werden kann. Das Unvermögen der einzelnen Redakteure und Redaktionen wird von einem ganz anderen Zauber aufgefangen: Pluralismus. Die Medienbetriebe können ihre Aufgaben nur erfüllen, wenn sie in einer lebendigen Medienlandschaft operieren. Wenn die überregionalen Tageszeitungen aber bloß auf eine Gesamtauflage von weit weniger als eine Million Exemplaren kommen – ist es mit der Medienlandschaft nicht weit her. Letztlich, das gilt für alle redaktionellen Medien zu allen Zeiten, steht einem beträchtlichen Überangebot an Ideologien – so demokratie- und freiheitsbejahend sie sind – ein gravierender Mangel an Reflexion gegenüber. Das wird jetzt, da es offensichtlich wird, zunehmend zum Problem, das Zeitungen orientierungslos macht: »Fragen Sie sich nicht: ›Wer liest uns denn eigentlich noch?‹ Wir werden noch gelesen!« Im redaktionsinternen Gespräch bleibt den Zeitungen nur der autosuggestive Appell.

Medientheorien, die konkrete journalistische Arbeit als gesellschaftlich unverrückbar darstellen und jenseits ökonomischer Logik für erhaltenswert erklären, folgen häufig nichts Weiterem als allzu praktischen, nämlich ökonomischen Wünschen – weshalb sie auch nur noch von klagenden Verlegern hochgehalten werden. Es sind umständlich herbeiargumentierte Ideologien aus Verlegenheit, die über Geschäftsmodelle nicht hinausschauen. Überzeugende Gründe, die ihre Ansprüche untermauerten, wurden nie vorgebracht. Es gab und gibt zu wenige ernst zu nehmende Medienwissenschaftler, die sich mit fruchtbaren Theorien und Reflexionen des Medienbetriebs annehmen. Neben den universitären Ausbildungsbetrieben sind es heute nur die unzähligen Medienpreisverleihungen, zu denen an konkreten Texten ständig neu überprüft wird, welche Berufs-Praxis gelingt und welche Berufs-Ethik gilt, und wann auch dann von gutem und erfolgreichem Journalismus gesprochen werden kann, wenn das Publikum es anders sieht. Entsprechend bemerkenswert sind die dort ausbrechenden Eklats. Im Mai 2011 erkannte die aus renommierten deutschen Chefredakteuren und Herausgebern bestehende Jury des Henri-Nannen-Preises dem vier Tage zuvor ausgezeichneten Journalisten René Pfister seinen Egon-Erwin-Kisch-Preis wieder ab.[28] Der ursprünglich preisgekrönte Text über Horst Seehofer, erschienen im »Spiegel«, befasste sich mit einer Deutung politischen Führungsstils. Der Autor entschied sich für einen szenischen Einstieg, der ihm als Gleichnis diente, und stellte den bayerischen Ministerpräsidenten als Herrscher über eine Modelleisenbahn vor. Den Keller, in dem die von ihm genannte Eisenbahn steht, hatte Pfister jedoch nie betreten.

Die Jury machte ihm daraus einen Vorwurf. Aufgrund der »besonderen Ansprüche« an die ausgezeichneten Autoren sei Pfisters Arbeit des Preises nicht würdig. An der Qualität des Textes bemängelte die Jury nichts, sie unterstellte dem Autor auch weder eine Fälschung noch ein Plagiat oder ein sonstiges Vergehen. Die journalistische Arbeit ist also selbst für die an ihr Beteiligten und von ihr Betroffenen ein ständiges Rätsel. Der organisatorische und ökonomische Stress, dem sie heute ausgesetzt ist, wird von Facebook & Co. weniger verursacht als bloß verdeutlicht. Was der Medienwandel mit sich bringt und bedroht, wurde nie geklärt, sondern nur beklagt. Schuldzuweisungen überdecken bislang alle Versuche, zu verstehen, was passiert. Über René Pfister lassen sich noch immer mit vielen Redakteuren stundenlange Gespräche führen. Greg Marra dagegen bleibt weiterhin unbekannt und die Folgen seiner Arbeit für und gegen den redaktionellen Journalismus ebenso unverstanden. Facebooks Spielregeln gelten wie Naturgesetze, als hätte Georg Franck mit seiner »Ökonomie der Aufmerksamkeit« 1998 eine Bibel für Medienmenschen vorgelegt.[29] Der Untertitel des Buchs lautet aber: »Ein Entwurf«. Es ist nämlich längst nicht ausgemacht, dass sich Menschen nur noch für die Dinge interessieren, die den Kampf um ihre Aufmerksamkeit gewinnen. Fest steht aber nun, das haben die vergangenen Jahre gezeigt: Ein mediales Angebot, das es nicht gibt, kann von Lesern nicht wahrgenommen werden. Wenn Medienhäuser entscheiden, dass die Zeitung mit dem Papier verschwindet – verschwindet sie.

In eine verlockende Zukunft schaut nur Greg Marra, er weiß, worauf seine Arbeit langfristig hinausläuft: Noch vor zehn Jahren waren Informationen für Parteien, Unternehmen, Universitäten und engagierte Bürger knappe Güter. Beschaffung und Konsum kosteten Zeit und Geld. Dieses Prinzip hat sich verkehrt. Medienhäuser verschenken ihre Produkte heute in großem Ausmaß. In jeder Ecke des Internets, in Blogs, sozialen Netzwerken, auf Bewertungsplattformen und als persönliche Korrespondenz entsteht heute pro Tag zusätzlich weit mehr Text, als Journalisten zuvor in Jahrzehnten produzierten. Dazu kommt, dass zunehmend alles, was elektronisch geschieht oder elektronisch beobachtet werden kann, als Quelle für informationsverarbeitende Systeme taugt und folglich auch genutzt wird. Das Auto, Gebäude, Personen, Bäume, biologische Zellen, Dachziegel, alle Regungen lebendiger Organismen lassen sich heute oder demnächst informationstechnisch ausbeuten. Die »signals intelligence«, deren Grenzenlosigkeit die westlichen Geheimdienste – beziehungsweise an ihrer Stelle Edward Snowden – so eindrücklich vorgeführt haben, sind künftig zivile und hoffentlich durchweg nützliche, vielleicht sogar weithin transparent eingesetzte Technologien. Sie verweisen auf den Paradigmenwechsel: Informationen werden nicht mehr gesucht, um konkrete Fragen zu beantworten. Sie stehen stattdessen einfach zur Verfügung, können sortiert und strukturiert werden, ohne dass vorher geklärt werden muss, zu welchem konkreten Nutzen man sie verarbeitet. Schon heute sind unternehmerische und politische Programme, Institutionen und Systeme essenziell auf die bloße Verfügbarkeit der Informationsströme angewiesen. Immer seltener greifen Menschen mit Ideen und Intentionen in diese automatisiert verarbeiteten Datenströme ein. Computer lernen, selbständig mit ihnen umzugehen, ohne dass es noch von Bedeutung sein wird, dass Menschen verstehen, was da vor sich geht. Wahrscheinlich wird man im Journalismus erst dann auf die Technikvorsprünge aufmerksam, wenn Facebook beginnt, Hasskommentare zielsicher und automatisiert auszusortieren. Dass das wiederum der unspektakulärste Anwendungsfall für selbstlernende Maschinen ist, wird wahrscheinlich wieder übersehen.

Schon jetzt gilt für die Medienhäuser, die zuvor gegen die Informationsknappheit anarbeiteten: Unabhängig davon, welche Befürchtungen und Hoffnungen der automatisierte Umgang mit dem Informationsüberfluss wecken wird, werden die Systeme fleißig arbeiten, häufig sehr gut funktionieren und uns ständig überraschen, mit neuen Möglichkeiten genauso wie mit enttäuschten Erwartungen. Der gemeine Bürger – vormals Zeitungsleser – wartet darauf. Am instruktivsten beschrieb es Moshe Rappoport, ein wie ein Prediger auftretender, bärtiger und alle per Du ansprechender IBM-Mitarbeiter. Seit 45 Jahren arbeite er in der Informationsindustrie, erzählte er bei der Herbsttagung des Bundeskriminalamts Ende 2013. Seit fünf Jahren staune er nicht mehr über die Technologien, sondern über die Menschen. Nach Jahrzehnten der mühevollen Überredung vieler Manager-Generationen, unternehmerisches Handeln mit Computern zu unterstützen oder gar zu automatisieren, stellen ihm die neuen, jungen Unternehmenslenker nun ganz andere Fragen: »Gibt es denn nicht ein System, das mir, wenn ich ratlos bin, eine ›next best action‹ empfehlen kann?« Was IBM schon immer auf den Markt bringen wollte, wofür es aber jahrzehntelang keinen Absatzmarkt gab, wird nun von den ersten »Millennials« im Manager-Alter freimütig eingefordert.

Große Unternehmen wie IBM geben dabei den Ton an und investieren Milliarden in ihre Vorreiterrolle. Schon im vergangenen Jahrzehnt etstand ein gigantischer Markt für unzählige Unternehmen, die unternehmerische Prozesse analysieren, um optimierend in sie einzugreifen. Die Unternehmen werben damit, jede verfügbare Information in beliebige Entscheidungsabläufe fruchtbar einspeisen zu können. Dass einzelne Kalkulationen mehrere Millionen Datenpunkte einbeziehen und nicht weniger Rechenschritte absolviert werden, schreckt die Nutzer nicht mehr ab. Sie sehen sich zu Recht als Profiteure der Entwicklung.

Ohne Frage erfordert dieser neue Umgang mit Informationen noch reichlich wissenschaftliche Reflexion darüber, welche Rolle unternehmerische Verantwortung spielt, wie Ressourcen und Personal heute eingesetzt werden. Auf der Hand liegt jedoch auch ohne weitere Sozialforschung, dass das morgendliche Studieren einer Tageszeitung nicht mehr essenziell dem unternehmerischen Handeln der neuen Manager und genauso wenig der politischen Planung junger Verwaltungsstrategen vorausgeht. Die Zeitungen werden aber immer noch unter dieser Prämisse produziert. Statt Anpassungen vorzunehmen, beispielsweise zeitsensible Nachrichten ausschließlich online zu publizieren und den kostbaren Print-Platz für weiterführende, erklärende und reflektierende Lesestücke zu verwenden – also nicht Online- und Print-Redaktionen zusammenzulegen, sondern die Rezeptionslogik von Online- und Print-Journalismus miteinander zu integrieren –, entschieden sich die großen deutschen Tageszeitungen genau entgegengesetzt. Sie drucken, was sie für relevant halten, publizieren ihre Texte somit einen halben Tag und eine Nacht später als nötig. Und sie nutzen ihre Internetpräsenz anschließend hauptsächlich als digitales Duplikat ihrer gedruckten Zeitung. Sie sind folglich online zu spät und gedruckt uninteressant. Daran ändert auch nichts, dass einzelne Meldungen, die für den vorherigen Druck nicht in Frage kommen, zügig online publiziert werden. Dass es ökonomischer Unsinn und medialer Wahnsinn ist, dieselben nebensächlichen Nachrichten im Minutentakt und obendrein im Agentursprech hundertfach parallel zu publizieren, versteht sich in den Redaktionen aber immer noch nicht von selbst.

Die Testfrage ist ganz einfach: Würde man die überregionalen Tageszeitungen 25-jährigen Redakteuren in die Hand geben, würden sie mit der Relevanz der gedruckten Zeitung und der Reichweite der Website so umgehen wie die 55-jährigen, die sie heute tatsächlich in der Hand haben – oder würden sie nicht stattdessen alles genau andersrum machen? Und worum würde es inhaltlich gehen? Würde das Politikbuch mit einem Zitat des höchstrangigen Politikers aufmachen, der sich am Vortag einen aufregenden Satz entlocken ließ? Würde die junge Wirtschaftsredaktion eine Dauerberichterstattung von Bilanzpressekonferenzen abliefern? Würde das Feuilleton drei Theateraufführungen in einer Ausgabe besprechen? Oder würde man sich nicht stattdessen darauf einigen, Prominenz und Aktualität im rechten Maß zu beachten und das Hauptaugenmerk auf eine Reflexion und Dokumentation der Geistesgegenwart legen, unabhängig von Parteien, Unternehmen oder von den Akteuren des Kulturbetriebs?

Die Antwort auf diese Fragen liegt auf der Hand. Aber anstatt sich beispielsweise der heute eigentlich notwendigen Aufgabe anzunehmen, die neuen technischen Informationssysteme ernst zu nehmen und sie journalistisch zu thematisieren, werden sie von den Redaktionen ignoriert, was – es klingt wie ein Treppenwitz – dazu führt, dass sie gegen sie als Konkurrenten verlieren. Der Journalismus versagt immer wieder aus denselben Gründen: Aus Betriebsblindheit operiert er auf der falschen Ebene, und vor lauter Konkurrenzbeobachtung verschwendet er seine Kräfte im Kampf gegen Windmühlen. Am deutlichsten tritt dieses Problem im politischen Journalismus zutage. Von Bundeskanzlerin Angela Merkel weiß man, dass sie ihr politisches Handeln vor allem an Meinungsumfragen ausrichtet und dass sie sich für nichts so sehr interessiert wie für ihre Präsenz in den Medien.[30] Statt dass sich Redaktionen an der Gesellschaft orientieren, politische Themen schöpfen und soziale Fragen aufwerfen, konzentriert sich der politische Journalismus auf das öffentliche Handeln der politischen Prominenz. Die Parlamentsberichterstattung deutscher Medien orientiert sich bei ihren angeblich politischen Beobachtungen so eng an der Vorstellung von Zentrum und Peripherie, dass man glauben könnte, über eine Monarchie zu lesen. Dem Vergleich hält nur die Sportberichterstattung stand: Breitensport gibt es nicht, Prominenz schlägt alles. Die Gesellschaft und ihr Alltag finden im Tageszeitungs-Journalismus der Gegenwart nicht statt.

Dass der Arbeitsalltag der Bundeskanzlerin bedeutsamer, für viele folgenreicher und schlicht interessanter ist als das Leben des namentlich unbekannten Jedermanns, das steht außer Frage. Wie allerdings auch, dass es recht wenige gute Gründe dafür gibt, für eine in ihrer journalistischen Arbeit so festgefahrene Institution wie eine deutsche Tageszeitung tausend Euro pro Jahr auszugeben. Diesen Preis strebt beispielsweise die »Frankfurter Allgemeine Zeitung« für die nächsten Jahre an, im Glauben, ihn wert zu sein. Verglichen damit ist das jährliche Update der Taschencomputer, das heute vielen Menschen am Herzen liegt, für einen Spottpreis zu haben. Auf den Smartphones und Tabletcomputern lassen sich dann ohnehin die reichhaltig gefüllten Websites der Tageszeitungen lesen, zusätzlich aber auch YouTubes Kultur-Archiv durchstöbern, Facebook und Twitter nutzen, die Welt virtuell bereisen, und vieles auch heute noch Unerdenkliche mehr.

Da es um die knappe Ressource Aufmerksamkeit geht, liegt es nahe, die Tageszeitungen als Opfer einer technikgetriebenen und deswegen gerne als schöpferische Zerstörung benannten, unaufhaltsamen Entwicklung zu sehen. Diese einfache Erklärung vernebelt allerdings die Sicht. Allein schon deswegen, weil sie nicht weiter als wenige historische Wimpernschläge zurückblickt und die Zukunft allein in den engen Schranken von Wünschen und Vorstellungen sieht. Unabhängig davon, welchem Autor man die Entdeckung der Ununterscheidbarkeit von Schöpfung und Zerstörung im Lauf der Dinge zuschreibt – in Frage kommen keine Geringeren als Marx, Nietzsche oder Schumpeter –, ist diese Idee mindestens fünfzig, vielleicht sogar 150 Jahre alt. Nur wird sie heute mit einer modernen Ideologie verknüpft, was ihr bestenfalls den Anschein einer Neuheit verleiht. Dass neue Medien einen Strukturwandel der Öffentlichkeit auslösen, der dem Publikum Demokratisierungsideen schmackhaft macht, ist nicht neu. Jürgen Habermas hat schon in seiner Habilitationsschrift davon geschrieben.[31] Träger der Demokratisierungs-Hoffnung war bei ihm das Flugblatt, ehe es als Werbeträger ökonomisch ausgebeutet wurde. Und Bertolt Brecht hat mit seiner »Radiotheorie« vorgedacht[32], was die Grundlage dafür sein könnte, dass später Andy Warhol lapidar jedem Bürger »fünfzehn Minuten Weltruhm« voraussagen konnte. Aber selbst das ist schon mehr als 45 Jahre her, von Marshall McLuhans frühen Voraussichten und flotten Sprüchen ganz zu schweigen. Viele Ideen, die heute bei Podiumsdiskussionen über digitale Medien vorgetragen werden, findet man seit langem in jeder halbwegs gut sortierten Bibliothek.

Einen substanziellen Unterschied zwischen alten und neuen Verbreitungstechnologien gibt es allerdings doch: Flugblätter und Rundfunkempfänger antworteten nicht. Smartphones dagegen sind nicht nur ständig auf Empfang, sie sind auch stets feedbackbereit. Diese Innovation treibt die Beobachter der Gegenwart in den Wahnsinn. Sie steht im Verdacht, Grenzen einzureißen, beispielsweise die zwischen Konsumenten und Produzenten, und das nicht nur im Journalismus. Sie weckt Hoffnungen auf neue Formen des Miteinanders, zeigt neue Möglichkeiten für Engagement und Partizipation – und geht bei alledem weit darüber hinaus, was bloß traditionelle Verbreitungsmedien je vermochten. Doch auch diese üblichen Diskussionsstränge führen in eine Sackgasse. Umso mehr über die sachlichen Möglichkeiten von Technologien gesprochen wird, desto häufiger wird die soziale Notwendigkeit von Medien vernachlässigt. Tatsächlich wird gar nicht gesehen, dass Technologien und Medien gar nicht austauschbare Begriffe sind, sondern zwei verschiedene Seiten derselben Medaille.

WAS UNTERSCHEIDET ANALOGE, ELEKTRISCHE UND DIGITALE MASSENMEDIEN?

Sobald man sich über diese Unterscheidung im Klaren ist, drängt sich der Verdacht auf, dass die tatsächliche Funktion organisierter Massenmedien – analog, elektronisch oder digitalisiert – in den derzeitigen Diskussionen völlig unterschätzt wird. Zu sehr steht der Einzelne im Mittelpunkt, über Gesellschaft wird dagegen weitgehend geschwiegen. Zugespitzt ließe sich nämlich die These aufstellen, dass uns die als demokratisch verherrlichten Technologien geradewegs zurück ins gesellschaftliche Mittelalter führen. Sieht man mal von den technischen Entwicklungen und Errungenschaften ab, kommt in den Blick, worum es beim allgemeinen Konzept von Medien eigentlich geht – nämlich schon immer um etwas Soziales: Vor tausend Jahren, als Menschen in Villikationen lebten, also in Dörfern, die nicht mehr als zehn Familien umfassten, und jeder Einzelne in seinem gesamten Leben so vielen Personen begegnete wie der moderne Mensch morgens im Bus, da genügte die gesprochene Sprache. Gewohnheiten bestimmten den Alltag, Worte waren kaum notwendig – erst recht nicht geschriebene. Die in der Moderne quälende Limitierung, dass nämlich immer nur einer sprechen darf und alle immer nur über ein Thema, fiel damals kaum ins Gewicht. Insbesondere nicht, weil dem »grundlegenden Kommunikationsmedium« Sprache, wie der Soziologe Niklas Luhmann es beschrieb, ein zweites Medium zur Seite stand. Anders als die Beliebigkeit gewählter Worte und die Zwanglosigkeit der Gewohnheiten bestimmten Mythen das soziale Miteinander.

Sie brachten in der damals magischen Realität – in der der Wald lebendig, Tote nicht wirklich abwesend, aber Menschen auf Reisen wie vom Erdboden verschluckt waren – entscheidende Vorteile mit sich. Mythen entzogen sich dem Gerede und jeder Diskussion. Sie konnten nicht verändert werden und entzogen sich jedem Abgleich mit beobachtbarer Wirklichkeit. Sie galten durch bloßen Verweis auf ihr Alter und das Jenseitige, dem sie entsprangen. Normativ wirkten sie als Zwang und kognitiv als Glaube. Man musste sich weder kollektiv auf sie einigen, noch sich individuell mit ihnen einverstanden erklären. Ihre Funktion erfüllten sie trotz alledem: Mythen erzeugten eine gemeinsam geteilte, allgemeingültige Hintergrundrealität. Ihre Moral, ihre Appelle, ihre Wahrheiten und Erklärungen bestimmten den Alltag. Mythen waren weit mehr als bloß Tradition oder alte Geschichte. Über die damalige Zeit schreibt Niklas Luhmann: »Wo die Vermittlung und Deutung einer Weltordnung nötig war, nahm sie den Weg über die Autorität von Göttern, Heiligen oder wissenden Interpreten, denen wie eine Person vertraut wurde.«[33] Mythen, das ist der Brückenschlag zurück zur Moderne, sind Institutionen – ähnlich unseren modernen Werten: Freiheit, Toleranz oder Gesundheit. Sie sind für alle von gleicher Bedeutung und fußen auf der Unterstellung breiter sozialer Anerkennung. Sie sind ausgedacht, erzeugen aber totale Realität.

Unsere modernen Institutionen – Regierungen, Richter und Redaktionen, um einige zu nennen – funktionieren anders. Aber sie erfüllen dieselben Funktionen wie damals Mythen. Denn erst wenn Erwartungen nicht nur an einzelne und konkrete Personen gerichtet werden, ist die Bewältigung des Alltags möglich. Schließlich haben wir es im modernen Alltag hauptsächlich mit Unbekannten zu tun, denen wir nicht ohne weiteres vertrauen, mit denen wir aber dennoch sicher umgehen können. Wir geben Kassiererinnen unser Geld und befolgen, was Verwaltungsbeamte uns vorschreiben. Unser Vertrauen gilt dabei keinen Personen, sondern intransparenten Systemen und Strukturen. Ist von Gesellschaftsstruktur die Rede, geht es um nichts anderes als soziale Mechanismen, die Erwartungen stabilisieren, Überraschungen weitestgehend unmöglich machen und selbst das Unvorhersehbare planvoll in Bahnen lenken, sodass wir ohne Angst vor dem nächsten Morgen geruhsam ins Bett gehen können. Der kommende Tag hat folglich einen idealtypischen Beginn: Wir stehen auf, kümmern uns zuerst um uns selbst und wenden uns dann der Gesellschaft zu. Wir konsultieren das Angebot der Medien und informieren uns über den aktuellen Stand der Dinge, in der Erwartung, dass es unsere Nachbarn ebenso tun. Wenn in der Zeitung nichts steht, was den üblichen Ablauf der Dinge durcheinanderzubringen droht, dann ist alles gut. Die primäre Aufgabe einer guten Tageszeitung bestand darin, zu beruhigen und aufzuzeigen, an was zu denken und was zu tun ist – nur als Anregung. Nicht mit angeblich objektiver Behauptung vorgetragen, sondern – wie der 29-jährige Frank Schirrmacher als neuer Literaturchef der »Frankfurter Allgemeinen Zeitung« es sagte – »mit einem begründeten Urteil«.[34]

Die Aufgabe der Massenmedien, egal welcher Form, erschöpft sich nicht darin, den Einzelnen zu informieren oder zu unterhalten. Medien erfüllen auch die Funktion, den Einzelnen in Gleichklang mit anderen zu bringen, indem sie der Gesellschaft nicht nur ihre Themen vorgeben, sondern auch ihren Rhythmus. Das verdeutlicht insbesondere ein beliebtes begriffliches Missverständnis. Der Begriff »Echtzeit« wird bei der Beschreibung neuer Medien sehr häufig, aber sehr oft falsch verwendet. Das erste Echtzeitmedium der Gesellschaft sind nicht die hyperindividuellen Hochgeschwindigkeitssysteme von Twitter & Co., sondern es war der Rundfunk. Spätestens mit der »Tagesschau« wurde der Echtzeit-Journalismus vor mehr als sechzig Jahren etabliert. Twitter, Facebook und insbesondere Google sind dagegen für die Einführung eines ganz anderen Paradigmas verantwortlich. Sie hoben die Echtzeit und Gleichzeitigkeit, die der Rundfunk herstellte, nämlich wieder auf, indem sie für jede noch so knappe und unbedeutende Information einen Speicher zur Verfügung stellen, der von jedermann beliebig genutzt werden kann. Digitale Nachrichten, egal welchen Formats, haben im Vergleich zum Rundfunk ganz andere Chancen, sich zu bewähren, weil sie sich mit ihrer Ausstrahlung nicht sofort versenden. Sie fragmentieren das Publikum und bringen die Gesellschaft aus dem gemeinsamen Rhythmus.

Die neuen, digitalen Medien widersprechen vielen ihrer zentralen Ideologien und fördern weder per se Demokratie noch Gemeinwohl. Stattdessen schöpfen sie die knappe Aufmerksamkeit des Einzelnen aus, indem sie ihn mit nur für ihn Interessantem und Reizendem, aber sozial Irrelevantem beschäftigen. Das Argument lässt sich mit einem weiteren historischen Schritt zurück verstärken. Nicht nur die aus den Flugblättern der Kaffeehäuser erwachsene Tageszeitung hatte schon Demokratisierungsideen im Schlepptau. Auch das heute häufig niveaulos genutzte Fernsehen weckte bei seiner Einführung Wünsche für eine bessere Welt. Eine eindrucksvolle Aufarbeitung der Fernsehgeschichte als besondere Form der damals neuen elektronischen Medien publizierte der Kommunikationswissenschaftler Joshua Meyrowitz 1985.[35] Schon der apodiktische Titel des Buches enthält die Eckpfeiler des Arguments: »No Sense of Place«. *Sense* lässt sich doppelt verstehen, als biologischer Sinn, in Kontakt mit der Welt zu treten, und als sozialer Sinn, mit diesen primären Eindrücken kommunikativ umzugehen. Ebenso doppelt ausgelegt, bezieht sich *Place* auf soziale und regionale Aspekte, nämlich Status und Ort einer Person. Das Fernsehen – das erste Echtzeitmedium, dem sein Anspruch auf Wahrhaftigkeit nur mit mühsamer, zeitraubender Kritik abzusprechen war, weil es ihn mit zwar ausgewählten, aber unverfälschten Bildern untermauerte – wirkte wie ein Spiegel der Gesellschaft. Jeder Zuschauer sah sie plötzlich mit eigenen Augen und wusste, dass jeder andere Zuschauer im selben Moment dasselbe für wahr nahm. Das Fernsehen versprach eine glaubwürdige Abbildung des Geschehens, tatsächlich lieferte es aber noch viel mehr. Es erzeugte als erstes Medium überhaupt den Eindruck, dass tatsächlich alle in derselben Gesellschaft leben. Statt nachträglicher Erzählungen galt nun das aufgenommene und millionenfach in Privatwohnungen sichtbare und kritisch überprüfbare Bild. Es entzauberte Helden als normale Menschen und enttarnte elitäre Männerriegen als korrupte Klüngel. Das Fernsehen stellte Gesellschaft her und weckte im Publikum Teilhabeansprüche und Wünsche für eine bessere Welt. Der Feminismus oder die Friedensbewegung wären ohne das Fernsehen so nicht möglich gewesen. Ebenso wenig die neuen Formen von Solidarität mit Unbekannten, die zwar namenlos blieben, aber nicht mehr unsichtbar waren.

Die alten, von Meyrowitz beobachteten elektronischen Medien liefern ein einfaches und verständliches Bild der Gesellschaft und dessen *Making of*. Dieser kollektiven Erfahrung folgte rasant die kollektive Erwartung, in den gezeigten Lauf der Dinge eingreifen zu können. Das Engagement des Einzelnen wurde eines der wichtigsten medialen Themen. Das gilt bis heute, da alle als seriös geltenden Fernsehnachrichten und Tageszeitungen ihre politische Berichterstattung vor alle anderen Themen stellen. Die Botschaft lautete: Wenn du darüber Bescheid weißt, was Politiker tun, kannst du über den Lauf der Dinge mitentscheiden. Die beliebte, als modern und aufgeklärt geltende Kritik, dass politisch nur möglich scheint, was sich medial von Politikern gut verkaufen lässt, ist dementsprechend eine unbemerkt ironische Mahnung. Tatsächlich ist es nämlich eine enorme zivilisatorische Errungenschaft, dass politische Fragen, die sich medial gut vermitteln lassen, weil sie jeden betreffen, auch tatsächlich demokratischen Prozessen überlassen werden. Für einen jungen Journalisten ist es verblüffend, in den politischen Betrieb hineinzusehen und festzustellen, dass das meiste und Wichtigste, was man da zu sehen bekommt, niemals in den Massenmedien thematisiert wird. Elektronische Medien – die Nachzügler der Flugblätter und Vorgänger der digitalen Netze – halten der Gesellschaft somit nicht nur ihren Spiegel vor oder verführen sie zum Selbstgespräch. Sie stellen die Realität, die wir kennen und in der wir leben, erst einmal her. Mit aufrüttelndem Humor verpackte der Soziologe Niklas Luhmann die zentrale Aussage seines Buchs über »Die Realität der Massenmedien« schon im Titel seines Werks[36] und erst recht im ersten Satz: »Was wir über unsere Gesellschaft, ja über die Welt, in der wir leben, wissen, wissen wir durch die Massenmedien.«

Wollte man über diese Aussage streiten, müsste man erst klären, was der Begriff »Massenmedium« heute bedeutet. Darüber, ob die Potenziale der digitalen Medien ihre Bezeichnung als Massenmedium rechtfertigen, oder ob es doch nur um raffinierte, aber rein technische Verbreitungsmedien geht, lässt sich in jedem Einzelfall lange streiten. Die vornehmlichste Aufgabe leistungsfähiger Massenmedien steht jedoch auch heute noch außer Zweifel: Sie garantieren, so Luhmann, der Gesellschaft eine »gesellschaftsweit akzeptierte, auch den Individuen bekannte Gegenwart«. In dieser Hinsicht gleichen moderne Massenmedien den mittelalterlichen Mythen. Diesen Bogen hat Ferdinand Tönnies bereits 1923 geschlagen, als er in seiner sechshundert Seiten langen »Kritik der öffentlichen Meinung« die Presse als »nach innen verbindende Kraft« und »allgemein anerkannte, tief wirkende Macht« beschrieb, deren Funktionen über Jahrhunderte die Religion erfüllte.[37] Den Übergang datierte er auf das 17. Jahrhundert. Wir werden, wenn wir in den kommenden Kapiteln über die Trinität von Information, Technologie und Vertrauen sprechen, darauf zurückkommen.

Erst einmal halten wir fest, dass Massenmedien anders als Mythen weder auf Zwang noch auf Glauben zurückgreifen können. Sie drehen den Spieß um: Statt per Verweis auf Tradition und alte Geschichte Autorität zu begründen, buhlen Massenmedien mit Neuigkeiten um Aufmerksamkeit. Sie berufen sich nicht auf das Alte und Jenseitige, sondern ganz im Gegenteil auf all das, was im Hier und Jetzt passiert. Umso näher der Ort des Geschehens und umso aktueller die Ereignisse – desto eher schenken wir ihnen unsere Aufmerksamkeit. Tatsächlich entwickelten die Massenmedien sogar eine ausgeprägte Allergie gegen alles bereits Bekannte, weit Entfernte und Transzendentale. Die Funktionslogik der Massenmedien, die sich bis in die detailliertesten Fragen der Berufsethik ihrer Macher niederschlägt, lautet: wahrheitsgetreue Berichterstattung.

DIE EXISTENZIELLE KATASTROPHE DES NEUEN JOURNALISMUS

Den organisierten Journalismus stellt das seit jeher vor ein Problem, für das es keine allgemeingültige Lösung gibt und das sich nun im Medienwandel zu einer existenziellen Katastrophe entwickelt. So wenig wie sich die Wünsche nach Relevanz und Reichweite unter einen Hut bringen lassen, so wenig lassen sich die journalistischen Währungen »Aufmerksamkeit« und »Wahrhaftigkeit« gegeneinander aufrechnen. Folgte man stur und automatisiert dem Interesse der Leser, lautet das Ergebnis: »FOCUS Online«. Dort wird nur noch darüber berichtet, was Menschen aus aller Welt Verrücktes tun. Kein Leser wird noch einen Text anklicken, für den er sich inhaltlich eigentlich nicht interessiert, weil den Redaktionen nicht mehr zugetraut wird, noch an sinnvollen oder relevanten, aber abseits der Aufmerksamkeitsökonomie nicht vermarktbaren Themen zu arbeiten.

In der anspruchsvollen redaktionellen Auseinandersetzung mit den Themen des Tages und den Ansprüchen des Publikums geht es daher nicht nur darum, was zu vermitteln ist, sondern auch: von wem. Die Glaubwürdigkeit des Journalismus hängt häufig weit mehr von der Form der Mitteilung ab als von der tatsächlichen Information. Jede Nachricht, jeder Bericht, erst recht jeder Leitartikel und jede Reportage ließe sich schließlich auch anders schreiben – mit anderen politischen Orientierungen, Lebenserfahrungen und Wissenshorizonten des Autors. Den Ansprüchen auf Wahrhaftigkeit, die Redaktionen mit ihren Texten verbinden, muss deswegen eine Anerkennung im Publikum vorausgehen – die nicht an der Person des

Autors oder durch Hinweise auf das Thema festgemacht wird. Vertrauen wird dadurch im Journalismus zur Grundlage von allem. Für sie maßgebend »ist die Erfahrung, die man mit dem Funktionieren eines Systems gemacht hat«, schreibt Niklas Luhmann. Die Summe der Erfahrungen des Publikums bildet die notwendige journalistische Reputation, die Erwartungen stützt. Nur mit Reputation lässt sich abseits individueller Leserinteressen journalistisch ein Thema setzen oder gar eine Debatte beginnen. Die Autorität darf nicht bloß Behauptung sein. Reputation ist jedoch ein Kapital, das sich nur begrenzt speichern lässt – es steht ständig, mit jeder neuen Ausgabe, mit jedem einzelnen Text, auf dem Spiel.

Die Glaubwürdigkeit einer Redaktion hängt ab vom Vertrauen des Publikums. Beides steht in einer labilen, leicht störbaren Zirkularität zueinander: Sie setzen sich gegenseitig voraus. »Vertrauen ist überhaupt nur möglich, wo Wahrheit möglich ist, wo Menschen sich mit Verbindlichkeit für Dritte über ein Selbes verständigen können«, schreibt Niklas Luhmann. Damit verweist er auch auf das Problem der neuen Medien. Nur organisierte Massenmedien, die wie die großen Tageszeitungen und öffentlich-rechtlichen Fernsehnachrichten die Gesellschaft thematisieren und eine allgemeine Öffentlichkeit adressieren, also eine Verbindlichkeit auch für unbekannte Dritte im Blick behalten, während sie Leser und Zuschauer informieren, stellen Gesellschaft her.

Im eigentlich nicht verkehrten Glauben, dass die Ränder ihres Papiers die Grenzen der Gesellschaft seien, haben die Redaktionen den Zirkel aus Vertrauens- und Wahrheitsangeboten mit ihrem Publikum selbst aufgekündigt. Nur für Feuilletons, die die Gesellschaft und ihre Ministerien, Universitäten, Bühnen, Vereine, Vorstände, Museen und Botschaften mit täglich zwölf Seiten überwältigten, galt nämlich: Wer sie las, wusste alles Notwendige, schon deshalb, weil der Mangel an weiterer Zeit für Lektüren kein anderes Angebot duldete. Wer sie nicht las, verpasste folglich alles. Für ein dreieinhalbseitiges Feuilleton mit einer Seite Fernsehberichterstattung lässt sich das allerdings nicht länger behaupten. Dass die Gesellschaft heute jenseits der Grenzen des Papiers im Internet weitergeht, wissen alle Leser und alle jungen Hospitanten in den Redaktionen. Sie sind von der Zeitung unterversorgt und richten somit auch keine Erwartungen mehr an sie.

Ihre etablierten Kollegen wenige Bürotüren weiter gaben sich dagegen mit dem Schrumpfen ihrer Welt zufrieden. Von ihr blieb wenig übrig: Eine aufwendige Leseranalyse 2014 ergab, dass Leser der »Frankfurter Allgemeinen Zeitung« rund acht Prozent der Zeitung tatsächlich lesen. Dieser Wert ist, auch wenn er niedrig scheint, recht hoch, da die Zeitung auch mit 35 Seiten noch recht umfangreich ist. Der Wert bedeutet aber dennoch, dass sich der durchschnittliche Leser heute, sofern er noch eine Zeitung in die Hand nimmt, weniger als fünf Minuten mit den Teilen der Zeitung beschäftigt, die er nicht liest. Der Zeitung ging nicht nur ihr Zufallspublikum in Hotellobbys, Flugzeugen und Konferenzräumen verloren. Auch die Leser, die sie noch abonnieren, werden von ihr nicht mehr ausreichend beschäftigt, um den Zirkel aus Glaubwürdigkeit und Vertrauen am Laufen zu halten. Die Zeitung wird ihnen zunehmend egal.

Ausgerechnet die Vorreiter der Digitalisierung der Medien, angefangen bei Twitter-Enthusiasten bis hin zu Verlagen, die an der »individuellen«, auf jeden Leser extra zugeschnittenen

Tageszeitung arbeiten, spüren den Verlust, ein allgemeines Publikum, unbestimmbare Dritte, nicht zu erreichen. Eine Ursache des Erfolgs der sozialen Netzwerke besteht aber zumindest darin, wieder die Unterstellung zu nähren, es gäbe für Artikel, die aus individuellem Interesse gelesen werden, auch ein allgemeines Publikum – das man per Empfehlung in den sozialen Netzen erreichen könnte. Twitter, Facebook und alle weiteren Anbieter ermöglichen schließlich das dafür notwendige, unadressierte Publizieren einer Lesererfahrung auf Knopfdruck. Nicht ohne Grund und Witz gilt ausgerechnet Twitter als Hobbymedium für Journalisten, die auf diesem Wege nämlich auch ein von ihnen bislang unentdecktes Publikum für ihre Arbeit suchen. Die Nutzung fällt leicht, jeder Retweet und Facebook-Kommentar kann als sichtbarer Erfolg verbucht werden. Bei den Medientagen München 2015 sprach Mathias Müller von Blumencron, Online-Chef der F. A. Z., davon, potenzielle Zeitungsleser mit »positiven Erlebnissen« bei Facebook, WhatsApp oder Twitter »wachküssen« zu können. Ausgerechnet der Leser, der anhand seines persönlichen Interesses geködert wurde, soll sich also plötzlich für die journalistische Aufarbeitung gesellschaftlicher Angelegenheiten im Allgemeinen interessieren. Welch Irrglaube.

Einen etwas mehr versprechenden und bei weitem komplizierteren Weg ging Cory Haik. Die Online-Redakteurin der »Washington Post« wurde 2014 beauftragt, die Fragmentierung ihrer Zeitung aufzuhalten. Mit mehreren Mitarbeitern entwickelte sie ein System, das den Online-Lesern der Zeitung eine andere Website anzeigt, je nachdem, aus welcher Ecke des Internets sie kamen. Die Überlegung: Weitergeleitet von Google, interessieren sie sich für spezielle Themen. Von Facebook kommend suchen sie Unterhaltung. Gezielt auf die Website gegangen, verlangen sie einen Gesamtüberblick der Nachrichtenlage. Die Zeitung im Besitz von Amazon-Gründer Jeff Bezos stellt sich damit einer der wichtigsten Herausforderungen durch das Internet. Sie vermarktet einzelne Artikel im Kontext ihrer Verwendung durch den Leser unter Einbezug des weiteren Angebots der Redaktion. Sie entwickelt selbst Algorithmen, die die Attraktivität der Zeitung erhöhen sollen, statt diese Angelegenheit den im Journalismus fremden Betreibern sozialer Netze zu überlassen. Die »Frankfurter Allgemeine Zeitung« machte es sich wie viele ihrer Konkurrenten vergleichsweise einfach: Alle dreißig Minuten soll ein neuer Artikel bei Facebook erscheinen. Die Auswahl der Artikel erfolgt spontan und im kleinen Kreis. Rund 85 Prozent der Facebook-Nutzer, die dieses kostenlose Angebot der Zeitung bei Facebook abonnierten, bekommen die Artikel anschließend allerdings gar nicht angezeigt – weil Greg Marras Algorithmus die Relevanz nicht ausreichend hoch einschätzt, und weil die Nutzer zu selten auf Facebook sind. Die wenigen Nutzer, die die Artikel angezeigt bekommen und dann auch tatsächlich anklicken, rufen nichts weiter als eine normale Artikelseite auf. Die redaktionelle Chance, in diesem Moment nicht nur den angefragten Text, sondern, wie die »Washington Post« es versucht, auch ein Stück Zeitung zu präsentieren, verstreicht dabei ungenutzt. Die Spalte neben dem Text ist ausschließlich mit den gerade aktuellen Standard-Inhalten und Werbung gefüllt.

Rund ein Drittel der Leser deutscher Zeitungen kommt inzwischen über die Facebook-Schnellstraße auf die Websites und ist ebenso schnell wieder verschwunden. Sie können vor den Werbekunden als Leser verbucht werden. Greg Marras

Ende 2014 erstmals vorgetragene Idee, die Leser gar nicht mehr von Facebook wegzuführen, sondern die Inhalte der Nachrichtenseiten direkt auf Facebooks Seiten zu publizieren, sollte tatsächlich kein gravierender Schritt werden.[38] Im Vergleich zu vielen anderen kurzfristigen und rein ökonomischen Entscheidungen der Medienhäuser und ihrer Redaktionen wirkt er eher folgerichtig. Die Artikel sind ohnehin schon für Facebook optimiert. Dennoch stellt der »Instant Article« eine der wenigen sichtbaren Grenzverletzungen dar und stieß deshalb auf Aufmerksamkeit und Widerstand.

Greg Marra ist auch 2016 immer noch jünger als viele deutsche Volontäre, sofern es sie noch gibt. Sein Siegeszug, die schöpferische Zerstörung der Tageszeitungen, gelang ihm fast im Alleingang. Seine Opfer haben sich nie darüber verständigt, was sie eigentlich gegen ihn verteidigen wollten. Und all das Gesagte zum Ende der Zeitung gilt nun, obwohl der Name Google noch gar nicht gefallen ist. Dabei macht dieses im Vergleich zu Facebook wirtschaftlich zehnmal schlagkräftigere Unternehmen den Medienhäusern nicht weniger zu schaffen. Auch Google untergräbt die Logik der etablierten Medien mit hoher Intelligenz und gestaltet Schritt für Schritt die digitalisierte Gesellschaft nach eigenen Vorstellungen. Die alten Medien, insbesondere die Tageszeitung, haben in dieser kommenden Gesellschaft zwar noch einen Platz. Als mitdenkender Kopf der Gesellschaft fallen sie jedoch aus.

1993 sprach Wolfgang Coy, Mathematiker, Philosoph und bis vor kurzem Informatikprofessor in Berlin, erstmals von der »Turing Galaxie«.[39] Die Menschheit hat die Bedeutung des Buchdrucks noch nicht hinter sich gelassen, das wird sie auch nicht. Aber sie ist drauf und dran, die »Gutenberg-Galaxis« als

Komfortzone zu verlassen, um sich auf einen waghalsigen, aber vielversprechenden Weg zu begeben. Volker Grassmuck griff diese Prämisse zwei Jahre später in einem aufsehenerregenden Vortrag auf.[40] In ihm geht es nicht mehr um eine gemeinsame Realität der Massenmedien, die gelesen werden wollen. Es gehe von nun an um »die Simulation und das Spiel« der mitdenkenden Computer, die nicht nur als Transporteur beliebig abrufbarer Informationen den Menschen zur Verfügung stehen, sondern die selbst als soziale Akteure in der Gesellschaft auftreten und ständig in den Lauf der Dinge eingreifen. Schon heute gilt: Vieles von dem, was wir wissen, haben uns Computer vermittelt, so überzeugend und so wahrhaftig, dass wir an Widerspruch gar nicht dachten. Und selbst wenn, bräuchten wir auch dafür Computer. Vor zweitausend Jahren wurden auf dem Forum Romanum in Rom die ersten Blätter verteilt, auf denen mühsam per Hand notiert wurde, was die Gesellschaft betrifft und was zu wissen sei. Vor fünfhundert Jahren erschien das Wort »Zeytung« zum ersten Mal auf bedrucktem Papier.[41] Kein Weg führt dahin zurück. Stattdessen gilt es einen verständigen und konstruktiven Umgang mit dem Computer zu suchen, der uns seine Magie nicht enthüllen wird, so wie es auch die Druckerpresse nicht tat. Es war nur einfacher, sie ein bisschen mehr zu verstehen, als an ihr zu verzweifeln. Ähnlich muss nun das Leben mit dem Computer *gestaltet* werden.

Eigentlich eine klassische Aufgabe der Aufklärung, wie gemacht für modernen Journalismus. Da er sich aber entschied, Augen und Ohren zu schließen und laut über seine Lage zu klagen, muss eine andere Strategie her – die natürlich nicht mehr sein kann als eine erste Hilfe. Doch das Chaos lässt sich ordnen und der Informationsüberfluss abwehren, selbst neue Formen der kollektiven Meinungsbildung sind möglich, ohne dass sie das Leiden an hohen Kosten eines Abonnements mit sich bringen. Wir brauchen Diätpläne für einen nachhaltigen und ausgewogenen, informativen und konstruktiven, unterhaltsamen und humorvollen Umgang mit dem Informationsüberangebot der gegenwärtigen Gesellschaft. Zuerst müssen wir aber verstehen, wie uns die gegenwärtige Gesellschaft verführt und unserem Plan im Weg steht.

POLITIK OHNE DEBATTE

WIE GOOGLE DIE WELT SIEHT UND GESTALTET

Auch dieses Kapitel wird mit einem Namen beginnen, um einem Giganten wie Google ein Gesicht zu geben. Ihm voran steht allerdings ein kurzes, aber notwendiges Vorwort. Denn wenn auch bisher von einem Konflikt gesprochen wurde, den Facebook vom Silicon Valley aus bewusst als Kampf gegen die Zeitungen aufgenommen hat, ist die Betrachtungsweise eine andere, wenn der Blick auf Google fällt. Es wird um Organisationen und ihre Geschäftsmodelle gehen. Der archimedische Punkt für diese Beobachtungen ist allerdings die Gesellschaft, insbesondere ihr politisches System. Geht es um *die Gesellschaft*, ist damit kein abstrakter soziologischer Verlegenheitsbegriff für *alles* gemeint, sondern immer unsere Rolle in ihr, beispielsweise als Konsumenten, Eltern, Mitarbeiter und Wähler. Wie erfahren wir heute, was uns betrifft? Können wir noch beurteilen, was um uns herum geschieht, und können wir noch verbindlich darüber entscheiden? Was bedeutet eine politische Wahl heute? Das sind keine lediglich persönlichen Fragen. Vor den Antworten nun ein paar ausgewählte historische Feststellungen.

Google saß nicht mit am Tisch, als die europäischen Staats- und Regierungschefs 1992 mit dem Vertrag von Maastricht die Europäische Union gründeten und ein politisches Institutionengefüge schufen, das die Verantwortung für fast jede relevante Rechtsetzung in Europa nach Brüssel verlagerte. Dass der hiesige politische Journalismus bis heute als politische Prominenz-Berichterstattung um Berliner Köpfe schwirrt und dass die an ihm beteiligten Politiker und Journalisten nur Berliner Interessen kennen und vertreten, geht auf Entscheidungen in den Redaktionen selbst zurück.

Google war ein noch bedeutungsloses Studentenprojekt, als Organisationen wie Greenpeace begannen, die öffentliche Meinung links liegenzulassen und nicht länger mit Schlauchbooten gegen Walfänger zu kämpfen oder auf Bohrinseln zu klettern. Und in der Woche, in der Facebook der »New York Times« das Angebot machte, ihre Nachrichten direkt auf Facebooks Servern zu publizieren, saß der Chef von Google News, Richard Gingras, bei einer öffentlichen Veranstaltung in Berlin und sagte: »Es ist eine Herausforderung, Menschen darüber zu informieren, worüber sie nichts wissen und wofür sie sich nicht interessieren.«[1] Ein wichtiges und glaubwürdiges Anliegen von einem Mann am Ende seiner Karriere als Journalist, Chef eines Zeitungshauses, Gründer von Technologieunternehmen und nun Manager bei Google.

Als Facebook Mitte Mai 2015 Vollzug meldete und bekanntgab, dass »Spiegel Online« und »Bild« – die reichweitenstärksten Medienangebote im deutschen Sprachraum – die Distribution ihrer Artikel zum Teil vollständig an Facebook abgeben wollen, legte Google einen Fonds (»Digital News Initiative«) von 150 Millionen Euro auf. Er sollte Redaktionen dabei helfen, auch dann die Möglichkeiten des Netzes zu erproben, wenn ihnen das technische Wissen und Geld für eigene Investitionen fehlten. In den wenigen Tagen zwischen der Fonds-Gründung Googles und dem Start von Facebooks »Instant Articles« hielt ich in Düsseldorf eine Vorlesung zur Zukunft des Journalismus.[2] Dessen Frage lautete: Was bleibt vom redaktionellen Journalismus übrig, wenn er sich wie in den vergangenen fünf Jahren weiter vom Text verabschiedet? Die Antwort war: Nichts. Wenn der Reichweitenerfolg bei Facebook allgemeines Kriterium für guten Journalismus wird, ist Journalismus nicht länger eine Sache der Inhalte und Erkenntnisse, sondern der vermittelten Eindrücke und hervorgerufenen Gefühle. Unternehmen, die im Kampf um Aufmerksamkeit bestehen wollen, folgen diesem Prinzip. Facebook verändert die Arbeit der Medienhäuser von außen, Google von innen. Google möchte mit den Journalisten in ihren Redaktionen zusammenarbeiten, sie trainieren, ihre Innovationen fördern und Produkte entwickeln. Nur, um eine journalistische Schreibschule handelt es sich dabei nicht. So viel vorweg.

Nun also der Name einer Person, die in diesem großen Getriebe ihren eifrigen Dienst tut: Ralf Bremer ist eigentlich Fernsehmann. Er arbeitete in der Redaktion von Maybrit Illner, ehe er in Berlin Sprecher von Google wurde. Abgesehen von einer jährlichen Reise ins Silicon Valley hat er mit dem Unternehmen aber eigentlich wenig zu tun. Als ich ihn für die Berichterstattung in der »Frankfurter Allgemeinen Zeitung« fragte, weshalb Google für die Erforschung künstlicher Intelligenz und die Entwicklung lernender Maschinen einen internen Ethikrat gründete, blieb die Antwort aus, weil sich seine amerikanischen Kollegen nicht zurückmeldeten. Dass es aussichtslos sei, als deutscher Journalist mit Google-Vertretern über die von Edward Snowden enthüllten staatlichen Späherangriffe mithilfe der großen Silicon-Valley-Unternehmen zu sprechen, teilte er schon ohne Nachfrage in Amerika mit. Gespräche über einzelne Dienste von Google endeten häufig damit, dass er mir sagte:

»Da wissen Sie wieder mehr als ich.« In einem beispielhaften Fall ging es um automatische Untertitel in YouTube-Videos. Es erübrigte sich damit die Frage, wie die Spracherkennung funktioniere und wo sie noch einsetzbar sei. Der renommierte amerikanische Hauptstadtjournalist Dan Froomkin schrieb später darüber, dass es sich bei der Frage, wie amerikanische Geheimdienste aus der akustischen Telefonüberwachung automatisiert Inhalte gewinnen, wohl um das »bestgehütete« Geheimnis der Dienste handelt.[3]

Google ist verschwiegen, auch gegenüber seinen Mitarbeitern. Dennoch ist es für die Fragen, wie wir unsere Informations-, Urteils-, und Entscheidungshoheit zurückgewinnen können, aufschlussreich, Bremers öffentlichen Ausführungen im Namen von Google zu folgen. Auf die Frage beispielsweise, ob Google mit seinen vielfältigen Diensten redaktionelle und damit auch gesellschaftliche Verantwortung übernehme, sagt er öffentlich: »Nein, wir sind keine journalistische Organisation.« Sein allgemeines Verständnis von der heutigen Gesellschaft widerspricht dieser Haltung nämlich deutlich: »Das Internet ist eine sinnlose Ansammlung von 60 Billionen Seiten. Damit könnten wir alle gar nichts anfangen, wenn nicht jemand da wäre, der diese Informationen organisiert und zugänglich macht.«[4] Bremer folgt bei seinen Auftritten einer Maxime des Aufsichtsratschefs von Google, Eric Schmidt, der seinen PR-Leuten sagt: »Seid keine Botschafter, sondern Gesprächspartner.«[5] Tagein, tagaus veranstaltet Bremer im Google-Büro in Berlin also Abende für Politiker, Journalisten, Unternehmer und interessierte Bürger. Es sind immer angenehme Zusammenkünfte mit stimmungsvollen und nicht zu langen Reden, exotischen Getränken und viel Musik.

Ein von Google gerne eingeladener Gast und Redner ist der New Yorker Journalismus-Professor Jeff Jarvis, der Googles Gästen Ideen und Instruktionen wie diese mitteilt: »Wir wissen auch heute noch nicht, was das Internet eigentlich ist. Das geht selbst Google so. Es ist zu früh, das Internet zu definieren und zu limitieren. Es ist ganz sicher zu früh, es zu regulieren. Wir müssen es in Frieden lassen, um herauszufinden, was es eigentlich ist.«[6] Die Verwechslung von Google mit dem Internet ist gang und gäbe. Für Sätze wie diesen – der dem mächtigsten Informationsunternehmen der Welt Unwissenheit und Unschuld andichtet – fliegt Jeff Jarvis auf Googles Rechnung um die ganze Welt. Die Abende in Berlin sind immer kleine Shows, die Googles Ansprechbarkeit demonstrieren, die aber jedes konkrete inhaltliche Anliegen an das Unternehmen letztlich doch ins Leere laufen lassen. Einmal entluden sich das Unbehagen und die Enttäuschung des Publikums in einem eindrucksvollen Moment. Als im Oktober 2014 Eric Schmidt Berlin besuchte, trat er an einem Abend an der Seite von Vizekanzler Sigmar Gabriel im Wirtschaftsministerium auf. Er sprach über sein Unternehmen, Europas Eigenheiten und von Chancen auf eine bessere Zukunft, die wiederum nur lockten, wenn diese Eigenheiten überwunden würden. Die Anmerkungen und Fragen des Publikums waren durchweg kritisch, und Eric Schmidt reagierte auffallend ausdauernd, zurückhaltend und ausweichend. Harald Welzer brachte es schließlich auf den Punkt. Er bat den kleinlaut argumentierenden Eric Schmidt kurz vor Ende der Veranstaltung schlicht um »eine intelligentere Antwort«.[7]

Die Fragen standen längst im Raum: Google herrscht über den größten Datenschatz der Geschichte der Menschheit, es entwickelt oder kauft alle Schlüsseltechnologien des 21. Jahrhunderts und investiert so viel Geld in politisches Lobbying wie kein anderes Unternehmen weltweit. Gleichzeitig unterhält es einen PR-Apparat, der auf Bespaßung und Ablenkung programmiert ist und der die Gesellschaft tief durchdringt, nicht nur in Berlin und Brüssel. Wer in großen Zeitungen kritisch über Google schreibt, wird jedoch, das ist zu Beginn verwunderlich, erst einmal von dem Unternehmen umgarnt. Es gilt dann das Prinzip der Nähe und der persönlichen Bekanntschaft, in der unausgesprochenen Erwartung, dass nächsten kritischen Texten fürs Zeitungspublikum klärende Gespräche mit Google-Mitarbeitern vorausgehen. Diese Strategie, ohne jede Intervention Berichterstattungen verhindern oder entschärfen zu wollen, geht jedoch nicht immer auf. Manchmal führt sie unbeabsichtigt zum Gegenteil, wie im Jahr der Bundestagswahl 2013.

Es verlief so: Ende August, wenige Wochen vor der Wahl, startete Google in Deutschland erstmals mit einem Angebot, das schon in etlichen anderen Ländern erprobt wurde. Auf der Seite »google.de/wahlen« konnten Bürger die rund 3500 Direktkandidaten für die Bundestagswahl inspizieren, beispielsweise nach Parteizugehörigkeit oder Wahlkreis sortiert. Wie immer wies Google darauf hin, dass das Unternehmen nur die Plattform für das Projekt stelle. Die inhaltliche Arbeit wurde in dem Fall von einer »Nichtregierungsorganisation neuer Ausprägung« namens »Politik Digital« erledigt. Es handelte sich also eindeutig um ein redaktionell betreutes Angebot mit journalistischen Ansprüchen. Nicht nur Google, sondern auch viele Zeitungen boten im Internet eine ähnliche Karte an, wenn auch Google, wie so häufig, einen Vorteil an Nutzerfreundlichkeit für sich verbuchen konnte. Die Seite sah schlicht schöner aus, war übersichtlicher und einfacher zu bedienen als die der Kollegen in den Redaktionen. In einem Text für die F.A.Z. schrieb ich über die Seite und wies darauf hin, dass sie, wie jedes Produkt von Google, ein Informationsangebot an die Gesellschaft, aber auch eine Datenquelle für das Unternehmen darstellt.[8] In diesem Fall informiert es sich darüber, wie sich deutsche Wähler für ihre Politiker interessieren. Die Seite war kostenlos und werbefrei. Sie vermittelte lediglich die üblichen Anliegen Googles: Die Nutzer sollten, so war es auf der Seite zu lesen, »mitreden«, »nichts verpassen« und »den Überblick behalten«. Mein Fazit im Text lautete: Google möchte den Wahlkampf ins Internet verlegen, unter der plausiblen Annahme, dass die Werbebudgets der Wahlkämpfer dorthin folgen. In Amerika sind Wahlkämpfe bereits ein Milliardengeschäft, in dem Google umso mehr verdient, je mehr es im Internet stattfindet.

Ich erinnerte in meinem Text an den Rechtswissenschaftler Tim Wu von der Columbia University, der argumentierte, dass marktkontrollierende Medienunternehmen niemals allein Plattformanbieter waren, sondern in der Geschichte stets versucht hätten, die Politik auch zu beeinflussen. Nachdem ich im letzten Absatz schrieb, dass es Google mit der in Deutschland neuen Initiative nicht nur um ökonomische Absichten geht, sondern auch neue politische, medienrechtliche und pädagogische Fragen aufgeworfen werden, lud mich Google nach Berlin ein. Im Anschreiben hieß es, ich hätte »offenbar noch Fragen« und wäre beim Start der Google-Seite für die Bundestagswahlen herzlich willkommen.

Es lohnt sich immer, diesen Einladungen zu folgen. Manchmal spricht dort Jeff Jarvis von der angeblichen »Tyrannei«

hinter Urteilen des Europäischen Gerichtshofs, wenn dieser die Rechte der Nutzer im Netz stärkt, also die von Unternehmen wie Google beschränkt.[9] Manchmal sind es deutsche Politiker, die Google das Wort reden. Dorothee Bär beispielsweise, Staatssekretärin beim Bundesminister für Verkehr und digitale Infrastruktur, sagte einmal auf einer Google-Bühne, dass die Politik »die Tragweite der Entwicklungen nicht mehr in Dekaden berechnet, noch nicht mal in Jahren. Eigentlich rechnen wir von Keynote zu Keynote.« Besucht man Googles Abendveranstaltungen, kann man miterleben, wie sich das Denken der Bundesregierung nach dem Rhythmus großer asiatischer und amerikanischer Technologieunternehmen richtet. Wer, so Bär, noch anders denke, beispielsweise Europäer beim Thema Datenschutz, sei längst abgehängt, erfährt man dann: »Wenn wir uns zu Tode datenschützen, hat zwar niemand von uns Daten, die man möglicherweise missbrauchen kann, aber wir schauen dann am romantischen Lagerfeuer auf unsere schwarzen Bildschirme und lauschen den Geschichten von der Tante und dem Onkel aus Amerika, die in dem Land die tollsten Dinge erleben.«[10]

WIE WIR DARÜBER REDEN, WAS UNS BETRIFFT

Eine dieser Geschichten brachte nun drei Wochen vor der Bundestagswahl 2013 Julius van de Laar aus dem »Land der tollsten Dinge« nach Deutschland ins herausgeputzte Google-Büro Berlin mit. Der gebürtige Heidelberger arbeitete bereits als

25-Jähriger im ersten Wahlkampf von Barack Obama mit. Bei der Wiederwahl 2012 war er federführend als »Get-out-the-vote«-Director im umkämpften Bundesstaat Ohio für den Präsidenten tätig. Im Berliner Google-Büro – wohin ich eingeladen wurde, weil man mir meine Sorgen nehmen wollte; wo mir Googles Mitarbeiter erklären wollten, warum der Journalismus noch von Bedeutung sei und sich Google nicht in ihn einmische – berichtete van de Laar von seinem Wahlkampf.

»Mein Güte, 1,2 Milliarden Dollar, die wir zur Wählermobilisierung zur Verfügung hatten«, begann van de Laar.[11] Das Geld sollte gut investiert werden, die abzuwendende Katastrophe lag in Zahlen auf dem Tisch: acht Prozent Arbeitslosigkeit und eine »Zustimmungsrate im Keller«. Das »Mobilisierungsdefizit« Obamas gegenüber Mitt Romney habe bei 41 Prozent gelegen. Nur die Message sei gut gewesen: »General Motors am Leben, Osama bin Laden tot.« Dieser Spruch, der in Deutschland selbst bei größter Anstrengung kaum wahlkampftauglich zu machen wäre, blieb an diesem Abend die einzige inhaltliche politische Botschaft, von der van de Laar sprach, als er vom Wahlkampf berichtete: »Es ging um Zahlen, Daten und Fakten, nicht um politische Botschaften aus den Hinterzimmern.« Für van de Laar war das ein Vorzug des amerikanischen Wahlkampfs. Dass in Deutschland zu dieser Zeit eine »schwierige Debatte« zum Thema Big Data und Datenschutz geführt wurde, wusste er: »Die Datenschützer unter Ihnen, wenn Sie kurz raustreten wollen und sich einen Kaffee holen wollen. Kommen Sie in zehn Minuten wieder«, hieß es von ihm, jugendlich-scherzhaft, spöttisch, aber ernst gemeint.

Die Idee von Wahlkampf, die van de Laar dann präsentierte, hatte nichts mit den zivilisatorischen Errungenschaften zu tun, die wir hierzulande schätzen. Denn weder inhaltliche Debatten noch eine aufgeklärte Öffentlichkeit oder die bewusste Wahlentscheidung mündiger Bürger fanden in ihr noch Platz. In dieser Hinsicht allerdings war alles, wovon van de Laar sprach, für Deutschland und Europa zukunftsweisend. Denn in der Fragestellung unterscheiden sich europäische und amerikanische Wahlkämpfer nicht: »Die wirklich wichtige Frage, die sich durch die Organisation des Wahlkampfs gezogen hat, war: Wie können wir den Wahlkampf effektiver machen? Wie können wir den Wirkungsgrad wirklich steigern?«

Die Antwort, die sich van de Laar auf seine Frage gab, lautete »Force Multiplication«, »*Technology and Data* wurden nicht in den Wahlkampf integriert, sie waren die zentralen Aspekte«, sagte er. Die auch in Europa künftig geltende Fragestellung lautet also nicht mehr, wie erreicht man das Wahlvolk, sondern: »Wie erreichen wir die richtigen Wähler?« Van de Laars Mannschaft wollte nur mit den Bürgern sprechen, bei denen sich das Gespräch auch lohnte. Keine Kräfte sollten verschwendet werden im Umgang mit Menschen, die nicht mehr zu überzeugen waren – egal ob sie den anderen Kandidaten oder gar nicht wählen wollten.

Der Ausgangspunkt für diese neue Form der Wähleransprache war das Wählerregister. Dort fanden die Wahlkämpfer die Namen, Telefonnummern und bisherigen Wahlentscheidungen. Dann, sagte van de Laar, »haben wir uns einen Haufen Daten gekauft«. »Kennen Sie Payback? Wir gehen dahin und sagen, Payback, bitte einmal die Daten ausspucken.« Die Daten der unterschiedlichen Quellen mussten anschließend zusammengeführt, »fusioniert« werden: »Data Mining, Data Matching.« Viele Daten gaben die Wähler zudem freiwillig ab. Wer

Barack Obamas Website aufrief, wurde gebeten, sich dort per Facebook-Login anzumelden. Das bedeutete, zu van de Laars sichtlicher Freude, den »Komplettzugriff auf alle Profildaten«. »Die Daten, die wir da hatten, waren der Wahnsinn. Und natürlich schauten wir sie uns Tag und Nacht an, wann es uns passte.«

Facebook half der Kampagne aber noch auf eine andere Weise. Wer sich mit seinem Facebook-Account auf Obamas Website einloggte, willigte damit ein, dass Mitarbeiter der Kampagne im Namen der Nutzer Nachrichten auf Facebook posteten. Dadurch, sagte van de Laar, sei für die Wahlkampfbotschaften die »Authentizität noch einmal deutlich stärker geworden«. Kurz vor dem Wahltermin wurde dann jeder Facebook-Nutzer noch einmal auf sechs Personen hingewiesen, bei denen es sich lohnen sollte, sie persönlich anzusprechen. Das Kalkül ist altbekannt und seine mathematische Analyse war eindeutig: 78 Prozent der Wähler, die von ihren Freunden angesprochen worden seien, wählten anschließend tatsächlich Obama, berichtete van de Laar. Liebäugelnd mit einer Beratertätigkeit in Deutschland führte er die transatlantischen Parallelen aus: Laut einer Erhebung von Infratest dimap zur Frage, wie sich Wähler hierzulande politisch informieren, sei vor allem das persönliche Gespräch unter Bekannten von Bedeutung. Es ist höher zu bewerten als das politische Fernsehprogramm, Social-Media-Kampagnen oder andere Formen der modernen Wählerwerbung. Es gebe daher eine sowohl für amerikanische wie auch europäische Wahlkämpfer gleichbedeutend wichtige Frage: »Wie lässt sich der Wählerkontakt von online in offline umwandeln?« Was braucht man für einen erfolgversprechenden modernen Haustür-Wahlkampf?

Die Antwort, die van de Laar mit jedem weiteren Satz untermauerte, lautet: Alles, was am Wahlkampf noch offline war, sollte digital zugänglich gemacht werden. Das galt insbesondere für das persönliche Gespräch unter Nachbarn an der Haustür. Noch vier Jahre früher, bei der ersten Wahl Obamas 2008, gingen die Wahlkämpfer mit Zettel und Stift von Tür zu Tür. Diesmal waren sie mit iPhones und iPads ausgestattet. Auf ihnen lief eine App, die minutiös vorgab, wie sich der Wahlkämpfer verhalten sollte, und die kontrollierte, ob alles nach Plan lief: »Wir wollen nicht einfach nur, dass Leute rumlaufen und mit irgendwelchen Menschen sprechen, wir wollen nachvollziehen, was genau dort passiert. Wir wollen wissen, wie die Konversationen verlaufen und welche Informationen wir da herausziehen können.« Wer an einer Tür läutete, wusste, wer sie aufmacht. Der Beruf, das Alter, der Familienstand und bis zu zweihundert andere Merkmale, von der Lieblingsfarbe bis zum längst verstorbenen Haustier, waren längst erfasst. Die App gab den Wahlkämpfern auch vor, mit welchem Satz das Gespräch zu eröffnen war. Nichts blieb dem Zufall überlassen. Selbst wenn ein Gespräch nicht erfolgreich war, taugte es immer noch als Grundlage für die nächste Wahl vier Jahre später. Der oberste Grundsatz für den Wahlkampf an der Haustür lautete: »Record your data!«

In Ohio mobilisierten mehr als sechshundert hauptberufliche Obama-Wahlkämpfer in wenigen Wochen 21 000 Freiwillige, die 819 000 Besuche bei ihren Nachbarn absolvierten. Auf jeden hauptberuflichen Wahlkämpfer kamen also rund 35 Freiwillige, die ihrerseits jeweils rund 39 potenzielle Wähler ansprachen – eine gigantische Leistung. »Wir hatten die richtige technologische Infrastruktur und frühzeitig investiert«, lautete das Fazit von van de Laar bei Google in Berlin. Doch all das ging selbst Ralf Bremer zu weit. Er dankte van de Laar für den Vortrag, distanzierte sich aber auch explizit von ihm. Diese Wahlkampfmethoden seien »nichts, was Google unterstütze«, sagte Bremer.

In der F. A. Z. schrieb ich über von van de Laars Auftritt, dass an der Ernsthaftigkeit der Distanzierung Bremers nicht zu zweifeln sei, dass Google allerdings trotzdem das Unternehmen bliebe, das »Big Data« erfunden habe. Denn die Schuldfrage, sofern man sie so platt formulieren möchte, bleibt unberührt davon, welches Unternehmen auf welche Weise den sozialen Strukturwandel fördert und sich zunutze macht. Fraglich ist zusätzlich die instinktive Antwort auf eine wichtige Frage, die bis jetzt auch von mir nur implizit gestellt wurde: Ist diese neue Form des Wahlkampfs schlecht? Lohnt es sich, die Wahlkämpfe transatlantisch zu vergleichen? Genauer: Ist ein traditioneller Wahlkampf, in dem es keine einzelnen Wähler, sondern nur ein großes stummes, zuhörendes Volk gibt, ein guter Wahlkampf? Ist er zumindest besser als der neue Wahlkampf, der nur noch Partikularinteressen und Einzelschicksale kennt und die große Debatte bewusst vermeidet?

Egal wie man diese normativen Fragen beantwortet, auch unabhängig davon, was »besser« in dem Fall bedeuten soll, gilt eine einfache Feststellung: Die grundsätzlichen Klagen über die Sinnlosigkeit des politischen Theaters sind älter als die moderne Silicon-Valley-Technologie. Man sollte die ursprüngliche Frage noch direkter formulieren: Stellt die Silicon-Valley-Technologie nur Traditionen und Selbstverständlichkeiten in Frage, die bei genauer Betrachtung gar nicht so sinnvoll und nützlich sind, wie wir bis heute dachten? Wie viel Demokratie geht eigentlich verloren, wenn der Wahlkampf nicht mehr als geschmetterte Rede auf dem Marktplatz sichtbar, hörbar und erlebbar wird, sondern als inhaltlich willkürliches und politisch konsequenzloses, mit verheimlichten Kalkülen ausgebeutetes Gespräch an der Haustür verkümmert?

Den politischen Journalismus lassen diese Fragen bis heute kalt. Er interessiert sich, von allen Entwicklungen unbeeindruckt, ausschließlich für politische Parteien und Personen, Regierungen und Oppositionen, Debattenthemen und Pressekonferenzen. Und da er all das zuverlässig findet, hatte er auch immer was zu berichten. Nur erinnert er dabei immer öfter an die zu Recht gescholtene Börsenberichterstattung des öffentlich-rechtlichen Fernsehens. Täglich mehrfach werden Livebilder vom Frankfurter Börsenparkett geliefert und merkwürdigerweise sogar um die Mittagszeit Interviews mit Bankern geführt. Dabei ist das Börsengeschehen längst nach Eschborn und darüber hinaus abgewandert, wurde Computern und Lasertechnologien zur Datenverarbeitung in Lichtgeschwindigkeit überantwortet und kann überhaupt nicht mehr sinnvoll in neunzig Sekunden erklärt werden. Dem politischen Journalismus geht es nun ähnlich. Er berichtet tagein, tagaus von Gesetzen, die Minister in Berlin planen, und er übersieht dabei, dass Richtlinien und Verordnungen täglich dutzendfach aus dem Brüsseler Apparat purzeln.

Machen wir einen kurzen Ausflug zu jenen Politologen, die sich in den zurückliegenden Jahren und Jahrzehnten nicht vor der neuen sozialen Wirklichkeit versteckt hielten, sondern ihren Blick nach Brüssel richteten und Probleme erkannten: Die unter Politikwissenschaftlern geführte Debatte um ein mögliches »Demokratiedefizit« ist inzwischen so alt wie das Nachkriegs-Europa selbst, und eigentlich schon wieder beendet. Nicht unbedingt weil die Wissenschaftler viel Neues verstanden hatten, sondern weil das »Demokratiedefizit« den Teilnehmern wissenschaftlicher Tagungen schon zur Jahrtausendwende »bei den Ohren wieder rauszukommen« anfing.[12] Man hatte sich dann ohne eine große, neue Antwort auf die Frage, womit man es in Europa zu tun habe, schlicht darauf verständigt, »ohne Zweifel« demokratische Defizite erkannt zu haben.[13] Die Ideenlosigkeit der Politikwissenschaft reicht bis heute nur für schlichte Feststellungen: »90 Prozent der auf nationaler Ebene unmittelbar zur Anwendung gelangenden Gesetze und Verordnungen werden auf europäischer Ebene erlassen.«[14] Wobei das Problem dann sei, dass Europa von seinen Bürgern nur als »gigantische, schwerfällige und kaum kontrollierbare Bürokratie« angesehen und jedwede politische Entscheidung »unreflektiert hingenommen« werde.[15] Dass es sich auch um ein »Theoriedefizit« handeln könne, dass die Politikwissenschaft sich die Frage erneut stellen müsse, was »Demokratie im Kern« ausmache, ist bis heute ein Endpunkt in der Debatte, in der man eigentlich einen neuen Anfang suchen wollte.

Der politische Journalismus hinkt heute sogar diesen inhaltlich dürftigen politikwissenschaftlichen Diskussionen noch weit hinterher. Für die Zeitungshäuser ist der Leser zwar bis heute in erster Linie ein Wähler. Jede Zeitung, die sich und ihren Lesern gesellschaftliche Relevanz unterstellt, beginnt mit einem Politikbuch. Für dieses gilt aber konträr zu den politikwissenschaftlichen Einsichten, dass neunzig Prozent der Berichterstattung die nationale Politik abbilden. Aus Brüssel berichtet aber bis heute nur ein Korrespondent – um auf Berliner Fragen zu antworten.

Weshalb insbesondere deutsche Journalisten Europa nur als ferne Idee behandeln, an die hin und wieder Politiker appellieren, die im Alltag aber von keinem Journalisten erklärt wird, erschließt sich mir nicht. Anfang 2014 machte ich die Erfahrung, dass der Weg, auf dem in Europa Gesetze entstehen, nicht nur tatsächlich schicksalhaft wichtig ist – sondern auch erstaunlich übersichtlich. Im Herbst 2013 bat uns Frank Schirrmacher um eine Recherche zu der Frage, inwieweit Technologieunternehmen aus Asien und Amerika die Politik in Brüssel beeinflussen oder mitbestimmen. Eigentlich eine klassische Aufgabe des politischen Journalismus, der wir uns im Feuilleton annahmen, in dem seit mehreren Monaten eine Debatte zum gesellschaftlichen Strukturwandel durch die Digitalisierung geführt wurde. Recht zügig wurde dann deutlich, wovon der zu schreibende Text tatsächlich handeln würde. Bereits seit zwei Jahren tobte im Europäischen Parlament die Diskussion um eine grundlegende Reform des europäischen Datenschutzrechts. Viviane Reding, damals Vizepräsidentin der Europäischen Kommission und als Kommissarin zuständig für Justiz, Grundrechte und Bürgerschaft, stellte Anfang 2012 ihr Projekt einer Datenschutz-Grundverordnung vor. Sie sollte die Datenschutzrichtlinie von 1995, die beispielsweise Deutschland inhaltlich für sein Bundesdatenschutzgesetz übernahm, zu einem einheitlichen und verbindlichen europäischen Standard machen – einer Verordnung. So fasste es uns Jan Philipp Albrecht zusammen.

Der junge Grünen-Abgeordnete und IT-Rechtler ließ sich vom Europäischen Parlament beauftragen, als Berichterstatter die Diskussion im Plenum voranzutreiben. Und so einfach wie seine Zielsetzung formulierte er auch das zu lösende Problem:

Wenn die Fragen des europäischen Datenschutzes künftig nicht in einer Verordnung, sondern weiterhin in einer Richtlinie geregelt würden, dürfe weiterhin jeder EU-Mitgliedsstaat über eigene Datenschutzregeln befinden. Nur Verordnungen gelten europaweit gleich, Richtlinien müssen dagegen erst in nationales Gesetz übertragen werden. Länder wie Irland nutzten die so gebotenen Möglichkeiten, daraus Standortvorteile abzuleiten. Die Silicon-Valley-Unternehmen, allen voran Google und Facebook, sind von Irland aus auf dem europäischen Markt tätig. Für alle Datenschutz-Fragen und -Beschwerden europäischer Nutzer ist dadurch der irische Datenschutzbeauftragte zuständig – den es eigentlich nur auf dem Papier gibt. Tatsächlich ist das europäische Datenschutzrecht nämlich weder betagt noch blind gegenüber den neuen technischen Entwicklungen. Es gilt nur schlicht nicht für Unternehmen, die sich nicht daran halten wollen.

Es war bis hierhin also eine nachvollziehbare Angelegenheit: Die Europäische Kommission legte einen Gesetzesvorschlag vor, zu dem sich das Europäische Parlament und der Ministerrat verhalten sollten. Das Europäische Parlament beschloss am 11. März 2014, dass es die Initiative der Kommission begrüßt und mit einigen Änderungen inhaltlich mitträgt. Der Weg für ein einheitliches europäisches Datenschutzrecht wurde damit bereitet. Es fehlten nur noch die Mitgliedsstaaten, die sich im Ministerrat auf ihre Zustimmung zu der Initiative einigen mussten. Würden sich die nationalen Minister, zuständig sind die Justiz- und Innenminister – für Deutschland federführend Thomas de Maizière –, mit dem vorgelegten Text der Europäischen Kommission einverstanden erklären, wäre das europäische Datenschutzrecht zwei Jahre nach dem Beschluss vereinheitlicht. Unternehmen, denen grobe Missachtungen des Gesetzes nachgewiesen werden, drohten erstmals Strafzahlungen in Höhe von drei bis fünf Prozent ihres Jahresumsatzes – unabhängig davon, wo sie in Europa ihren Sitz anmelden.

Zwei Jahre wurde in Europa darüber gestritten. Im Vergleich zu anderen Gesetzen eine bereits ungewöhnlich lange Zeit. Große Tageszeitungen hatten sich dieser Diskussion allerdings nicht angenommen. Wir hatten bei unserer Recherche nicht nur das Problem, dass es zur Diskussion um die Datenschutzverordnung nichts Journalistisches zu lesen gab. Ich bemerkte auch, dass nur in sehr seltenen Fällen überhaupt über laufende Debatten in den europäischen Institutionen geschrieben wurde. Offenbar gab es keinen deutschen Journalisten, der sich für seine Leser dafür interessierte, dass in Europa politische Initiativen von der Kommission ausgehen, zu denen sich das Parlament und der Ministerrat verhalten, sodass anschließend Vertreter der drei Institutionen im persönlichen Gespräch, dem sogenannten Trilog, eine Einigung herbeiführen, die dann europäisches Recht wird. Auf Nachfrage können es etliche Journalisten ebenso kurz und bündig erklären, nur ihre Leser behelligten sie damit aus unerfindlichen Gründen nie.

Das Desinteresse des politischen Journalismus nahm geradezu abenteuerliche Ausmaße an. Der Text, den zwei Feuilleton-Redakteure und ich am 11. März 2014, dem Tag des Parlamentsentscheids zur Datenschutzverordnung, schrieben, handelte letztlich nämlich nur beiläufig vom Lobbyismus. Google, Facebook und etliche andere Unternehmen insbesondere der Bank- und Versicherungsbranche, die ein Interesse an niedrigen Datenschutz-Standards haben, unterhalten schöne und gut gelegene Büros in Brüssel, sie laden zu Abendveranstaltungen ein und betreiben tief in die Gremien hineinreichenden persönlichen Lobbyismus. Die Ursache für die Verzögerungen in der Debatte um die Datenschutzverordnung lag jedoch woanders. Ein Mitarbeiter des deutschen Innenministeriums, dort Leiter der Abteilung, die sich mit der europäischen Datenschutzreform befasst, blockierte mehr als zwei Jahre lang die Diskussion in dem Gremium, das dem Ministerrat die Beschlussvorlagen ausarbeiten sollte. An dem Tag im März, an dem sich das Europäische Parlament, und damit Ausschussmitglieder aus allen Mitgliedsstaaten und alle 750 Parlamentarier, auf einen Gesetzestext einigte, war die Bilanz der Diskussion der Ministerialbeamten: Keine einzige Einigung, alle Punkte waren noch offen. Allein der deutsche Beamte hatte zusätzlich rund sechshundert Fragen auf den Tisch gelegt, die alle noch diskutiert und beantwortet werden sollten.

Ich hatte diesen Beamten für unseren Text in Berlin besucht. Im Beisein seiner beiden Vorgesetzten und eines Pressesprechers des Innenministeriums erklärte er mir zwei Stunden lang lehrreich und höflich, wo seiner Meinung nach die Schwierigkeiten mit der Reform liegen. Das eigentliche Problem, das wurde mir erst vor Ort deutlich, war allerdings ein anderes. Denn natürlich darf ein Fachmann, zudem ein ehemaliger Verwaltungsrichter, als formaler Verhandlungsführer eines deutschen Ministeriums inhaltliche Einwände gegen politische Initiativen vortragen. Das Problem war jedoch, dass dieser Mann in Brüssel nicht seine fachliche Meinung kundtat, sondern im Namen der Bundesregierung Politik machte – die einige Beobachter, die ich gesprochen habe, ohne sie nennen zu dürfen, als illegitime Interessenvertretung namentlich genannter Unternehmen kritisierten. Dafür wurde er weder gewählt noch berufen. Die übliche Legitimation über Delegation – natürlich wissen wir Bürger nicht, wer in unserem Namen wo und mit welchen Methoden politische Verhandlungen führt – wäre in diesem Fall besonders anspruchsvoll gewesen, hätte man sie tatsächlich einmal durchbuchstabiert.

Das Gespräch zwischen mir als Journalisten des F.A.Z.-Feuilletons und ihm als offizieller Stimme der deutschen Regierung auf dem europäischen Parkett fand unter der Bedingung statt, dass ich nicht schreibe, dass ich direkt mit ihm gesprochen habe. Im Text durfte nur stehen, dass ich mit Vertretern des Innenministeriums gesprochen habe. Jede inhaltliche Aussage durfte nur indirekt zitiert werden. Dieses Gespräch war jedoch die einzige Möglichkeit, zu erfahren, was in der »DAPIX«, der Arbeitsgruppe der Beamten, die in Brüssel die Debatte führte, über Monate und Jahre vor sich ging. Dieses Gremium tagt ohne öffentlichen Terminkalender, den Treffen folgen keine Pressemitteilungen oder gar Pressekonferenzen. Als Zeugen dienen allenfalls zwei bis drei weitere Beamte, die zur Unterstützung des deutschen Vertreters mit vor Ort sind, dort aber nicht sprechen dürfen. Ihre Namen sind allerdings nicht in Erfahrung zu bringen, zumindest nicht durch Anfragen beim Ministerium. Die Diskussionen um eines der wichtigsten politischen Projekte der vergangenen Jahre in Europa hätte nicht weiter vom politischen Journalismus und der Öffentlichkeit entfernt stattfinden können.

Seit dieser Recherche sieht meine persönliche Nachrichtendiät in Sachen europäische Datenschutzreform wie folgt aus: Ich warte nicht auf Texte deutscher Journalisten, die ohnehin nicht geschrieben werden, sondern belasse es bei einem blinden, aber alternativlosen, Vertrauen in die handelnden Personen. Viviane Redings damaliger Büroleiter, Martin Selmayr, ein wichtiger Initiator der Datenschutzreform, ist heute Kabinettschef von Kommissionspräsident Jean-Claude Juncker. Der federführende Autor des Gesetzesvorschlags, Thomas Zerdick, ist ein renommierter deutscher Jurist. Jan Philipp Albrecht ist einer der vertrauenswürdigsten und ehrgeizigsten Politiker, die ich kennengelernt habe. Hinzu kommt, dass sowohl Sigmar Gabriel als Vizekanzler als auch Innenminister Thomas de Maizière und Justizminister Heiko Maas im Laufe des Jahres 2014 öffentlich zugesagt haben, die Datenschutzverordnung auf europäischer Ebene bald zu verabschieden. Im Sommer 2015 begannen die Trilogverhandlungen in Brüssel, zumindest diese Sitzungen finden etwas öffentlicher statt. Manchmal schickt Albrechts Büroleiter Ralf Bendrath per Twitter sogar Bilder an die Öffentlichkeit.

Am Ende, und das ist ein entscheidender Punkt, entscheiden die deutschen Minister darüber, was mit der Datenschutzreform in Europa geschieht. Die Aufzählung der relevanten Personen zeigt, dass es sich durchweg um deutsche Politiker und Beamte handelt: Der Initiator der Datenschutzreform, der Autor des Gesetzesvorschlags, der Berichterstatter des Europäischen Parlaments für die Initiative und der Blockierer im Ministerrat sind Deutsche. Die politischen Journalisten könnten sie hierzulande treffen und mit ihnen in ihrer Muttersprache reden. Doch in dieser so wichtigen Angelegenheit, die nicht nur jeden europäischen Bürger betrifft, sondern die ebenso Vorbildcharakter für viele Regionen der Welt hat, nahm der politische Journalismus nicht mal diese niedrige Hürde, um sich mit dem Thema zu befassen.

Dabei gäbe es in dieser Angelegenheit viele, sogar boulevardeske Geschichten zu erzählen, von deutschen Staatssekretären, die an Hoteltüren von europäischen Parlamentariern hämmern, um ihnen wütend und drohend zu erklären, wer in Europa Politik machen dürfe und wer nicht. Es bleibt ein ernüchternder Eindruck: Nachdem sich der Journalismus darüber lustig gemacht hat, dass in Europa über Länge und Krümmung von Obst und Gemüse entschieden wird, hat er sich von Brüssel abgewandt und sein Desinteresse allenfalls belächelt, aber niemals wieder hinterfragt. Das ist nicht nur für die Bürger ein Problem, sondern auch für die Politik selbst. Wie wir nach unserem Text zur deutschen Blockade der Datenschutzreform erfuhren, war man auch im Kanzleramt verstimmt. Weder die Bundeskanzlerin noch ihr Kanzleramtsminister wussten bis dahin, wie die Diskussion um die Datenschutzreform in Europa verlief und dass ein deutscher Beamter von niederem Rang die Diskussion nicht führte, sondern blockierte. Aufgrund der Berichterstattung wurde ihm dieses Verhandlungsmandat später entzogen. Möglich war diese Form von Journalismus in der »Frankfurter Allgemeinen Zeitung« nur im Feuilleton und nur zu Lebzeiten von Frank Schirrmacher. Die Politik-Redaktion des Hauses blieb ihrem verengten Blick auf das Handeln der Minister treu. Ihnen kriechen sie fast täglich in den Kopf, wenn wieder einmal kurze, kontroverse Aussagen zur Debatte stehen. Dass die Politik tatsächlich von Tausenden von Beamten erledigt wird, erfährt der Leser nicht. Über all das, was in den Ministerien geschieht, was ihn betrifft, erfährt der Bürger fast nichts. Nahezu alle Texte, die beispielsweise die Ressortleiter, die sich selbstherrlich »Denker« nennen, in der F. A. Z.-Politik-Redaktion schreiben, sind Kommentare vom Schreibtisch aus.

Man sei eben kein investigatives Medium, heißt es nach Kritik daran kokettierend.

Schon für diese thematisch enge Diskussion über den Datenschutz gilt das eingangs erwähnte, prägende Narrativ nicht: Die neuen Unternehmen der Informationsökonomie, die sich in Irland ansiedeln und sich beim Anbieten ihrer Dienste für deutsche Nutzer nicht um deutsches Datenschutzrecht scheren, setzen sich nicht willkürlich über geltende Gesetze hinweg. Sie nutzen Lücken aus, die die Politik ihnen lässt, und über die der Journalismus schweigt. Auch das Problem, von dem sich der organisierte Journalismus bis ins Mark getroffen fühlt, ruht auf keiner schlüssigen Argumentation: Der Vorwurf, dass sich insbesondere Google und Facebook in ihrer profitablen Informationsvermittlung der Arbeit anderer bedienten und sie ausnutzten – indem sie beispielsweise ihren Nutzern Verlagsinhalte auf eigenen Kanälen zur Verfügung stellen –, ist trügerisch. Denn das würde in erster Linie bedeuten, dass die Internet-Unternehmen – anders als die Redaktionen – ein besonderes Feingefühl für die Veränderungen der Gesellschaft entwickelt haben und dadurch Menschen erreichen, die dem organisiertem Journalismus verschlossen blieben. Journalisten und Verlagschefs, die es so kritisieren, stellen folglich im gleichen Atemzug bei sich ein Sensibilisierungsdefizit fest: Sie wurden für ihr Wunschpublikum uninteressant und irrelevant – andere Organisationen erledigen ihre bisherige Aufgabe nun besser, schneller und erfolgreicher.

Google und Facebook zu unterstellen, sie erledigten die klassischen Aufgaben des Journalismus nicht, fällt leicht. Obwohl ihnen inzwischen maßgeblich Objektivität zugeschrieben wird, gelten die Regeln guten journalistischen Arbeitens dort nicht viel. Es lässt sich aber auch nur schwer begründen, weshalb eine Zeitung als rein journalistisches Angebot angesehen werden soll und jemals angesehen werden sollte.

Man kann die Elemente der Reihe nach durchgehen: Nicht nur der ökonomisch einst bedeutsame Stellenmarkt ist aus den Zeitungen abgewandert, sondern auch die Informationen über das Wetter und aktuelle Sportergebnisse, die Veranstaltungskalender und Kleinanzeigen, immer häufiger auch die Rezensionen und Veranstaltungsberichte. Dass diese Informationen nicht mehr nach journalistischen Kriterien aufbereitet werden, stellt für kaum jemanden ein ernstes Problem dar. Die Zeitungen leiden allerdings ökonomisch darunter. Die vom Publikum eingeforderte Leistung der Zeitungen, ob online per Website oder gedruckt, wurde bereits auf ein Minimum reduziert – nämlich auf eine ertragreiche Politik- und Wirtschaftsberichterstattung. Aber nicht einmal diesem Kernauftrag, der sich auch weiterhin nicht an Computer abtreten lässt, kommen sie ordentlich nach.

WOHER WIR WISSEN, WAS WIR DISKUTIEREN

Bleiben wir also bei den neuen Informationsströmen, die sich infolgedessen nicht nur grundlegend verändert, sondern auch verkehrt haben. Es ist sogar ein wenig lustig: Bei einer Veranstaltung zur Zukunft des »Qualitätsjournalismus« mit dem Niedersächsischen Ministerpräsidenten Stephan Weil und Dietrich von Klaeden, dem »Cheflobbyisten« des Springer-Verlags, rief Ralf Bremer bei einer Wortmeldung zum Leistungsschutzrecht für Presseerzeugnisse erbost Hendrik Brandt, dem Chefredakteur der »Hannoverschen Allgemeinen Zeitung«, zu: Ja, Google greife Inhalte von Presseverlagen im Internet auf, um Leser zu ihnen weiterzuleiten. Wenn diese Verschränkungen von Informationsflüssen mit Kosten verbunden werden sollten, warum sollten die Verlage eigentlich nicht für diese Zulieferung von Lesern zahlen? Und, auch das wollte Bremer wissen, was bezahle denn die Redaktion der »HAZ« an Google dafür, dass sie in exzessivem Ausmaß die Google-Suche, Google Maps, Google News, YouTube und viele weitere Dienste nutze? Zieht man den ökonomischen Unterton, der die Debatte prägt, von dieser Argumentation ab, tritt das Problem offen zutage: Der organisierte Journalismus ist nicht nur beim Vertrieb seiner Produkte auf die Dienste der neuen Informationsanbieter angewiesen, sondern schon bei ihrer Herstellung. Die Organisationen des Journalismus sind zum Intermediär geworden – sie wurden Medien im tatsächlichen Sinne des Wortes.

Doch statt daraus Konsequenzen zu ziehen und sich auf die gemeinwohlfördernden Aufgaben zu fokussieren – politische Berichterstattung wird sich auch langfristig nicht an mitdenkende und selbst schreibende Maschinen delegieren lassen, sondern setzt menschliche Intelligenz und soziale Planung voraus –, hantieren die Redaktionen weiterhin mit einem überholten Allgemeinheitsanspruch. Als wäre die Bevölkerung ohne ihre Schreibarbeit aufgeschmissen. Die Grenzen der Gesellschaft bleiben in vielen Redaktionen noch lange die Grenzen des eigenen Zeitungspapiers. Und greift die Online-Redaktion ein beliebiges Agenturthema nicht auf, obwohl die Konkurrenz es bereits Stunden zuvor für ihre Leser frei im Internet abrufbar aufbereitete, glaubt sie, es »ihren Lesern« vorzuenthalten. Für die dann folgende sinnlose Tätigkeit sitzen in den Online-Redaktionen heute viele austauschbare Computerbediener: Sie sind immer bereit, den noch so irrelevanten und altbekannten Gossip für die Leser mit Bild und Überschrift zu versehen. Für die ausdauernd und tiefgründig arbeitenden Redakteure, die pro Tag höchstens ein Thema bearbeiten, reicht das Budget dagegen nicht mehr.

Die Organisationen ziehen sich bereits jetzt auf die trivialen Allgemeinplätze zurück anstatt ihre neue Rolle zu suchen. Sogar Stefan Plöchinger, der vergleichsweise junge Chefredakteur von »sueddeutsche.de«, der das Internet samt seiner Verführungen und Verwirrungen wie kein Zweiter in der deutschen Zeitungslandschaft kennt, verherrlicht den Journalismus heute schlicht als alternativlose Bedingung für Demokratie. Eine Gesellschaft ohne Journalisten bedeute einen »Staat der Desinformation«.[16] Ähnlich wie bei den Politikwissenschaftlern lässt sich schon jetzt die Verwunderung und Enttäuschung erahnen, wenn Plöchinger in wenigen Jahren vom Münchener SZ-Hochhaus aus auf die Gesellschaft blickt. Denn sie wird auch dann weiterlaufen, wenn nach den akademisch-raffinierten auch die journalistisch-instruktiven Beschreibungen der Gesellschaft keinen erklärerischen Halt mehr bieten. Diesen Nachrichtenverfall vorwegnehmend, stellte Plöchingers Mitarbeiter Dirk von Gehlen, Leiter »Social Media / Innovation« in der Online-Redaktion der »Süddeutschen Zeitung«, bereits 2014 eine denkwürdige Definition von Journalismus auf. In einer der vielen Debatten, ob die unsägliche »Post von Wagner«, die die »Bild«-Zeitung als Kolumne ihres Autors Franz Josef Wagner publiziert, Journalismus sei oder doch, wie Kritiker behaupten, häufig intelligenzlose Menschenverachtung, argumentierte von Gehlen auf Twitter: »Hier steht, was Journalismus ist: Grundgesetz, Artikel 5«.[17] Wenn der Journalismus, wie die nachwachsenden Führungskräfte in den großen deutschen Redaktionen behaupten, nichts weiter als Meinungsfreiheit ist, wenn die Privilegien und Kompetenzen zur Investigation also keine Rolle mehr spielen werden, dann ist alles Journalismus – und ebenso nichts.

Redaktionen wären dann tatsächlich nichts anderes als Zulieferbetriebe der großen Informationssysteme. Nicht einmal der Anspruch auf »Glaubwürdigkeit, Verlässlichkeit und Orientierung«, den der Online-Chef der »Frankfurter Allgemeinen Zeitung«, Mathias Müller von Blumencron, für die »medialen Heimatorte« beansprucht, wäre dann noch für die Redaktionen von Bedeutung.[18] Müller von Blumencron lässt hierbei offen, ob es sich bei den Heimatorten noch um redaktionell-institutionelle, journalistische Angebote handelt, oder doch schon um Orte, die Facebook, Google und andere Internetunternehmen bereitstellen. Zu Recht. Auf vermeintliche Selbstverständlichkeiten – wie der, dass Journalismus und Demokratie untrennbar zusammengehören – sollte sich bereits heute kein Redakteur mehr verlassen. Aktuelle Studien zeigen, dass Menschen auch Suchmaschinen mit Vertrauen begegnen und Social Media hohe Bedeutung in ihrem Alltag zurechnen. Laut »Trust Barometer 2015«, einer internationalen Studie mit 33 000 Teilnehmern, sank das allgemeine Vertrauen in Medienmarken in Deutschland jüngst um mehr als zehn Prozent binnen eines Jahres und zeigt ohnehin wenig Konstanz auf.[19] Weltweit haben der Erhebung zufolge die Suchmaschinenanbieter die Medienhäuser 2015 erstmals in der Frage des Vertrauens überholt.

Aus den Zahlen, auf die wir im nächsten Kapitel zurückkommen, kann insbesondere für Deutschland eine Tendenz herausgelesen werden, die erste Prognosen ermöglicht: Grundsätzlich gilt nämlich, dass Social-Media-Dienste von Menschen mit höheren Bildungsabschlüssen genutzt werden. Deutschland bildet da – noch – eine Ausnahme.[20]

DIE LETZTEN ZEITUNGSLESER

Die deutschen Zeitungsmacher konnten sich dafür Ende 2014 auch über das Ergebnis einer weiteren Studie freuen. Laut einer Erhebung auf Basis des »Capital-Elite-Panel«, das sich aus fünfhundert Personen, unter anderem aus 67 Vorständen und Geschäftsführern großer Unternehmen mit mehr als 20 000 Beschäftigten, achtzehn Ministern und Ministerpräsidenten und 28 Leitern von Bundesbehörden zusammensetzt, bleibt die gedruckte Zeitung noch lange bestehen. Achtzig Prozent der befragten »Entscheider-Elite« glauben an ihre Zukunft. Nicht einmal jeder Fünfte sagte, Onlineangebote könnten der Zeitung etwas anhaben.[21] Allerdings lässt sich das Ergebnis der Studie auch so interpretieren: Man kennt jetzt die letzten fünfhundert Zeitungsleser. Es sind diejenigen, die sich um den finanziellen und organisatorischen Aufwand, den das Zeitunglesen mit sich bringt, nicht kümmern müssen – so wie Energie und Wasser aus der Wand kommen, liegt bei ihnen die Zeitung jeden Morgen auf dem Tisch. Aber auch sie werden bemerken, dass sich ihre Zeitung verändert, wenn sie tatsächlich nur noch von fünfhundert Lesern auf Papier konsultiert wird.

Unabhängig davon, was zum Zustand der Gesellschaft und ihrer Medien gesagt, gedacht, geglaubt und propagiert wird, hat sich vieles bereits grundlegend geändert. Ralf Bremers überhebliche Beschreibung des Internets als zunächst »sinnlose Ansammlung« von Websites ist keine Privatmeinung, sondern Unternehmenslogik hinter vielen Projekten, die Google fördert und selbst führt. Und Google unterscheidet bei allem längst nicht mehr zwischen dem Internet und der Gesellschaft. Das Unternehmen denkt ganz anders, nämlich so wie Facebook und Amazon – auch diese Unternehmen kennen nur noch eine Gesellschaft, und die ist digital. Als Amazon-Chef Jeff Bezos im Sommer 2013 die »Washington Post« für 250 Millionen Dollar, rund ein Prozent seines Vermögens, kaufte, reagierten viele Journalisten und Medienpolitiker schockiert, weil sie sich nicht erklären konnten, was der Einzelhändler und Betreiber der weltgrößten Datencenter, mit einer Papierzeitung wolle. An der Unsicherheit änderte sich bis heute nichts, doch Überlegungen wurden schon angestellt: Was wäre, wenn es Bezos gar nicht um die Zeitung selbst ging, sondern um das Prinzip ihres Vertriebs? Für Bezos könnte eine Papierzeitung die gleiche Bedeutung haben wie eine Drohne – mit ihr erreicht er die Haustür seiner Kunden einfach schneller als mit der regulären Post. Worüber hier noch gerätselt wird, steht beim Blick auf Google außer Frage: Bei all den Experimenten mit Daten geht es nicht nur um Inhalte, sondern auch um ihren Vertrieb. Es geht um die Diffusion von Wissen in der digitalen Gesellschaft – es geht um die Struktur der Gesellschaft.

GOOGLES UND FACEBOOKS INTERESSE FÜR POLITIK

Eric Hysen, einer der vielen Unbekannten mit großer Verantwortung, der bei Google die Projekte leitet, aus denen beispielsweise in Deutschland die Wahlen-Seite mit der Wahlkreiskarte hervorging, fasst die großen Vorhaben von Google in leicht verständliche Worte: 1780 habe es zwei Tage gedauert, um die sechzig Meilen von Cambridge nach London zu reisen. Dabei hätten die Pferdekutschen schon damals viel schneller fahren können. Es fehlten nur die Straßen. Die Inhalteanbieter sind in der Informationsgesellschaft, was die Kutscher vor zweihundert Jahren waren. »Eure Bemühungen sind wie die Kutschen damals«, sagte Hysen 2014 bei einer Rede in Berlin.[22] Nun brauche es jemanden, der sich um die Infrastruktur kümmert. Google nehme das gerne in die Hand, fügte er an, die »Community zu unterstützen« sei dem Unternehmen wichtig.

Google zieht sich stets auf die Position zurück, nichts weiter als eine Infrastruktur beziehungsweise, wie es heute heißt, eine Plattform anzubieten. Es ist eine der wichtigsten und gleichsam unterbelichtetsten Fragen, was das bedeutet. Die Merkmale Neutralität und Objektivität, die einmal mit dem Journalismus verbunden waren, vereinigt Google inzwischen auf sich und seine Sortier- und Suchalgorithmen. Nur die Ingenieure des Unternehmens wissen allerdings, wie sie genau funktionieren und wie häufig sie in die gesellschaftsprägende Technologie – in *ihre* Technologie – eingreifen. Wahrscheinlich mehrmals täglich. Mit jedem Eingriff gelten ihre Suchergebnisse als einen kleinen Schritt besser – wahrer. Wer Eric Schmidt zuhört, beispielsweise bei seinem Auftritt neben Sigmar Gabriel in Berlin, gewinnt den Eindruck, dass die Algorithmen nichts weiter als Naturgesetzen folgen. Als wären sie gottgegeben.

Als der Europäische Gerichtshof Anfang 2014 Europas Bürgern die Möglichkeit einräumte, Einfluss auf die Suchergebnisse zu nehmen, die mit ihrem Namen verknüpft sind, reagierte das Unternehmen mit großem Unverständnis. Jeff Jarvis – der, wenn auch nur auf Honorarbasis, auch zum Unternehmen zu zählen ist – nahm kein Blatt vor den Mund und sagte, das europäische Urteil käme »Gedankenkontrolle, Tyrannei und Propaganda« gleich.[23] Dabei bedeutete das Urteil lediglich: Zusätzlich zu den Hunderten von Kriterien, nach denen Google das Wissen der Welt sortiert und zugänglich macht, gab es nun ein einzelnes zusätzliches Kriterium – das einzige, über das nicht Google entschied, sondern derjenige, nach dessen Namen gegoogelt wird.

Robert Epstein, Psychologe am American Institute for Behavioral Research and Technology, warnt ausdrücklich vor der Unabhängigkeit der Algorithmen von der Gesellschaft, die sie prägen und gestalten. Bei der Cebit 2015 sagte er: »Ganz egal, was das Google-Management für Absichten haben mag: Das Programm entscheidet schon heute über den Ausgang von Wahlen in aller Welt.« Tests mit 4556 Teilnehmern in Indien und Amerika, durchgeführt von seinem Institut, hätten gezeigt, dass Google die Wahlentscheidung von unentschlossenen Wählern um bis zu zwanzig Prozent zugunsten eines Kandidaten verschieben kann. Bei manchen der 2150 wahlunentschlossenen Inder, über die er sprach, lag der Einfluss sogar bei sechzig Prozent. Als Vermutung äußerte er, dass 99 Prozent der Teilnehmer wohl nicht bemerkt haben, dass überhaupt ein Experiment mit ihnen stattfand. Das klingt dramatisch, tatsächlich wird die Frage nach der Beeinflussbarkeit von Wahlen, die lediglich alle vier Jahre stattfinden, aber künftig zur Nebensächlichkeit. Denn interessanter wird ein anderer Einflussfaktor: »Was wäre«, fragte Eppstein, »wenn man das Tag für Tag und zugeschnitten auf den Internetnutzer tun würde?« Warum sollte man auf Wahltermine warten, wenn sich die Gesellschaft an jedem Tag, in jeder Stunde, zu jeder Minute beeinflussen lässt?

Bei diesen Themen und Fragen kann man die Massenmedien vergessen: Man wird vergeblich auf eine Diskussion warten. Die »Frankfurter Allgemeine Zeitung« hat Epsteins Rede in Hannover nicht aufgegriffen, sondern lediglich eine kurze Onlinemeldung publiziert, nachdem die Deutsche Presseagentur die Zitate in fertig geschriebenen Absätzen geliefert hatte.[24] So hielten es auch andere Redaktionen. Worüber wir bis heute also wenig wissen: Die Bundesregierung zeigt seit 2014 ein deutliches Interesse an verschiedenen politischen Projekten von Verhaltensbiologen, die ihrerseits von der Arbeit von Technologieexperten profitieren. Das Kanzleramt hat zumindest grundlegende Fragen provoziert, als bekannt wurde, dass sich seine Beamten für das »Nudging« interessieren und Wissenschaftler suchen, die ihnen weiterhelfen. Vorbildhaft dafür sind die angelsächsischen Projekte nach einer Idee des amerikanischen Rechtsprofessors der Harvard-Universität Cass Sunstein und des Wirtschaftswissenschaftlers Richard Thaler von der Universität Chicago. Ihr 2009 vorgelegtes Buch heißt »Nudge«[25] und trägt den deutschen Untertitel: »Wie man kluge Entscheidungen anstößt«. Der englische Untertitel ist ein wenig gelungener: »Improving Decisions About Health, Wealth and Happiness«. Der persönliche Anreiz ist demnach bedeutend wirkungsvoller als die juristische Anordnung, wenn die politischen Verwaltungen ihre Effektivität steigern wollen.

Warum sollte man noch in einen aufwendigen Dialog mit dem Bürger treten, wenn man ihn mit Kenntnis seiner nun ablesbaren intrinsischen Motivationen auch an dessen Bewusstsein vorbei in die richtige Richtung, beziehungsweise an der Nase herum, führen kann?

Dass die Bundesregierung ihr Projekt, sich mit Kenntnissen über die Bevölkerung zu versorgen, um sich einer direkten Auseinandersetzung mit ihr zu entziehen, »Bürgerdialog« nennt – ist ein Treppenwitz, der von Journalisten nicht erzählt wird. Wie viel Wahrheit aus den so geschürften Daten gewonnen wird, kann dahingestellt bleiben. Die maschinenlesbare Bevölkerung erzeugt auch als künstliche Wirklichkeit einen bedeutenden Wert für die Bundesregierung, denn die Alternativen lauteten bisher: ZDF-»Politbarometer« schauen, vermuten und raten.

Abgeschafft sind die Wahlkämpfe deswegen aber nicht. Wie die Börsenberichterstattung finden sie noch als Medienereignisse statt. Journalisten werden sich weiterhin bemühen zu berichten, was Wahlkämpfer tun, um sich Vorsprünge vor ihren Konkurrenten zu verschaffen. Als handelte es sich um ein Pferderennen, fiebert der Journalist mit und erklärt hinter der Ziellinie die Resultate, am liebsten per Interview und Liveschaltung. Die Beziehung zwischen Berichterstatter und Akteur wird allerdings einseitiger und für die Journalisten einsamer. Man sieht es bereits in Amerika. In der heißesten Phase des amerikanischen Präsidentenwahlkampfs 2012 – in den letzten sechs Wochen bis zur Wahl – sprach Mitt Romney kein einziges Wort mit einem Journalisten. Er vertraute stattdessen auf seine Berater und Strategen, den News Cycle in Bewegung zu halten und ihn als guten Kandidaten darzustellen. Obamas Mannschaft gelangen die Inszenierungen ihres Kandidaten jedoch besser. Bei der ersten Handlung des wiedergewählten Präsidenten war dann allerdings kein Journalist Zeuge. Die Vereidigung fiel, von der Öffentlichkeit unbeachtet, auf einen Sonntag. Seit 1821 ist geregelt, dass eine zweite Vereidigung als bloße Show am darauffolgenden Montag durchgeführt wird. Dass zur tatsächlichen Vereidigung kein Journalist eingeladen war, blieb aber doch ungewöhnlich. Die White House Correspondents' Association konnte allerdings nichts daran ändern. Die Distanz zwischen Politik und politischem Journalismus ist in Amerika kaum noch zu überbrücken – nicht einmal in Wahlkampfzeiten. Noch vor den innerparteilichen Vorwahlen zur Wahl 2016 in Amerika nutzen beispielsweise die republikanischen Kandidaten jede Gelegenheit, um bei den Fernsehdebatten auf Konfrontationskurs mit den etablierten Medien, deren Moderatoren sie gegenüberstehen, zu gehen.

Der tatsächliche Wahlkampf ist abgewandert, beispielsweise in die sozialen Netzwerke, wo er als Informationskrieg tobt und für soziale Experimente ausgebeutet wird. Der Autor und, wie er sich selbst beschreibt, Demokratieaktivist Micah Sifry beschrieb die vergangenen zehn Jahre des digitalen Aktivismus folglich als Enttäuschungsgeschichte – oder vielmehr als eine Geschichte der Täuschung. Sein Buch »The Big Disconnect« trägt den Untertitel »Why the Internet Hasn't Transformed Politics (Yet)«.[26] Es nimmt Bezug auf die Versprechungen und Verheißungen, die die Digitalisierung und das Internet mit sich brachten, aber nicht hielten. Genau genommen wurden nicht nur Erwartungen nicht erfüllt, sondern ihr Gegenteil verwirklicht. Die sozialen Netzwerke warben mit neuen Möglichkeiten der Kommunikation von Bürgern untereinander und von Politikern mit ihrem Wählerpublikum. Der tatsächliche Strukturwandel fand jedoch im Abseitigen statt. Anders als propagiert, nutzte das Internet weniger den Wählern, die sich über ihre politischen Möglichkeiten informieren wollten. Stattdessen informieren sich die Wahlkämpfer und Wissenschaftler über das Publikum, ohne dabei mit ihm in offenen kommunikativen Kontakt treten zu müssen. Für Wahlkämpfer und Wissbegierige ist das Internet ein Segen.

Im Wahlkampf 2012 interessierten sich Forscher von Facebook beispielsweise für die Frage, ob sie allein durch Eingriffe in die Algorithmen von Facebooks Newsfeed in der Lage wären, die Wahlbeteiligung zu erhöhen, schreibt Sifry.[27] Ein im Grunde ehrenwertes, aber ebenso beliebig austauschbares Anliegen, welches das methodische Vorgehen interessant macht. Der erste, naheliegende Versuch zur Steigerung der Wahlbeteiligung bestand darin, die Frequenz politischer Texte in den Newsfeeds von rund zwei Millionen Facebook-Nutzern zu steigern. Schon zwei Jahre zuvor versuchten Sozialforscher, bei Facebook Prinzipien der sozialen Kontrolle zu nutzen. Sie kreierten einen Button, den Nutzer drücken konnten, um ihren Facebook-Freunden mitzuteilen, dass sie gewählt hatten. Bei den Midterm Elections 2010 bekamen sechzig Millionen Amerikaner diesen Button bei Facebook angezeigt, einer Kontrollgruppe von 600 000 Nutzern blieb er verborgen. In einem Artikel für das Wissenschaftsmagazin »Nature« schrieben die Wissenschaftler von Facebook, dass sie ermittelt hätten, dass sie die Wahlbeteiligung auf diesem Wege um mindestens 340 000 Stimmen erhöhen konnten. Sie postulierten: »Es ist möglich, dass die Wahlbeteiligung zwischen 2006 und 2010 durch eine einzelne Facebook-Nachricht um 0,6 Prozent gesteigert werden konnte.«[28] Für Michael Buckley, Facebooks Vice President for Global Business Communication, habe es sich lediglich um einen Produkttest gehandelt, schreibt Sifry. Facebook variierte die Schriftzüge und experimentierte mit unterschiedlichen Farben des Buttons. Außerdem habe es an akademischer Präzision gemangelt. Laut Buckley wusste Facebook selbst nicht, wie viel Einfluss Softwarefehler auf die Ergebnisse hatten und wie genau der Zufallsmechanismus funktionierte, der die Test- und Kontrollgruppen zusammenstellte.

Bei der Präsidentenwahl 2012 kamen dann weitere, raffiniertere und sorgfältiger durchgeführte Experimente hinzu. Üblicherweise, zitiert Sifry anschließend aus einem Vortrag von Lada Adamic, einer Sozialwissenschaftlerin von Facebook, sehen Facebook-Nutzer beim Öffnen ihres Newsfeeds an erster Stelle persönliche Informationen. Eine Gruppe von 1,9 Millionen Nutzern erhielt nun testweise politische Informationen auf den ersten Blick. Eine Befragung nach der Wahl habe ergeben, dass die Wahlbeteiligung dieser Gruppe von 64 Prozent auf 67 Prozent anstieg. Nachdem Sifry an dem Vortrag und der Forschung Interesse zeigte, nahm Facebook die Videos dazu aus dem Netz und versprach, ohne ein Datum dafür zu nennen, eine akademische Publikation. Die Forschung dient in erster Linie Facebooks Wissensmehrung und nicht der allgemeinen Wissenschaft.

Ob Facebook mit seiner Forschung künftig überhaupt noch offen umgehen wird, ist unklar. Gute Erfahrungen hat das Unternehmen mit den bisher wenigen Versuchen, öffentlich zu diskutieren, nämlich nicht gemacht. In einer im Sommer 2014 veröffentlichten Publikation offenbarte das Unternehmen, dass es zum Thema Emotionen forsche. Anhand des Verhaltens von

700 000 Nutzern konnte ermittelt werden, dass Menschen ihre Stimmung an die Inhalte des Facebook-Newsfeeds angleichen. Wer weniger erfreuliche Nachrichten und Botschaften in seinem Newsfeed sieht, äußert sich selbst auch betrüblicher. Dass Emotionen durch Sinneseindrücke verändert werden, überrascht nicht. Die Forscher der Facebook-Studie merkten an, dass der von ihnen gemessene Effekte sehr gering sei. Aufgrund der hohen Nutzerzahlen schlage er sich allerdings dennoch in Hunderttausenden Facebook-Nachrichten nieder.[29] Der anschließende Medienwirbel war gewaltig. Journalisten, die auch nichts anderes tun, als ihre Leser zu beeindrucken, merkten empört an, dass Facebook seine Nutzer beeinflusst.

Sifry interessiert sich für eine diesem Sachverhalt naheliegende Frage: Warum spricht Facebook nie über seine Studien zu Themen der Politik? Schließlich rühmt sich das Unternehmen an anderer Stelle ganz eindeutig entsprechender Kompetenz: Kein Thema werde unter Facebook-Nutzern eifriger diskutiert als Politik, behauptet beispielsweise Elizabeth Linder, Facebooks Politics and Government Specialist for Europe.[30] Sifry blieb bloß eine Vermutung. Der Grund sei womöglich die Politik selbst: Facebooks Führungsspitze möchte demnach nicht, dass sich Politiker in Washington, D. C. zu sehr mit der Frage befassen, ob der Einfluss Facebooks auf die Wahlbeteiligung ein generelles Phänomen sei und sich mit Bezug auf Milieus, Gruppen und Regionen gezielt nutzen lasse.

Kein Journalist beschäftigt sich mit dieser Frage. Das wiederum bedeutet nicht, dass die Politik nicht dennoch über den Wandel der Informationsströme informiert ist und selbst davon profitiert – oder sich zumindest anpasst. Auch in Deutschland: Die Bundesregierung ist seit 2015 auf Facebook aktiv und hat sich zuvor sehr genau mit den dortigen Gegebenheiten beschäftigt. Und die SPD gab auf Nachfrage bekannt, dass Jim Messina, Barack Obamas zentraler Stratege im digitalen Wahlkampf, »seine Wahlkampfmaschine demnächst für die deutsche Sozialdemokratie in Gang setzt«.[31] Der Typus des deutschen Wahlkämpfers und die Form unserer Debatten werden sich in Zukunft von den Verhältnissen in den USA nicht sehr stark unterscheiden. Konkret bedeutet das: Recht unabhängig davon, was in der Politik entschieden und von der Verwaltung durchgesetzt wird, besteht für einen Politiker immer die Möglichkeit, sich durch massenmediale Inszenierung wie ein Baron von Münchhausen am eigenen Schopf aus der Affäre zu ziehen. Steven Levy beschrieb es beispielhaft an Barack Obama: Guantanamo sei offen geblieben, die Regierung führe einen Drohnenkrieg mit mehreren zehntausend Toten am anderen Ende der Welt, die soziale Ungleichheit in Amerika wachse – aber mit einzelnen YouTube-Videos rette der Präsident seine Popularität wöchentlich aufs Neue.[32]

In Bedrängnis geraten die Amtsinhaber nur noch, wenn ihnen Wahlkampfkontrahenten auf gleiche Weise in die Parade fahren. Bei Obamas Rede zur Lage der Nation 2009 gelang dies dem Kongressabgeordneten Joe Wilson. Er rief Obama entgegen: »Du Lügner!« Anschließend rühmte er sich damit, die darauf folgende Aufmerksamkeit in 2,5 Millionen Dollar Wahlkampfspenden umgemünzt zu haben. In der »Süddeutschen Zeitung« notierte Matthias Kolb sechs Jahre später: »Seither ist es in US-Wahlkämpfen normal, dass Auftritte des Gegenkandidaten gefilmt und Missgeschicke und Fehltritte gnadenlos ausgenutzt werden.«[33] Die Aufmerksamkeitsspanne der Wähler wird als derart kurz angesehen, dass bereits Mitte 2015 Rand

Paul gute Chancen auf die Präsidentschaft nachgesagt wurden, nur weil er wie kein zweiter die App »Snapchat« für sich zu nutzen wusste. Beliebt wurde die App unter Jugendlichen für digitale Kommunikation, die sich nach wenigen Sekunden selbst zerstört.[34]

Für Aufsehen sorgten zwei Jugendliche, die eine Software zur persönlichen politischen Mobilisierung schrieben, die, so Kritiker, der Dating-App »Tinder« in vielen Belangen gleicht.[35] Was das bedeutet, lässt ein Text der 29-jährigen Isabell Prophet in der F. A. Z. vermuten. Sie schrieb Mitte 2015 über die Rolle von Tinder in ihrer Altersklasse in Deutschland: »Wir sind ganz schön dämlich. Zwei Millionen von uns brauchen Tinder, um Nähe zu anderen Menschen herzustellen. Das Unternehmen wirbt mit der großen Liebe, ›Any swipe can change your life‹, und wird genutzt von Menschen, die Liebe gar nicht mehr ertragen.«[36] Erlebnishunger gepaart mit Ungebundenheit, Ungeduld und Sprunghaftigkeit ergibt vermeintlich Freiheit. So funktioniert heute auch die Politik.

Für Inhalte bleibt bei diesen Formen des Wahlkampfs kein Platz. Die Beziehung, die Wähler und Wahlkämpfer – fast ausschließlich von neuen Technologien vermittelt – eingehen, bestimmt alles. Ganz ohne Journalismus geht das natürlich nicht, für Überschriften wie »Politiker in den sozialen Medien: Selfie-Time für Twitter-Könige« reicht das redaktionelle Denken, in diesem Fall bei der »Süddeutschen Zeitung«, noch aus.[37] Für die Wähler spielt das alte Medienspiel jedoch immer seltener noch eine Rolle. Junge Amerikaner gaben bereits zu Protokoll, dass für ihre Wahlentscheidung nur noch zwei Dinge ausschlaggebend sind: das Fernsehduell und die dazugehörige Debatte – geführt in den sozialen Netzwerken.[38]

Ein kritisch und aufschlussreich schreibender Beobachter dieser Entwicklung ist der amerikanische Journalist Sasha Issenberg. Will man Genaueres über die nächste Gesellschaft wissen, muss man den Wahlkampf beobachten, und zwar am besten so, wie Issenberg ihn beobachtete. Er notiert, dass in den Wahlkämpfen derzeit die beiden spannendsten Entwicklungen zusammengeführt würden. Zum einen die Möglichkeiten, am politischen Wahlvolk Experimente durchzuführen, Test-Gruppen und Kontrollgruppen zu bilden und die Änderung von Variablen auf kausale Effekte zu überprüfen. Zum anderen habe sich das traditionelle Wahlvolk vollständig aufgelöst. Es sei nicht nur zersplittert in regionale und soziale Gruppen, sondern jeder Wähler stehe heute für sich allein.[39] Was den Wahlkampf heute ausmache, beschrieb er in vielen Artikeln, die später in ein Buch mündeten: »The Victory Lab: The Secret Science of Winning Campaigns«.[40] Sein Fazit des Präsidenten-Wahlkampfs 2012 lautet: Es handelt sich nur noch um ein Pferderennen, bei dem die Journalisten gerade noch das Offensichtliche in Worte fassen können, nämlich Informationen darüber, wer gerade führt. Das Jahr 2012 sei das Jahr, an dem der politische Journalismus seinen Sinn weithin verloren habe. Terry Nelson, der Wahlkampfmanager von John McCain 2008, habe es bereits damals erkannt: »Die Möglichkeiten für Wahlkampfstrategen, Journalisten an der Nase herumzuführen, sind deutlich gegeben und sehr ungesund.« Die Journalisten machten weiter wie bisher, die Wahlkämpfer allerdings hätten im letzten Jahrzehnt ihre Techniken grundlegend aktualisiert. Wer mit den heutigen Budgets Wahlkampf führe, könne Verhaltensbiologen, Psychologen und Statistiker engagieren und verfüge überdies über einen immensen Datenschatz, mit dem sich die Bevölkerung aufschlüsseln lässt. Über all das verfügt der Journalist von heute nicht. Er wird zum Zaungast. Für den Journalisten, zitiert Issenberg den Politikwissenschaftler Samuel Popkin von der Universität von Kalifornien, bleibt der Wahlkampf auf das beschränkt, was er sieht. Tatsächlich finde er allerdings nicht mehr nur in Wahlkampfreden und Haustürbesuchen statt, sondern auf Dutzenden von weiteren Kanälen und rund um die Uhr.[41]

Für die Forscher des Pew Research Centers verbarg sich darin eine Forschungsfrage, die sie noch 2012 überprüften. Das Ergebnis ist eindeutig: In Bezug auf die gegenseitige personenbezogene Diffamierung, die unter amerikanischen Präsidentschaftskandidaten gang und gäbe ist, spielt es fast keine Rolle, ob sich Journalisten mit ihr beschäftigen. Die Botschaften der Wahlkämpfer kommen entweder auf direktem Wege oder von Journalisten vermittelt bei den Bürgern an, wie sie von den Wahlkampfstrategen zuvor ersonnen wurden.[42]

WAS DER JOURNALISMUS NICHT MEHR LEISTET

Nun, 2016, wird die grundlegende Veränderung nicht mehr zu übersehen sein. Nach dem Geld geht dem Journalismus auch sein anderes Kapital aus – er wird keine Zeit mehr haben. Es ist zumindest keine waghalsige Prognose, dass der für Deutschland vorbildhafte amerikanische Wahlkampf 2016 in einen andauernden Livestream mündet. Nach dem Börsenhandel wird auch das politische System alle kognitiven Rückzugsräume aufgeben und in einem System des kommunikativen Totalitarismus aufgehen. Die Software dafür ist bereits geschrieben.[43] Wer sie nicht nutzt, wird in den Informationsschlachten um Aufmerksamkeit keine Rolle mehr spielen. Wahlkämpfer, die ausschließlich in den Abendnachrichten vorkommen, werden wahrscheinlich dieselbe gesellschaftliche Präsenz und Relevanz haben wie Artefakte im Museum. Obama macht es bereits während seiner Präsidentschaft vor. Der »Director of Information Technology« des Weißen Hauses war zuvor »Engineering Director« bei Facebook. Der »Chief Technology Officer« kam von Google, sein Stellvertreter von Twitter. Der Medienwandel ist politisch vollzogen. Könnte sich Obama zum dritten Mal wählen lassen, es würde ihm im Handumdrehen gelingen. Wahrscheinlich sogar mit der Wahlkampfbotschaft, Guantanamo jetzt – jetzt nämlich wirklich – schließen zu wollen.

Es ist müßig zu wiederholen, dass darüber hierzulande nicht diskutiert wird, obwohl die Entwicklung der kommenden Jahre längst absehbar ist. Statt eines selbstkritischen beziehungsweise überhaupt rudimentär reflexiven Diskurses, in dem Journalisten ihre Arbeit und den Journalismus selbst als Beruf und Berufung problematisieren, gab es 2015 allenfalls Beschwerden über die Vorwürfe einer »Lügenpresse« samt Abwehrreaktionen gegen aufdringliche und beleidigende Leserkommentare.

An den Fragen, die beispielsweise Zeynep Tufekci, Soziologin an der University of North Carolina, stellt, wird allerdings kein Weg vorbei führen: Was bedeutet »Big-data driven computational politics«?[44] Die Antwort fällt laut Tufekci schließlich nicht schwer. Wenn Computerprogramme den Wahlkampf und die Politik übernehmen, Stimmungen sondieren, Entscheidungen vorbereiten und das Verhalten von Verwaltungen planen, sei das »potenziell und signifikant gefährlich für den gesellschaftlichen Diskurs«. Ganz einfach deshalb, weil er dann nicht mehr stattfindet. Die Computer wissen, mit wem es sich nicht zu reden lohnt. Wer nicht wählen will oder sich für den anderen Kandidaten entschieden hat, wird schlicht übergangen. Und alle, die noch angesprochen werden, werden nicht mehr mit unangenehmen Themen bedrängt, in Diskussionen verwickelt oder mit neuen Argumenten überfordert. Sie werden stattdessen überzeugt – sofern man es noch so nennen kann. Denn gesprochen wird nur noch über Themen, die eine politische Haltung bestätigen, um sie in politische Unterstützung umzumünzen. Die Entscheidungsautonomie des Einzelnen, ohnehin stets überschätzt, wird in der Informationsgesellschaft effektiv eingeschränkt: Der Einzelne weiß schließlich nicht, welche Themen ihm vorenthalten werden. Für inhaltliche Ablenkung ist dagegen immer gesorgt.

Von der »förderlichen Ineffektivität«[45], die politische Diskussionen trägt und prägt, wenn Menschen spontan miteinander diskutieren, bleibt nichts, schreibt Tufekci. Somit geht im Zeitalter der Computerisierung die politische Sphäre selbst verloren: Gesprochen wird nur noch über hochgradig personalisierte Themen. Wenn ein Wahlkampfhelfer an einer Haustür klopft, weiß er, dass sein Gegenüber einen Hund hat, sich für eine teure Musikanlage verschuldete und Actionfilme liebt. Folglich verkauft er den politischen Kandidaten als tierlieb und interessiert an aufregender Filmkultur. Die Partei wird dagegen auf die Säulen der generalisiertesten Werte gestellt: Freiheit, Fortschritt, Frieden – niemand bei Verstand erhebt dagegen Einspruch. Alle Facetten dazwischen – die Probleme und Themen der tatsächlichen Politik in konkretem Alltag – werden strenges Tabu. Erste Widerstandsbewegungen gegen diese Wahlkämpfe gibt es bereits. Schon Julius van de Laar hatte bei seinem Auftritt bei Google in Berlin davon gesprochen, dass Amerikaner in ihren Vorgärten heute nicht nur die Namensschilder der Kandidaten aufstellen, die sie unterstützen. Sie hinterlassen auch Zettel an ihren Türen, mit Hinweisen darauf, dass sie bereits überzeugt seien und es nicht länger duldeten, jeden Tag zwei Haustürgespräche über ihren Kandidaten zu führen. Die Wahlkämpfer drängen also sogar ihre Mitstreiter aus dem politischen Diskurs.

Die Reste der politischen Debatte werden leichtfüßig daherkommen. Der tatsächliche Aufwand, den der Wahlkämpfer betreibt, wird hinter den Annehmlichkeiten für den Wähler versteckt. Obamas »Chief Data Scientist« im Wahlkampf 2012, Rayid Ghani, brachte sich für seine Rolle ins Gespräch, nachdem er wie ein Magier Supermärkte einrichten und Verkaufsstrategien planen und zum Erfolg führen konnte. Die Themen, über die Tufekci spricht, werden auch den deutschen Bundestagswahlkampf 2017 betreffen und Prüfstein für den Journalismus sein. Zu erwarten ist jedoch allenfalls eine journalistische Arbeit wie zu Zeiten Adenauers, um die Wörter »Selfie«, »Twitter« und »Shitstorm« ergänzt. Zu wünschen sei aber schon jetzt, dass die Redaktionen sich in die Lage versetzten, sich über die Verfügbarkeit von »Big Data«, den Wandel zum »individual targeting«, das Potenzial und die Nützlichkeit von sozialem »Modeling«, die Bedeutung der Verhaltenspsychologie, die Dynamik spontaner Experimente und die Macht von Datenbergen und Analyseinstrumenten zu informieren. Der erste Schritt wäre freilich, für viele der Begriffe überhaupt erst einmal deutsche Entsprechungen zu finden.

Wie ernst die Lage ist, zeigt sich daran, dass in Amerika derzeit nur die »Spaßmacher« hinreichend über die Themen des Wahlkampfs informieren. Einer Studie zufolge waren die amerikanischen Wähler 2012 dann am besten über die Wahlkampffinanzierung der tobenden Schlacht ums Weiße Haus informiert, wenn sie die Sendung von Stephen Colbert sahen.[46] Der Nachfolger von David Letterman spielte seinerzeit die Rolle eines konservativen Nachrichtensprechers und näherte sich als Satiriker der politischen Wirklichkeit. Seriöse Kollegen scheiterten schon viel früher. Ihre nüchterne und vermeintlich objektive – seriöse – Darstellung der sozialen Wirklichkeit wurde für das Publikum schlicht unerträglich. Seriosität ist tatsächlich nichts anderes als der verlegene Rückzug auf ein gemeinsames Fundament: Man traut dem Publikum gar nichts zu und behelligt es weder mit komplizierten Themen noch anstrengenden Argumentationen. Der beispielsweise von Stephen Colbert, Jon Stewart und John Oliver gewählte Weg des Humors bedeutet dagegen so viel Arbeit, dass ihn die meisten Redaktionen scheuen. Seriosität als Format garantiert das häufig Wichtigste: wenig Ärger, noch weniger Aufwand. Es funktioniert ganz einfach: Man berichtet davon, wovon man selbst etwas versteht. Die Relevanz dieser Themen muss dann zuweilen zwar lautstark herbeiargumentiert werden. Dafür lässt sich aber immer in die Form des bedeutungsschwangeren Kommentars ausweichen. Wir kommen auf die Einzelheiten zurück.

Die Nebenwirkung dieser Entwicklung eines Journalismus, der allen Hindernissen und Hürden ausweicht und die Debatte damit aufweicht, wurde sogar an gänzlich unerwarteter Stelle bereits bemerkt. Außenminister Frank-Walter Steinmeier fasste es in einer Rede bei einer Journalistenpreisverleihung Ende

2014 in Hamburg so zusammen: »Es gibt eine erstaunliche Homogenität in deutschen Redaktionen, wenn sie Informationen gewichten und einordnen. Der Konformitätsdruck in den Köpfen der Journalisten scheint mir ziemlich hoch. (...) Als Leser und als Politiker wünsche ich mir klare Worte meiner Zeitung. Ihr Urteil sollte aber auch fundiert sein, und es sollte am besten noch ein erkennbar eigenes Urteil – und unterschieden von der Nachricht – sein.«[47] Schon bevor der Wahlkampf amerikanischen Typs hierzulande Einzug gehalten hat, versagte der politische Journalismus.

Diagnostiziert wurde das ebenso und sehr aufschlussreich durch einem Blick von außen. Der in Amerika Debatten prägende Journalist George Packer sprach für ein Porträt von Angela Merkel, das er Ende 2014 veröffentlichte, mit zahlreichen Berliner Politikern und Journalisten. Und er schrieb über sie: Während in Amerika der politische Betrieb gestört würde durch zu viele und zu kontroverse politische Debatten, sei das politische Berlin ganz anders geprägt. Es gäbe schlicht »gar keine intellektuelle Auseinandersetzung« mehr, sagte ihm der ehemalige Außenminister Joschka Fischer.[48] Und viele Journalisten pflichteten ihm bei. Die Regierung Angela Merkels habe die politische Debatte abgestumpft und nahezu zum Erliegen gebracht. Nur, ein Problem sahen Packers deutsche Kollegen darin nicht: Angela Merkel würde, berichtet Packer, auch dann eine politische Mehrheit erringen, wenn ausschließlich Journalisten wahlberechtigt wären.

Zumindest im Feuilleton der »Frankfurter Allgemeinen Sonntagszeitung« wurden Packers Gespräche in einer Glosse zusammengefasst: Angela Merkel »sei keine Frau mit starken Gefühlen, sagte ihm Bernd Ulrich von der ›Zeit‹, Stefan

Reinecke von der ›taz‹ meinte, dass, wer Angela Merkel eine halbe Stunde lang zuhöre, einschlafe. Der ›Spiegel‹-Journalist Dirk Kurbjuweit erklärte Packer, dass Merkel die deutsche Politik blutleer mache. Es gehe ihr nur um ihre ›Machtfunktion, um mehr nicht‹, sagte der ehemalige F. A. Z.-Journalist Karl Feldmeyer. Und Alan Posener von der ›Welt‹ erklärte, dass das, was ihrer Partei am Herzen liege, ihr nichts bedeute.«[49] Ein Problem, das sich durch Aufklärung lösen ließe, liegt zumindest nicht vor. Eher gilt: Der deutsche Journalismus kann gar keinen Kampf um Aufmerksamkeit gegen Silicon-Valley-Milliardäre führen, weil er sich schon einer einzelnen Politikerin tatenlos geschlagen gab.

ENTZAUBERUNG

Ernst gemeinte Fragen nach Aufklärung, in der Hoffnung, sie führten zu Lösungen, führen ab hier so oder so in die Irre. Denn auch nach all den Feststellungen zur aktuellen Lage des Journalismus und zum derzeitigen Ablauf der politischen Willensbildung bleibt doch unklar, ob es früher überhaupt bessere Wahlkämpfe und besseren Journalismus gab. Den renommierten Autoren Chris Anderson, ehemals Chefredakteur der amerikanischen »Wired«, Emily Bell, Journalismus-Professorin und Direktorin des Tow Center for Digital Journalism der Columbia Journalism School, und Clay Shirky, renommierter Mitdenker des digitalen Wandels und Professor an der New York University, bleibt auf der Suche nach einer Antwort nur ein normatives Argument. In ihrem Essay »Post Industrial Journalism: Adapting to the Present« erinnern sie an James Carey, der 1995 schrieb: Der Journalismus habe zur »Watergate-Affäre« Anfang der 1970er Jahre seine Hochzeit erlebt, als er Präsidenten stürzen konnte – seitdem gehe es mit ihm bergab.[50]

Historisch mag die Generalisierung eines Einzelfalls plausibel erscheinen, beeindruckend ist »Watergate« allemal. Doch einen Schritt weiter müssen wir gehen. Es kann nämlich sein, dass die gängige Erklärung, man müsse den maßgeblich von Google und Facebook vorangetriebenen Strukturwandel als schöpferische Zerstörung begreifen, unvollständig ist. Denn wahr ist offenbar auch, dass mit ihm eine lehrreiche Aufdeckung stattfand. Vielleicht sollte man auf die Verherrlichungen des Journalismus in den vergangenen Jahrzehnten gar nicht allzu viel geben. Schon der Blick auf die innere Logik der betagten Argumentationen – dem Journalismus mit normativen Theorien staatstragende Kraft einer »vierten Gewalt« anzudichten – bringt uns ins Stolpern: Würde es stimmen, dass eine Demokratie umso besser wird, je mehr sie ihre deliberative Qualität ausbaut, wäre das ausgerechnet ein Argument dafür, Facebook und Google in all ihren Anliegen zu unterstützen. Keine anderen Medien in der Geschichte vermochten so vielen Menschen eine Stimme zu verleihen. Frank-Walter Steinmeier hätte dann recht, die »vierte Gewalt« wäre historisch einfach überholt: »Engagierte Leser finden im Netz persönliche Informationskanäle, und sie können selbst Informationen und Meinungen produzieren, ohne Redaktion und Druckerpresse, einfach zu Hause per Computer und W-Lan. Damit hätte das Internet das Entstehen einer ›fünften Gewalt‹ begünstigt: des Publikums.«[51] Steinmeier suchte mit diesem Argument eine Ursache für die Glaubwürdigkeitskrise der Medien. Ihm entgegen setzte er zwei Alibi-Alternativen, um das Zeitungssterben zu erklären. »Die einfachste Erklärung wäre: Der Leser ist schuld, der ist halt dumm und frech.« Und: »Vielleicht waren sich die Journalisten einfach ihres Deutungsmonopols zu sicher.«

Betrachtet man das normative Denken der Frankfurter Schule von außen, bleibt noch weniger von der Gleichung – mehr Diskurs bedeute mehr Demokratie – übrig. Niklas Luhmann beispielsweise betonte aus einer systemtheoretischen Sicht die Unterschiedlichkeit von der Politik auf der einen und dem Wählerpublikum auf der anderen Seite. Die Entwicklung der politischen Kommunikation – mittels alternativloser Massenmedien damals und vielfältiger Internetdienste heute – bedeute ausdrücklich keine Annäherung oder gar Vermischung dieser beiden politischen Sphären. Das Wahlrecht kennt schließlich auch heute nur zwei Akteure: den Gewählten und den Wähler. Allen Trübungen dieser Unterscheidung – durch Lobbyisten, Berater und Büroangestellte – zum Trotz blieben den Medien damit ihre zwei Aufgaben.

Für den Gewählten sind sie ein Spiegel.[52] Der Abgeordnete liest die Zeitung, um Anhaltspunkte dafür zu finden, wie es in seinem Kampf um politische Unterstützung gegen die Kontrahenten steht. Das war die vergangenen Jahrzehnte so und ist insbesondere im Angela-Merkel-Zeitalter so geblieben – unabhängig von allem weiteren Strukturwandel: Das politische Handlungsvermögen ergibt sich neben der Amtsmacht allein aufgrund von Popularität, weshalb es in Sendungen wie dem ZDF-»Politbarometer« bei aller Themenvielfalt nur zwei Konstanten gibt: die Sonntagsfrage und die Top Ten der beliebtesten Politiker.

Für den Wähler erfüllen die Medien ihre andere Funktion. Er bleibt auch im Internetzeitalter in seiner Passivrolle und nimmt am Kampf um Ämter nicht teil. Er ist weiterhin »faktisch ausgeschlossener, fiktiv eingebundener« Zuschauer des politischen Theaters – auch wenn er sich per Twitter näher dran fühlt.[53] Kein Wähler kann Politik machen, die Zugangsregeln des Plenarsaals bleiben von Facebook-Mitmachideologien unberührt. Der Wähler kann sich lediglich zur Politik verhalten – mit geäußerten oder verschwiegenen moralischen Urteilen, aus denen sich Wahlentscheidungen ableiten lassen. Hinter dem hochtrabenden Begriff der politischen Willensbildung steckt nicht viel mehr, als dass wählende Bürger inhaltlich eigene, also haltlose Urteile über die Qualität von Politik und Politikern fällen. So gewann das Politiksystem schon immer seine Leistungsfähigkeit: Es schottet die Verwaltung ab. Ein riesiges Heer von Beamten wird hinter wenigen Dutzend prominenten Politikern versteckt, die die kräftezehrende Arbeit auf sich nehmen, sich als Helden verehren und als Bauern opfern zu lassen – manchmal am selben Tag. Schon Max Weber stellte die auf diese Weise für Bürokratien gewonnene Legitimität als Glaube dar. Trotz aller Bemühungen, die soziale Wirklichkeit nüchtern und rational zu beschreiben, konnte er auf Restbestände von Magie in seinen Überlegungen nicht verzichten. Niklas Luhmann arbeitete die »These von der normativen Entleerung moderner Legitimität« dann zu einer universalen Theorie der Gesellschaft aus. Er beschrieb es als Zusammenspiel der Positivierung des Rechts, der bürokratischen Rationalisierung und der Realitätskonstruktion durch Massenmedien.

Ein Aspekt dieser Megatheorie ist besonders wichtig: Wir Wähler akzeptieren politische und verwaltungsrechtliche Entscheidungen »motivlos« – schon allein, weil uns gar keine Zeit bleibt, ständig nachzudenken und abzuwägen. Wir handeln unbewusst, wenn wir bei Rot nicht über die Straße gehen, an der Kasse den Euro als Währung akzeptieren und Sonntagmittag keinen unnötigen Lärm verursachen. Und so motivlos wählen wir auch. Beim Wählen drücken wir keine allzu konkreten Wünsche aus, wir zeigen vielmehr diffuses Vertrauen. Wir hoffen, dass sich die Wahlentscheidung rentiert, obwohl wir die Zukunft, in der sie ihre Wirkung entfaltet, ebenso wenig kennen wie die von uns gewählten Politiker. Wahlprogramme und Wahl-O-Maten hin oder her, unsere Wahlentscheidung ruht nicht viel auf sachlichen Abwägungen oder besonderem Wissen, sondern vorrangig auf moralischen Urteilen. Wir wählen nicht, wie wir wählen, weil wir etwas wissen, sondern weil wir etwas fühlen. Wir fürchten und hoffen. Und am meisten ignorieren wir, wir vertrauen.

Entsprechend normativ, ein wenig hysterisch und gleichsam altbacken scheint plötzlich die amerikanische Kritik, dass mit dem Untergang der Massenmedien auch das Ende der demokratischen Gesellschaft besiegelt sei. Gab es sie jemals in der Form, in der sie uns die Massenmedien darboten? Die computerisierte Wahlkampfführung sei der »Tod der Ahnung«, schreibt Sasha Issenberg.[54] Wenn sich die Wissensasymmetrien verkehrt haben, Wahlkämpfer folglich über ihre (potenziellen) Wähler vieles, diese aber vergleichsweise wenig über ihre (potenziellen) Repräsentanten wissen, müssten sie angeblich keine ergebnisoffenen politischen Diskurs-Versuche mit unklaren Inhalten mehr wagen. Der Wille zur Debatte, die Suche nach Argumenten und die Auseinandersetzung mit dem politischen Gegner würden dann zum Risiko, sagt Issenberg. Jede große politische Debatte drohte künftig, die individuellen Überzeugungsarbeiten beim Haustürgespräch zu sabotieren.

Das grundlegende Problem, das der Journalismus mit Wahlkämpfen hat, ist ein anderes – und zwar kein neues: Praktizierende Journalisten, als Themen-Koordinatoren in den Redaktionen und themensuchende Korrespondenten, wissen im Grunde nicht, welche Leistung sie eigentlich für die Gesellschaft erfüllen, oder gar, welche von ihnen eingefordert wird. Sie hören ständig nur die Wiederholung der normativen Argumentation, dass es um Glaubwürdigkeit gehe und Vertrauen ihr wichtigstes Gut sei.

Matthias Kohring, heute Professor der Kommunikationswissenschaften an der Universität Mannheim, promovierte zu diesem Problem 2004. Seitdem gewann seine Arbeit erheblich an Aktualität. Seinem Urteil nach wurde der Journalismus von der Wissenschaft im Stich gelassen. Es gebe kaum Literatur, die sich tatsächlich akademisch und eben nicht normativ und affirmativ mit der Glaubwürdigkeit im Journalismus auseinandersetze, schrieb er. Er fand unter den normativen Argumentationen nicht einmal ein tragfähiges Fundament: Man wisse nicht mal, was massenmediale Kommunikation eigentlich sei. Die gängige Kommunikations- und Medienbegrifflichkeit sei schlicht »undifferenziert« und »verdankt sich einer theoretisch völlig ungenügenden Vorstellung von journalistischer Kommunikation«, schreibt Kohring.[55] Deshalb scheine »in der Forschung eine Art common sense vorzuherrschen, der die gesellschaftliche Relevanz des Journalismus vor allem in dessen informationsvermittelnder Funktion sieht«. Die vorhandenen Konzepte von Medien-Glaubwürdigkeit mache dies »allerhöchstens intuitiv plausibel«. Die Rückzugsorte, die Redaktionen für sich behaupten, nämlich Seriosität und Objektivität, bieten entsprechend wenig Rechtfertigung für die tatsächliche gesellschaftliche Leistung journalistischer Betriebe. Die aktuelle Werbung der »Frankfurter Allgemeinen Zeitung«, Leser zu klugen Köpfen zu machen, oder des »Spiegels«, die Wahrheit zu sagen, auch wenn es wehtue, liefen demnach ins Leere: »Mit der Reduzierung des Journalismus auf einen zur Objektivität verpflichteten Informationsvermittler wird (…) der entscheidende Ausgangspunkt für eine Theorie von Vertrauen in Medien außer Acht gelassen«, schreibt Kohring. Hundert Jahre nach Georg Simmels Überlegungen, Max Webers Anschlüssen und Niklas Luhmanns Konklusion schreibt Kohring: »Dass das Objektivitätspostulat folgenlos bleibt, weil es nicht einzulösen ist, verweist auf eine unzureichende erkenntnistheoretische Reflexion in der Forschung.«

Die Diskussion hätte nämlich ein ganz anderes Fundament und einen anderen Verlauf verdient gehabt. Georg Simmel rahmte das *Vertrauen* kurz nach Beginn des 20. Jahrhunderts in eine Diskussion über das Verhältnis von Wissen und Nichtwissen. Max Weber suchte daran anschließend nach Gründen des alltäglichen Einverständnishandelns. Niklas Luhmann schloss mit Überlegungen zum Zeitmangel an. Wir leben nämlich doch nicht in einer Informationsgesellschaft, sondern in einer Risikogesellschaft. Aber nicht im Sinne Ulrich Becks, dass ständig die Unausweichlichkeit globaler Katastrophen drohe, sondern profaner: Wir können im Alltag schlicht nicht hinter jede Hausecke gucken, sondern müssen uns überraschen lassen. Und manchmal müssen wir Enttäuschungen ertragen. Aber: Wir können uns daran gewöhnen. Wir leben, und das ist die mehr als hundert Jahre alte Erkenntnis Georg Simmels, in einer Geheimnisgesellschaft. »Der völlig Wissende braucht nicht zu vertrauen, der völlig Nichtwissende kann nicht einmal vertrauen«, schrieb Simmel 1908.[56] Das bedeutet für heute: Wenn wir allabendlich die »Tagesschau« sehen, informieren wir uns zwar über die Welt, aber wir interessieren uns für uns selbst. Kommt in der Sendung etwas vor, das Einfluss auf unser Wohlbefinden und Verhalten haben könnte oder sollte? Wenn nicht, ist die Welt in Ordnung.

Kohring geht einen Schritt zurück. Vor die Frage zum Vertrauen in den Journalismus setzt er die Frage nach dem Vertrauen in der Gesellschaft. Dass Niklas Luhmann in seinen Überlegungen den Massenmedien, anders als beispielsweise dem Recht, der Politik und der Wissenschaft, nicht den vollen Status eines gesellschaftlichen Funktionssystems zugewiesen hat, ist gerade heute nicht nur theoriehistorisch interessant. Offenbar schien schon während der Theoriearbeiten Luhmanns in den 1970er bis 1990er Jahren die massenmediale Kommunikation (ohne Social-Media-Konkurrenz) etwas Merkwürdiges gewesen zu sein. Sie gab es, aber anders als die Wirtschaft, die mit Geld Knappheit reguliert; anders als die Politik, die zur Gemeinwohlförderung kollektiv bindende Entscheidungen ermöglicht, indem sie Amtsmacht legitimiert; und anders als die Wissenschaft, die wahre Aussagen begründet und so zumindest relativ gesichertes Wissen abseits vieler Meinungen schafft, indem sie akzeptierte Kritikmöglichkeiten bereithält, fehlt den Massenmedien ihre eigene Aufgabe. Massenmedien fanden damals wahrscheinlich deshalb einen derart dominanten, arbeitsintensiven und ideologiereichen Platz in der Gesellschaft, weil sie so technologieabhängig waren. Wer über Druckmaschinen und Studiotechnik verfügte – eine Frage des Geldes –, erntete Prestige, Bekanntheit, Anerkennung und noch mehr Geld. Aber wozu? Um per Nachrichtenvermittlung einen lukrativen Anzeigenvertrieb zu ermöglichen? Oder um per Fußball-Liveübertragung politisch Desinteressierte in fünfminütige Nachrichtensendungen in Halbzeitpausen zu verstricken?

Die Geschichte gibt Niklas Luhmann nun recht: Dem System der Massenmedien fehlen klare Grenzen. Auch wenn es nur eine Möglichkeit darstellt: Jedem Bürger steht heute ein Millionenpublikum zur Verfügung, sofern er in der Lage ist, Facebook zu bedienen. Realität ist: Einzelne Berliner Studenten erreichen heute regelmäßig ein größeres junges Publikum als alle Abendnachrichten der öffentlich-rechtlichen Fernsehprogramme summiert. Was also ist heute noch ein Massenmedium? Wir könnten dieser Frage nachgehen – oder auch darüber nachdenken, den Begriff zu streichen. Wenn Wahlkämpfer nur noch auf jeden Wähler einzeln und nicht mehr auf das Volk Rücksicht nehmen, wenn Verkäufer nur noch Kunden, aber keine Käuferschichten mehr kennen, und wenn sich Versicherer nur noch für den Lebenswandel des Einzelnen interessieren statt einer Solidargemeinschaft zu dienen – warum sollte man dann im Medienbetrieb noch von einem Massenpublikum sprechen? Man tut es nur aus Tradition.

Die Bedeutung der Massenmedien, beispielsweise als Garanten einer gemeinsam geteilten Hintergrundrealität, wurde schon erheblich geschwächt. Rentner und Schüler informieren sich beispielsweise schon heute nicht mehr nur über unterschiedliche Themen, sondern auch mittels ganz verschiedener Medien, in anderen Rhythmen und auf Basis anderer Prinzipien. Die Alten lesen ihre Hauszeitung und grüßen den Nachrichtensprecher abends zurück, wenn er sie in ihre Sendung einlädt. Menschen unter dreißig absolvieren dagegen in jeder wachen Stunde fünfzehn Minuten Nachrichtenkonsum, aufgeteilt auf 45 Griffe zu ihrem Handy, selten länger als zwei Minuten am Stück. Dem Geschehen auf und hinter dem Display ist das nächste Kapitel gewidmet. Auf diese Blickfeldverengung müssen wir uns aber erst kurz einstellen, mit einem abschließenden Panoramablick auf die Gesellschaft, in der all das stattfindet. Dabei helfen uns Autoren, die die Gesellschaft gut kennen, weil sie sie mitgestalten und aus privilegierter Sicht beobachten.

DIE NÄCHSTE SCHÖNE NEUE WELT

Zum einen sind das Journalisten. Stefan Aust und Thomas Ammann nannten ihre 2014 vorgelegte Bestandsaufnahme der Gesellschaft »Digitale Diktatur«.[57] Jedes Kapitel begannen sie mit einem Zitat von George Orwell. Sie blicken auf die Jahre der politischen Nachwirkungen des Terrors vom 11. September. Der detailreiche Text dokumentiert wenig polemisch die Verkehrung der Wissensasymmetrien. Beispielschaft dafür steht das Kapitel über Google, mit der interessanten Unterzeile: »Die beste aller Welten«. Ein Zitat des Google-Mitgründers Sergey Brin erklärt, welcher Zielsetzung Google mit seinem Wahn, das Wissen der Welt ordnen zu wollen, folgt. Er sagt: »Wenn man etwas gegoogelt hat, hat man es recherchiert, andernfalls nicht. Mir würde es jedenfalls gefallen, wenn die Menschen letztlich so und nicht anders denken würden.«

Dass solche Sprüche Ideologien folgen, auf die Google im eigenen Unternehmensalltag wenig setzt, verdeutlicht der

Cheflobbyist des Springer-Verlags, Christoph Keese, mit einer wichtigen Silicon-Valley-Ideologiekritik. Er lebte mit Kollegen über Monate vor Ort und schrieb anschließend eine präzise beobachtete statt moralische und von den ökonomischen Kalkülen seines Verlags getriebene Abhandlung der Anwesenheitsgesellschaft des Silicon Valleys. Von den Werbeslogans, dass künftig alles vom Grad der technischen Verbundenheit abhängig sei, bleibt nach der Lektüre nichts übrig.[58] Nirgendwo scheint dem althergebrachten Gespräch unter vier Augen mehr Bedeutung beigemessen zu werden als in den Büros der IT-Giganten in Kalifornien.

Zum anderen gibt es Bücher, die geschrieben wurden, weil Journalisten Menschen aus der Praxis dazu anstachelten. Sie ereilt ebenso das Schicksal, vom Journalismus für eine Rezension wahrgenommen, dann im Alltag aber nicht weiter beachtet zu werden. Yvonne Hofstetter, Juristin und Big-Data-Unternehmerin, schrieb häufig in Frank Schirrmachers Feuilleton und veröffentlichte nach seinem Tod ihr Buch zur Automatisierung der Gesellschaft. Das Internet als Bereicherung des Menschen spielt in ihm kaum noch eine Rolle. Stattdessen sind es Unternehmen mit dem »Drang, alles wissen zu wollen«, die unsere Freiheit bekämpften und uns in Standardabläufe zwängen – aus denen am Ende ein kleiner wirtschaftlicher Vorteil herausfällt. Zum Opfer fielen ihm die Demokratie und die Marktwirtschaft, unsere Solidarität, die Spontanität und unsere Hoheit über die eigene Biografie.[59] Zum Jugendwort des Jahres wurde 2015 der »Smombie« gewählt, eine Kombination aus Smartphone und Zombie. Bei Yvonne Hofstetter ließ sich zuvor alles über »virtuelle Zombies« nachlesen.

Wenn auch vom Journalismus diese Debatten in Büchern

und auf Podien ignoriert wurden, im Kanzleramt werden sie beobachtet. Angela Merkel verheimlicht ihre politische Ansinnen nicht: Im Juni 2015 sprach sie vor dem Wirtschaftsrat ihrer Partei darüber, dass »die Industrie 4.0 auf die ganze Gesellschaft ausgerollt werden« müsse. Ihr gehe es um »die Schnittstelle zum Kunden« und die zielgenauere Befriedigung seiner Wünsche. Dass die »natürliche Solidarität« – sei es in Tarifgemeinschaften, Versicherungskollektiven oder Nachbarschaften – künftig »nicht mehr so gegeben sein« werde, sprach sie offen an. Diesen Halbsatz bezog sie im selben Satz auch auf die »klassische, soziale Marktwirtschaft«. Hat ein Journalist über diese Rede auf Linie Eric Schmidts geschrieben? Nein.

Die Debatten in den Redaktionen laufen anders. Sie brauchen Umwege, beispielsweise über die Literatur. Den Bogen schlagen Aust und Ammann, die in ihrem Buch fragen: »Wer aber bestimmt die Normen, wenn die totale Überwachung des 21. Jahrhunderts einzieht, die Dave Eggers in seinem Roman ›Der Circle‹ heraufbeschwört und an der die Forscher in den Labors von Google X mit großer Hingabe arbeiten?« Das Buch von Eggers ist in der Tat eines der herausragenden Werke, das sich mit dem technologischen Fortschritt und seinen sozialen Folgen in der Arbeitswelt, in sozialen Gemeinschaften und Intimbeziehungen befasst, indem es trotz aller Unmöglichkeit handfester Prognosen zumindest die Räume der Möglichkeiten absteckt. Es ist der einzige Roman, den ich für die »Frankfurter Allgemeine Zeitung« rezensiert habe.[60] Zwei Tage nach seinem Erscheinen in Amerika kostete es mich allerdings mehr Mühe, die Literaturredaktion von der Relevanz des Buches zu überzeugen, als das rund fünfhundert Seiten lange Buch während des Buchmessen-Trubels 2013 zu lesen und darüber zu schreiben. Nur Frank Schirrmacher hatte die Bedeutung des Romans erkannt. Zu seinem deutschen Start, nach Frank Schirrmachers Tod, widmete das Feuilleton der »Frankfurter Allgemeinen Sonntagszeitung« dem Roman eine ganze Ausgabe mit rund zwei Dutzend Texten – in der die Redaktion allerdings noch einmal betonte, dass es sich, bei aller inhaltlichen Aktualität, nicht um hohe Literatur handle. Dass der Roman deutsche Politiker und Gewerkschafter aufrüttelte, inhaltliche Aufarbeitungen also weit wichtiger waren als ästhetische Urteile, kam den Kollegen kaum in den Sinn.

Im Zeitalter der Allwissenheit, das lernen wir von den Sachbuchautoren und weitergedacht von Dave Eggers, kommt Nichtwissen im falschen Moment einer Lüge gleich und Schweigen dem Verrat. Wer Informationen zurückhält, muss sich im Zweifel rechtfertigen können oder höhere Preise zahlen. Maschinen, die alles wissen und den Menschen darüber im Unklaren lassen, werden zur Gefahr, die wie Unwetter plötzlich hereinbrechen. Dass die Grenze von *facts* und *fiction* verwischt sind, hat uns Edward Snowden gelehrt. Für sein Schicksal und für seine Botschaft hatten wir 2015 aber keine Zeit mehr, obwohl wir so viel über politische Flüchtlinge gesprochen haben.

WIE WIR DENKEN,
WAS WIR FÜHLEN,
WEM WIR VERTRAUEN

DAS INTERNET ALS BESTE UND LETZTE ANTWORT

Wir beginnen dieses Kapitel wieder mit ein paar interessanten Namen. Da ist zunächst einmal Andrew Keen, der 2015 per Titel auf seinem aktuellen Buch behauptete: »The Internet is not the Answer«.[1] Dann Cory Doctorow, der, ohne Keen beim Namen zu nennen, im Sommer 2015 im »Guardian« – ebenso als Titel seines Textes – antwortete: »The internet is the answer to all the questions of our time«.[2] Beide sind respektable Personen, die wahrscheinlich jeden Tag irgendwo auf der Welt – gerade auch im Silicon Valley – Vorträge halten könnten. Und so unterschiedlich ihre Titel-Thesen sind, beide würden doch ganz ähnlich argumentieren.

Keen ist auf der Bühne der Unterhaltsamere von beiden. In einem wahnwitzigen Gespräch bei der »Digital-Life-Design«-Konferenz Anfang 2015 in München fasste er sein Argument zusammen: Das Internet könnte einmal die Antwort auf die Frage sein, mit welchem Betriebssystem wir das 21. Jahrhundert betreiben.[3] Noch stehe allerdings die »Disruption« zu sehr im Vordergrund. Dieser Begriff sei nämlich nicht nur ein aktualisierter Modebegriff für das aufblühende Internetzeitalter, sondern noch eher bittere als hoffnungsstiftende Wirklichkeit. Das Internet drohe derzeit mehr zu zertrümmern als zu erschaffen.

Dieses Argument griff auch der Sprecher des Chaos Computer Clubs, Frank Rieger, wenige Wochen später auf: Etliche

Unternehmen, die als Plattformen die neue »shared economy« ermöglichten, schöpften ihren Wert fast ausschließlich aus der Umgehung der Regeln des funktionierenden Sozialstaats.[4] Wenn private Fahrer institutionalisierte Taxifahrer ersetzten oder private Schlafzimmervermittlungen Hotelketten verdrängten, gelte das heute als unternehmerischer Erfolg – für die Betreiber der Plattformen und ihre Nutzer, die ihr Privatleben ökonomisieren. Möglich werde die Wertschöpfung für beide aber nur, weil sie zivilisatorische Errungenschaften – seien es Gewohnheiten oder Gesetze – links liegenließen. Europäische Behörden haben schließlich keinen Zugriff auf amerikanische Server, und wer sein Bett oder sein Auto für zehn Stunden pro Woche anderen zur Verfügung stellt, interessiert sich wenig für gewerkschaftliche Einmischung, schon weil sie Geld kostet.

Warum sollen wir nun ausgerechnet über Cory Doctorow sprechen, der dem Internet alle Hoffnung beimisst und sich mit seiner Haltung so deutlich gegen Keen und Rieger stellt? Weil alle drei nah beieinanderliegen. Ein Neokapitalist vom Schlage vieler Unternehmensgründer des Silicon Valleys ist Cory Doctorow, der berühmte Science-Fiction-Autor, gefeierte Vortragsredner, Vordenker und reichweitenstarke Blogger, schließlich nicht. Er beschreibt sich allerdings selbst ganz freimütig als Utopist. Die Haltung Keens, das Internet sei nicht die Lösung für die wichtigen Probleme unserer Zeit, kontert er mit einer einfachen Gegenfrage: Was sollte stattdessen die Antwort sein? Die Frage ist suggestiv und Doctorows Erklärung einfach. Entweder das Internet funktioniere im Sinne der Menschen, oder man brauche erst gar nicht anfangen, sich mit Fragen der sozialen und ökonomischen Ungleichheit oder der drohenden Klimakatastrophe zu befassen, schreibt Doctorow. Diese Position wird in Deutschland nur selten vertreten. Hier ist es gang und gäbe, Technologie prinzipiell zu verteufeln, wenn man mit manchen Folgen ihres Einsatzes nicht einverstanden ist. Doch wer so argumentiert, macht es sich allzu einfach. Den Forderungen nach Technologieverzicht – in Deutschland tief verankert in der Friedensbewegung, die in vielen Geräten schlicht Waffen sieht – wird nämlich niemand mehr folgen. Aus guten Gründen.

Doctorow befasste sich bei einem seiner Vorträge mit einem wichtigeren, entscheidenden Problem und fragte: »Warum sind wir den Herstellern unserer Computer heute so ausgeliefert?«[5] Er stellte diese Frage an einem »Demut einfordernden Ort«, wie er beim Betreten des Podiums anmerkte, als er die riesigen Gemälde um ihn herum sah. Er stand im *Salone die Cinquecento* des *Palazzo Vecchio*, des – nach Selbstauskunft der Hausherren – mehr als 700 Jahre alten »Symbols der bürgerlichen Macht der Stadt Florenz«. Sein Alter täuscht leicht darüber hinweg: Der Ort steht seit Jahrhunderten für Aufklärung, Aufbruch, Unabhängigkeit und Selbstbestimmung. Die »Fünfhundert«, die dem Saal ihren Namen gaben, waren der erste Stadtrat von Florenz. Das erste bürgerliche Parlament zog vor 700 Jahren in den Saal. Zwei Jahrhunderte später wurden Michelangelo und Lenoardo da Vinci mit der Ausgestaltung des Raumes beauftragt. Nach allen historischen Turbulenzen ist es bis heute das Rathaus von Florenz.

An diesem Ort sprach Cory Doctorow über das Problem, das ihn heute am meisten umtreibt: Nach der Aufklärung, der Eroberung von Freiheit und Privatheit, tragen wir heute Computer in unseren Taschen, denen wir unser ganzes Leben ausliefern – die uns aber nicht gehören. Wir bestimmten schlicht nicht über unser eigenes Leben, solange die Hersteller der Geräte ständig mit uns verbunden blieben, sagte Doctorow. Die Ausbeutung, auch wenn das Beispiel harmlos klingt, beginne hier: »Wenn es Ihnen so wichtig ist, diesen Film auch im Schlafzimmer sehen zu können, hat das offenbar einen Wert für Sie. Warum sollten wir es nicht in Rechnung stellen?« Doctorow zitierte einen Filmmanager, mit dem er über die Freiheit der Kunst sprach.

Dinge, die wir kaufen, gehören uns nicht mehr, beklagte Doctorow. Also dürften wir auch nicht über sie bestimmen. Die Misere habe einst mit dem Digital Rights Management (DRM) begonnen, als DVDs nur noch in bestimmten Regionen der Welt abgespielt werden konnten. Diese Form der Drangsalierung des Bürgers, seine Reduktion auf einen Kunden, sei zwar in dem Fall überwunden, weil DRM kaum noch eingesetzt würde. Doch nun sei das kulturelle Leben selbst zu großen Teilen in die Service-Ökosysteme der Hersteller abgewandert. Wir kaufen keine Kulturgüter mehr, wir bezahlen lediglich für Zugriffsrechte, geregelt in Allgemeinen Geschäftsbedingungen, die wenige lesen und niemand versteht.

Der unternehmerischen Selbstbedienung stünde dabei keine rechtliche Regulierung gegenüber, klagte Doctorow. Es beginne mit der Frage, ob man als Nutzer eigene Software auf gekaufte Hardware spielen dürfe. Am alten Computer auf dem Schreibtisch mag das noch möglich sein. Ein Handy mit eigener Software zu betreiben ist dagegen beinahe unmöglich. Telefone, Spielekonsolen, E-Book-Reader und viele andere Geräte, die aus dem Alltag nicht mehr wegzudenken sind, »funktionieren nach den Regeln, die die Hersteller vorgeben«. Das bedeute vor allem: Auf den Geräten läuft mehr oder weniger auffällig und invasiv Spionagesoftware, die den Nutzer beobachtet, um ihm im richtigen Moment zu sagen, was er nicht dürfe. Gesteigert werde das schon heute von Programmen, die dem Nutzer für ihn relevante Informationen verschweigen und vorenthalten, ohne dass sich dafür ein Hersteller rechtfertigen muss. Dass die Hersteller ständig hinter dem Rücken ihrer Kunden mit den staatlichen Behörden zusammenarbeiten, ist für Doctorow letztlich nur der Gipfel eines großen Bergs an Problemen. Kann man überhaupt noch selbstbestimmt mit Informationen umgehen, wenn die Informationsströme schon größtenteils am Bewusstsein vorbeigelenkt werden? Für Doctorow spricht vieles dagegen.

Mit der Formel »if value, then right« erinnerte er an eine Diskussion der Rechtsprofessoren Rochelle Dreyfuss und Lawrence Lessig. Wenn etwas in Reichweite für eine digitale Erfassung einen ökonomischen Wert hat, wird daraus ein Recht abgeleitet. Der technisch Überlegene formuliert es einfach. Er schreibt es in die »Allgemeinen Geschäftsbedingungen«, die der Nutzer absegnen muss. So sei es bei der Herstellung und im Umgang mit den aktuellen Vergnügungs-Technologien immer wieder zu beobachten, sagte Doctorow. Ihr Wert steige, weil wir Computer und Smartphones insbesondere zur Dokumentation unseres Lebens, als Archive für unsere Biografie, benutzten.

Die Nutzer erheben die Daten, sie schaffen den Wert, alles Weitere liegt in der Macht derer, die die Technologien betreiben. Entsprechend allgemein, aber deutlich ist der Rat Doctorows. Seine Vorlesung endete mit einem Plädoyer: »Wenn Sie feststellen«, erklärte er seinem Publikum, »dass Sie ohne moderne Technologie nicht mehr auskommen, dann müssen Sie sich, wenn schon nicht um die Herstellung, so doch zumindest um die Integrität dieser Technologien aktiv bemühen.« Man solle sich die Technologien wieder zu eigen und untertan machen.

So weit die Utopie, vorgetragen von einem, der zwar mit Büchern weltberühmt wurde, der allerdings mit Haut und Haar in der Turing-Galaxie angekommen ist. Wollen wir sie erkunden, können wir nicht wieder hinter Doctorows Appell zurückgehen, sondern müssen uns neben allen Wünschen mit der Wirklichkeit beschäftigen, wie sie als Technologie auf unseren Schreibtischen steht und in unseren Handflächen liegt. Die Notwendigkeit zur Aufklärung, gerade für die Deutschen, untermauert eine im Mai 2015 erschienene Studie in der »Harvard Business Review«. Deutschland nimmt in der Befragung – die außerdem in Amerika, England, China und Indien durchgeführt wurde – gleich zwei Spitzenplätze ein: Nirgendwo auf der Welt hat die Privatheit einen so hohen Stellenwert wie in Deutschland. Zugleich wissen die Deutschen am wenigsten darüber, was mit ihrem Privatleben im Internet passiert.[6]

GOOGLES AUGEN, FACEBOOKS OHREN, REDAKTIONEN IM SILICON VALLEY

Wenn wir uns nun mit Information, Technologie und Vertrauen befassen, wird das eine holprige Tour mit wilden Themensprüngen und zum Teil verwirrenden Problematisierungen, mal als deutlicher Appell formuliert, mal als Versuch verpackt. Wir halten uns dabei allerdings an die Wirklichkeit. Auch Verwaltungsbeamte, Politiker, Journalisten, Verbraucherschützer, Lehrer und natürlich Eltern stolpern durch – und dieses Wort hat die Kanzlerin geprägt – ein Neuland. Verstehen ist dabei nicht immer die oberste Devise, sondern Mitdenken.

Wir können wieder bei Google beginnen, mit einem Wortwitz zur Beharrlichkeit des Unternehmens. Am 18. Juni 2015 stellte Nimrod Tamir aus dem »Google Trends Team« eine neue Entwicklung vor. Google ist seit langem dafür bekannt, den Zeitgeist einzufangen. So, »Zeitgeist«, heißt der aufwendig aufbereitete Jahresrückblick des Unternehmens, dessen Grundlage die beliebtesten und meistgenutzten Suchbegriffe eines zurückliegenden Jahres sind. Diese Themen- und Trendanalysen gibt es seit Mitte 2015 nun nicht mehr nur zum Jahresende, sondern ständig aktualisiert, gab Google bekannt: »Ob als Journalist oder als interessierter Nutzer, die neue Seite gibt euch nun einen schnelleren, tieferen und umfassenderen Einblick in die Welt durch die ›Brille‹ der Google Suche.«[7] Mag die Google-Brille als Produkt für den Massenmarkt vorerst gescheitert sein, an der Idee hält das Unternehmen fest. Aus »100 Milliarden Suchanfragen pro Monat« generiert es nun »zu allen erdenklichen Themen Trendanalysen in Echtzeit«.

Dieser Dienst wird klein bleiben, zumindest wird er im Alltag der meisten Menschen kaum direkte Beachtung finden. Eine bedeutsame Rolle wird er dennoch spielen. Eine Gruppe wird sich für diese Wissensarbeit von Google nämlich besonders interessieren: Journalisten. Auf der ständigen Suche nach Themen bietet Google nicht nur inhaltliche Hilfen, sondern informiert auch darüber, wie attraktiv Themen im Vergleich zueinander sind. Für alle Redakteure, die auf Reichweite schielen, ist das Angebot wie ein Trog voller Früchte im Schweinestall. Die Bedienung aus dem Themenrepertoire, das ohne große

Mühen vom Schreibtisch aus erledigt werden kann, wird den journalistischen Standards immer gerecht werden. Denn auch die Qualitätssicherung übernimmt Google: »Letztlich prüft unser News-Lab-Team täglich angesagte Themen aus Eilmeldungen, um ein tieferes Verständnis über wichtige Schlagzeilen zu gewinnen.« Der Produktvorstellung liegt ein kleines Video[8] bei, das Googles Anliegen unter dem Titel »Das Zeitalter des Einblicks« (*The Age of Insight*) untermauert.

Zu sehen ist beispielsweise David Leonhardt vom »New-York-Times«-Blog »The Upshot«. Er berichtet, wie wichtig ihm Trendanalysen und andere Zahlen im Journalismus sind: »Daten sind für Journalisten ein Werkzeug, wie Zitate, Worte oder Bilder. (…) Sie können die Wirklichkeit viel besser und genauer beschreiben, wenn sie Daten nutzen.« Ezra Klein, Chefredakteur von »Vox Media«, einem Unternehmen, das in den vergangenen Jahren die amerikanische Medienbranche in Atem hielt, sagt es so: »Den Unterschied macht heute das Finden und Analysieren der Datensätze. Sie finden Geschichten, die nicht anders zu finden wären.« Melissa Bell, Mitgründerin von Vox Media, schlägt in dieselbe Kerbe: »Wir finden Geschichten, die wir ohne die Technologie nicht gefunden hätten.«

Drei Tage nach Veröffentlichung des Videos trat Bell in Hamburg beim »VOCER Innovation Day« in den Räumen von »Spiegel Online« auf, um über ihre Arbeit für die Zukunft des Journalismus zu reden.[9] Dabei stellte sie unter anderem die Frage, ob der »klassische 800-Worte-Artikel immer das richtige Mittel« sei. Sie habe sehr gute Erfahrungen mit Bildergeschichten gemacht, die wenig Text, aber nahezu hundert Fotografien enthielten. Und sie berichtete von einer besonders prägenden Erfahrung: Bei der Thematisierung von Obamas Gesundheitsreform sei zum gleichen Thema eine drei Sätze lange Geschichte beim Publikum ebenso erfolgreich angekommen wie der »Text eines renommierten Experten«, der zwölftausend Zeichen umfasste. »Manchmal ist Text die schlechteste Form, um eine Geschichte zu erzählen«, fasste sie ihre Schlussfolgerungen zusammen. Unterhaltsamkeit schlägt also jedes andere journalistische Kriterium, selbst bei wichtigsten politischen Themen.

Im Werbevideo für »Google Trends« äußert sich dann letztlich noch Simon Rogers, Data Editor bei Google, vormals in selber Funktion beim »Guardian«. Er nennt ein konkretes Beispiel: Er zeigt eine Karte der vom Krieg im Irak gebeutelten Stadt Falludscha und betont die Schwierigkeiten, als Journalist dorthin zu gehen, ergänzt allerdings: »Die Daten können uns menschliche Geschichten erzählen.«

Man braucht den Namen von Simon Rogers nicht zu nennen, um aufzuzeigen, dass Google nicht nur Computer und Algorithmen nutzt, um die Informationen der Welt aufzubereiten und zugänglich zu machen. Google betreibt auch eigene Redaktionen für »Google Trends«, bereits länger für Google News, aber auch für Google Music, Google Maps, für die Google-Suche und viele weitere Dienste. Man muss es nicht Journalismus nennen, aber es gilt: Die Anzahl der Menschen, die inhaltliche Arbeit im nachrichtlichen Medienbetrieb erledigen, hat nicht abgenommen, nur weil Fernseh- und Zeitungshäuser Personalabbau betrieben. Die Arbeit wird lediglich woanders erledigt und dementsprechend auch nach anderen Regeln. Apple bot beispielsweise mit der Markteinführung des iPads im Jahr 2010 den Verlagen an, dort ihre Magazine und Zeitungen zu vertreiben. Berühmt ist das Zitat des Vorstandsvorsitzenden von Axel Springer, Mathias Döpfner, der damals im Gespräch mit dem amerikanischen Fernsehjournalisten Charlie Rose sagte: »Jeder Verleger der Welt sollte sich einmal am Tag hinsetzen, um zu beten und Steve Jobs dafür zu danken, dass er die Verlagsbranche rettet.«[10] Im Herbst 2015, fünf Jahre später, nahm Apple den »Newsstand« aus der iPad-Software wieder heraus. Die Verlage haben das Angebot nicht entsprechend genutzt und ebenso wenig ihre Kunden. Selbständige redaktionelle Arbeit hier, aufwendige technologische Vertriebswege dort – das passte offenbar nicht zusammen.

Stattdessen bietet Apple nun eine eigene News-App an. Für die Auswahl und Aufbereitung der Inhalte richtete Apple selbst eine Redaktion ein.[11] Welcher Berufsauffassung sie folgen wird, machte das Unternehmen von Anfang an deutlich. Die Redakteure sollen Trends aufspüren und die klassischen Medienhäuser übergehen, wenn das Interessante und Wichtige woanders zu finden ist, beispielsweise in den sozialen Netzwerken. Außerdem hat die Redaktion den expliziten Auftrag, nicht nur für die iPhone- und iPad-Nutzer Inhalte zu kuratieren, sondern über besondere Entwicklungen auch das Apple-Management zügig auf dem Laufenden zu halten.[12] Nicht nur Politiker, auch Wirtschaftsführer fühlen sich von den vorhandenen etablierten Massenmedien nicht mehr ausreichend informiert.

Journalistische Berufsethik wird bei der redaktionellen Arbeit bei Apple kaum eine Rolle spielen. Schon bei der Vorstellung des Produkts machte Apple deutlich, dass es sich querbeet im Internet bedienen werde, sofern nicht die Anbieter von Inhalten explizit ihr Veto einlegen. Die schlechte Sitte in der Blogosphäre, frei zugängliche Inhalte anderer abzugreifen, um sie selbst anzubieten und daraus Gewinn zu schöpfen, ist bei Apple erklärter Alltag.[13]

Es lässt sich heute leicht rekonstruieren, was Döpfner damals im amerikanischen Fernsehen meinte – das iPad war für ihn der erste Schritt zur Erfindung digitalen Papiers, das die Redaktionen im besten Sinne ausbeuten sollten, ähnlich der Möglichkeiten des analogen Papiers. In den vergangenen fünf Jahren war allerdings eine andere Entwicklung zu beobachten: Je weiter jenseits des Atlantiks die Entwicklung des digitalen Papiers voranschritt, desto weiter entfernte sich Axel Springer bei der Entwicklung seines zukünftigen Geschäftsmodells vom traditionellen Journalismus. Wenn eventuell 2020 das digitale Papier endlich so widerstandsfähig, faltbar und kostengünstig ist, wie sich Döpfner das zehn Jahre zuvor wünschte, wird sein Unternehmen kaum noch relevante journalistische Inhalte produzieren, um es bedrucken zu können.

Was sich die kommenden Jahre bis 2020 entwickeln wird, lässt sich auch beim Blick auf Facebook erahnen. Dort betreibt man nämlich nicht nur eine eigene Redaktion, sondern leistet sich auch ein festangestelltes Testpublikum. Der im Silicon Valley sehr umtriebige Journalist Steven Levy hat über das Projekt geschrieben, das im August 2014 startete.[14] Facebook schaut seinen Testnutzern dabei nicht nur über die Schulter, sondern gibt ihnen Aufgaben an die Hand. In einem Experiment bekommen die Nutzer dreißig Meldungen, die Facebook als wichtig einschätzt, in zufälliger Reihenfolge angezeigt. Die dreißig Meldungen sollen dann von den Nutzern nach ihren Kriterien entsprechend ihrer Relevanz sortiert werden. Im zweiten Schritt sollen die Nutzer mit ihrem Newsfeed interagieren, wie sie ihn auch privat nutzen. Sie kommentieren also, teilen Inhalte, liken oder ignorieren sie, indem sie über sie hinwegscrollen. Danach, als abschließendem dritten Schritt, sollen sie sich noch einmal mit jeder einzelnen Meldung beschäftigen und jeweils acht Fragen beantworten. Anhand der Fragen sollen sie darüber Auskunft geben, wie sehr sie eine Meldung beschäftigt und welche Bedeutung die Personen haben, von denen die Meldungen stammen.

Facebook interessiert sich dafür, wie unterhaltsam ihre Testnutzer einzelne Meldungen finden und ob sie sich durch sie ihrer Familie und ihren Freunden näher fühlen. Zum Abschluss sollen sie ihre Eindrücke zu jeder einzelnen Meldung in ein paar Sätzen aufzuschreiben. Hin und wieder, schreibt Levy, führen Facebook-Mitarbeiter zusätzlich noch qualitative Interviews durch, um mehr über das Nutzerverhalten zu erfahren. Für Max Eulenstein, als Product Manager mitverantwortlich für die Entwicklung des Facebook-Newsfeeds, sei diese tiefgehende Qualitätskontrolle, zitiert ihn Levy, »ein sehr intensiver Prozess«.

Zur selben Zeit verfolgte die »Frankfurter Allgemeine Zeitung«, wie viele andere Medienhäuser, ein ganz ähnliches Interesse. Sie führte 2014 einen »ReaderScan« durch. Ein Testpublikum von rund zweihundert Lesern bekam den Auftrag, Artikel, die sie auf Papier lasen, mit einem Stift zu markieren. Die so mit roten Streifen und Kreuzen überzogene Zeitung wurde dann einer Gruppe Studenten übergeben, die die Markierungen in ein Computerprogramm übertrug. Diese Dokumentation des Leserverhaltens fand allerdings nicht kontinuierlich statt, sondern zu drei Zeitpunkten des Jahres für jeweils zwei Wochen. Diese Termine wurden im Haus bekanntgegeben, weshalb einige Redaktionen besonders attraktive Themen und Texte für diese Tests zurückhielten. Im Feuilleton wurde sogar ins Layout der Seiten eingegriffen, um weniger Elemente auf der Seite zu haben, wodurch der Durchschnittswert der gelesenen Artikel pro Seite nach oben gehen sollte. Letztlich kam man so zu eindeutigen mathematischen Kennzahlen, von denen allerdings niemand sicher sagen konnte, wie sie zu deuten waren. Eine qualitative Befragung der Testleser fand parallel zur Auszählung nicht statt.

Man wusste nach der Erhebung beispielsweise nicht, was die niedrige Lesequote einer Ausstellungsrezension aus London bedeuten sollte. Sie hätte dafür stehen können, dass Menschen keine Texte über Ausstellungen lesen, die sie vermutlich nicht besuchen werden. Obwohl ebenso logisch gewesen wäre, dass Menschen genau aus dem Grund, dass sie eine Ausstellung nicht selbst besuchen können, zumindest in der Zeitung von ihr erfahren möchten. So warf der ReaderScan letztlich nur Rätsel auf, weil er nicht beantworten konnte, in welchem Verhältnis der Inhalt, die Größe und die Platzierung eines Textes zum Leseverhalten steht. (Dass es makaber war, das hohe Interesse der F. A. Z.-Leser an den Nachrufen auf Frank Schirrmacher im Juni 2014 als redaktionellen Erfolg zu verbuchen, musste dem Unternehmen, das den ReaderScan als externe Dienstleistung erbrachte, von einzelnen Feuilleton-Redakteuren bei der Vorstellung der Ergebnisse ausdrücklich erklärt werden. Die Betriebswirtschaftler, die über Monate die ganze Zeitung in einen ertraglosen Wettbewerb mit sich selbst zwangen, verstanden das nicht von selbst.)

Der richtige Weg, trotz redaktioneller Eigenlogik im Zeitungsalltag Resonanz mit dem Publikum herzustellen, ist schwer zu finden. Facebook hat sein Testpublikum inzwischen ausgebaut. Laut Levy arbeiteten Anfang 2015 mehr als fünfhundert Amerikaner rund vier Stunden pro Tag von zu Hause aus an der Verbesserung des Facebook-Newsfeeds. Ihre einzige Aufgabe ist, ihr mediales Konsumverhalten an Facebook zurückzumelden. Schon 2015 werde die Größe des Testpublikums die Marke von tausend Menschen übertroffen haben, schrieb Levy zu Beginn des Jahres. Der Vorsprung von Facebook vor Häusern wie der »Frankfurter Allgemeinen Zeitung« und allen anderen Medienanbietern ist gewaltig. Was in den Verlagen als ReaderScan aufwendig geplant und teuer durchgeführt wird, ist schließlich bei Facebook ohnehin schon Alltag. Jeder Einzelne der mehr als eine Milliarde Nutzer, die die Website täglich nutzen, wird lückenlos dabei überwacht, wie er Facebook nutzt.

Facebook wertet aus, wie mit einzelnen Meldungen umgegangen wird, ob sie kommentiert, geteilt oder mit einem Like markiert werden. Sogar kurzes Zögern und Verweilen – sozialwissenschaftlich eigentlich ein kaum registrierbares Nichthandeln – wird von Facebook aufgezeichnet und ausgewertet. Seit Sommer 2015, teilte Facebook mit, fließt die Verweildauer auf einer Meldung im Newsfeed in die Bewertung ihrer Relevanz mit ein.[15] Man habe bei Untersuchungen festgestellt, dass Nutzer manchmal eher automatisiert, nämlich nur aus Gewohnheit, Bilder liken oder Geburtstagsgrüße kommentieren. Nach intensivem Lesen anderer Inhalte scrollen viele Nutzer dagegen ohne jedes Klickengagement einfach weiter. Facebook registriert nun diese Verweildauer, musste vorher aber ein kompliziertes Problem lösen: Sie wussten bei Facebook lange nicht, ob Menschen, wenn sie zehn Sekunden auf einer Meldung verharren, echtes Interesse zeigen, oder ob die Verweildauer zustande kam, weil eine schlechte Internetverbindung die Website langsam machte, was unfreiwillig zum Verweilen führte. Nun sammelt Facebook also auch Informationen über das Tempo der Internetverbindungen.

Überschriften wie die des Journalisten Owen Williams, der nach dem Auftakt der Entwicklerkonferenz von Facebook, »F8«, im März 2015 schrieb: »Facebook hat offiziell erklärt, dass es alles wissen möchte, was Sie im Internet tun«, sind keine Übertreibungen.[16] Während die »Frankfurter Allgemeine Zeitung« monatelang darauf wartete, die letztlich wenig aussagekräftigen Ergebnisse ihres ReaderScans aufbereitet zu bekommen, optimierte Facebook seine Position im Kampf um Aufmerksamkeit im Millisekundenbereich. Das klingt nur, als ginge es um wenig. Der Journalist Robin Meyer stellte die kleinen Zeitvorsprünge ins Verhältnis zu den gigantischen Nutzerzahlen und schrieb: »Facebook beschäftigt viele Menschen und unternimmt enorme Anstrengungen, um millionenfach diese Millisekunden einzusammeln.«[17]

WIE FACEBOOK UNS BEHÜTET

Wie beeindruckend die praktischen Ergebnisse von Facebooks eigener Forschung sind, zeigt eine Studie der Universitäten Illinois, California State und Michigan. Vierzig Facebook-Nutzer nahmen an ihr teil. Mehr als die Hälfte, 25, wussten zu diesem Zeitpunkt noch gar nicht, dass Facebook überhaupt in ihren Newsfeed eingreift und bis zu vier Fünftel der Inhalte aussortiert. Nachdem sie zu Beginn über diesen Punkt aufgeklärt wurden, sagte ein Proband: »Das war intensiv, als würde ich in ›der Matrix‹ aufwachen. Ich meine, du glaubst, es sei die Realität, doch tatsächlich ist sie für dich gezielt ausgewählt.«[18] Ein anderer Proband dachte bis dahin, dass er von einer bestimmten Person nicht besonders gemocht würde, weil er von ihr nie Inhalte bei Facebook sah. Seine Verwunderung den Wissenschaftlern gegenüber schloss er entsprechend mit den Worten: »Was zum Teufel ...?« Die Fragen, die sich die Probanden zu diesem Zeitpunkt stellten, waren die eigentlichen Ausgangsfragen der Studie: Die Wissenschaftler wollten wissen, wie zielsicher der Newsfeed von Facebook funktioniert, ob das soziale Netzwerk seinen Nutzern also tatsächlich erfolgreich nur das anzeigt, was sie interessiert, oder ob nicht auch Inhalte von Interesse unterschlagen werden.

Nachdem man sie darüber aufgeklärt hatte, wie Facebook ihre News arrangiert, wurde den vierzig Probanden ihr Facebook-Inhalt ungefiltert vorgelegt. Anstelle von Facebook sollten sie dieses Mal selbst die Auswahl treffen und markieren, was sie interessierte. Das Ergebnis: Die Nutzer sortierten sich ihre Facebook-Inhalte so, wie sie Facebook auch für sie sortiert hätte. Die Abweichung lag nicht einmal bei siebzehn Prozent. Facebook war zwar überraschend ungenau in der Bewertung der sozialen Beziehungen, die Nutzer bewerteten fast die Hälfte ihrer Beziehungen zu ihren Facebook-Freunden mit anderer Gewichtung, als Facebook das tat. Inhaltlich stimmten sie allerdings mit der Auswahl der Meldungen, die Facebook zeigt oder verbirgt, weithin überein.

Facebook lag in den vergangenen Jahren mit seinen Entwicklungen, mit seinen Forschungsprogrammen, geschäftlichen Anliegen und mit seinem experimentellen Spieltrieb häufig erstaunlich richtig. Der »Social Graph« sowie der »Knowledge Graph« – Landkarten der sozialen Beziehungen, persönlichen Interessen und des Wissens der Welt – verschaffen dem Unternehmen heute einen enormen Vorsprung vor jeglicher Konkurrenz, egal aus welchen Branchen. Die von Facebook errungene ökonomische Macht und die soziale Stellung des Unternehmens in der Informationsgesellschaft, seine Bedeutung im Alltag von Hunderten von Millionen von Menschen sind bewundernswert und besorgniserregend. »Wann immer ein Facebook-Entwickler in Menlo Park die Parameter verändert, könnte irgendwo ein Mensch auf der Welt fälschlicherweise glauben, er würde nicht mehr geliebt«, schreiben die Autoren der Facebook-Studie. Gleichzeitig, dieses Zitat dokumentierte Steven Levy, sagt Adam Mosseri, der solch ein Facebook-Entwickler in Menlo Park ist: »Wir versuchen wirklich, keine redaktionellen Urteile zu fällen.« Es mag zwar sein, führt Mosseri weiter aus, dass Informationen über rassistische Unruhen in Amerika wichtiger sind als die lustigen Ice-Bucket-Challanges des Sommers 2014, »aber wir glauben nicht daran, dass wir unsere Nutzer dazu anhalten sollten, mehr Obst zu essen, obwohl wir wissen, wie gesund Obst ist«. Ob wir uns geliebt fühlen, welche politischen Ansichten wir haben und welches Leben wir führen, darüber bestimmt Facebook mit.

Mit der Treffsicherheit seines Newsfeeds hat Facebook heute den gesamten globalen Nachrichtenmarkt erobert. Facebook müsse gar nicht darauf warten, dass sich die Medienhäuser bereiterklären, ihre Inhalte direkt bei Facebook zu publizieren, schrieb der Journalist Leo Marini Anfang 2015, als es »Instant Articles« noch nicht gab. »In den vergangenen Jahren haben sich die Inhalteanbieter Zuckerbergs Vorstellungen unterworfen.«[19] Sogar Google steht nun weit hinten an. 2013 stieg die Anzahl an Links zu Medieninhalten, die in Amerika auf Facebook publiziert wurden, von 62 auf 161 Millionen.[20] Dieser rasante Anstieg – der sich fortgesetzt hat, auch wenn wir keine aktuellen Zahlen über ihn haben – liegt nicht allein am Erfolg gut funktionierender Algorithmen. Ausschlaggebend ist auch bei Facebook der kluge Umgang mit dem Newsfeed, der mehr ist als eine Plattform zum Teilen von Inhalten, der auch mehr ist als eine Suchergebnisliste oder ein thematisches Archiv. Facebook hat ihn zu einer funktionierenden Tageszeitung entwickelt, zur einzigen zukunftssicheren, die wir heute haben. Das Unternehmen versteht seinen Newsfeed selbst, so sagt es Chris Cox, Chief Product Officer bei Facebook, im Gespräch mit Steven Levy, als »wirklich beeindruckenden Ausgangspunkt für den Start eines digitalen Universums. (…) Es ist unser Traum, diese Welt zu erschaffen, in der Menschen Facebook als nützlichen, wichtigen Teil in ihrem Leben begreifen.«

Die Medienhäuser wissen nun nicht, wie sie darauf reagieren sollen. Facebooks Konkurrenz in den sozialen Netzwerken zieht dagegen nach. Sogar Twitter, wo man sich bislang und wahrscheinlich auch in Zukunft gegen solche Entwicklungen sträubte und kaum in die Chronologie eingreift, in der Nutzer Inhalte teilen, betreibt schon seit längerem eine Redaktion für das Projekt »Lightning«.[21] Parallel zur Timeline, die, bis auf Werbeunterbrechungen und kurze Hinweise, chronologisch auflistet, was Menschen auf Twitter teilen, entwickelte das Unternehmen eine Anlaufstelle für sekundenaktuelle Informationen und Nachrichten. Automatisiert werden Bilder, Videos und Texte, die thematisch zusammengehören, gebündelt und ohne Verzögerung durch Ladezeiten sofort abrufbar bereitgestellt. Möglich ist das, weil die inhaltliche Arbeit von einer Redaktion erledigt wird. Sie arbeitet nach selbst aufgestellten Richtlinien und wählt aus, was die Nutzer zu sehen bekommen. Man habe sich mit den ethischen Fragen befasst, man wolle »Fairness und

Integrität« walten lassen, sagt die Chefredakteurin des Projekts, Katie Jacobs Stanton.

Die nicht mehr ganz neue Klage, dass etablierte Redaktionen und ihre journalistische Arbeit künftig Automatismen und Algorithmen zum Opfer fallen würden, ist somit nur die halbe Wahrheit. Computerprogramme schreiben schon heute Börsen- und Sportberichte. Dennoch spielt der Mensch im Nachrichtengeschäft noch immer eine prägende Rolle, nur nicht mehr allzu oft als Journalist.

GEISTIGES EIGENTUM NUTZEN UND SCHÜTZEN

Man sollte sich als Journalist heute mit Unternehmen wie »Automated Insights« oder »Narrative Science« beschäftigen. Ersteres schreibt für die Nachrichtenagenturen Bloomberg und Associated Press (AP) Börsenberichte und reduzierte die Arbeitszeit von dreißig Minuten, die ein Mensch braucht, auf fünfzehn Sekunden, die dem Computer zur Publikation reichen.[22] Der Slogan für das Geschäft des Letzteren lautet »Big Data Storytelling«. Sogar Google betritt mit »Google Trends« den seit langem existierenden Markt, in dem Software menschen- und maschinenlesbare Texte schreibt. Man kann sich kaum vorstellen, dass überhaupt ein journalistisches Metier von dieser Form der automatisierten Textproduktion völlig unberührt bleibt. Denn wann immer nicht das ästhetische Urteil eines Beobachters im Mittelpunkt steht, sondern die Auflistung von Zitaten, Ergebnissen, Kennziffern oder die Darstellung von Bildern und Grafiken, wird ein Computer diese redaktionelle Arbeit sehr viel schneller und gründlicher erledigen, sodass letztlich in den Redaktionen tatsächlich weniger Autoren gebraucht werden. Dem Journalisten könnte daher das gleiche Schicksal wie dem Müller drohen. Letztlich blieben nur die Mühle und in ihr der Qualität sichernde Ingenieur, der Maschinen wartet und Ergebnisse prüft – in dem Falle also Texte redigiert und kuratiert.

Über die Rolle des Menschen im Nachrichtengeschäft und sein neues Zusammenspiel mit Maschinen wurde bislang aber zu wenig diskutiert, um zukunftssichere Aussagen treffen zu können. Man könnte nämlich durchaus auch davon ausgehen, dass Kopfarbeiter von ihren neuen Dampfmaschinen ebenso profitieren wie zuvor die Industriearbeiter – wenn sie wüssten, wohin sie sich orientieren sollen. Bislang gilt allerdings, dass etablierte Journalisten mit derselben Redaktionstechnik arbeiten wie vor zehn oder zwanzig Jahren schon und dass Facebook, Google und Twitter alle Technologien, die ihnen nützlich erscheinen, sogleich selbst entwickeln, ohne sie als Produkte auf Märkten der Öffentlichkeit zugänglich zu machen.

Und ebenso wenig diskutiert ist im Nachrichtengeschäft die Rolle des Konsumenten. Man muss sich nur ansehen, was in den vergangenen Jahren seit der Einführung des iPhones entwickelt wurde und geplant wird. Vertrauen wir einmal Joshua Topolsky. Der vergleichsweise junge Journalist, der heute für Bloomberg arbeitet, nachdem er als Chefredakteur von »The Verge« in Windeseile den hart umkämpften Markt des Technologiejournalismus in Amerika eroberte, sah im Frühsommer 2015 eine Epochenwende. Was war geschehen? Wie jedes Jahr stellte Google bei seiner hauseigenen Entwicklerkonferenz neue Produkte vor. Dabei, so Topolsky, schaffte Google im Nebensatz sein zentrales Produkt ab: das Googeln.[23]

Die genaue Betrachtung gibt ihm recht. Google hält zwar an der Suche selbst fest, aber den eigentlich unabdingbaren Suchbegriff schafft das Unternehmen allmählich ab. Google hatte festgestellt, dass Menschen in ihrem Alltag immer häufiger spezifische Apps für besondere Aufgaben verwendeten und dass Google als allgemeine Anlaufstelle bei Unklarheiten an Bedeutung verlor. Und so entwickelte Google etwas Neues. Die Hoheit über die Mobiltelefone hatte das Unternehmen, das Android herstellt und auf Milliarden von Telefonen betreibt, bereits, jetzt erkämpfte es sich seinen Platz in der Aufmerksamkeitsökonomie zurück. Wann immer Menschen, egal in welcher App, eine Frage hatten, sollte eine Fingerbewegung reichen, um eine Antwort zu erhalten. Ein Suchbegriff ist nicht mehr notwendig.

Google kennt schließlich alles, was es für notwendig erachtet, um die Frage, die sich ein alltäglicher Nutzer stellt, einfach zu erraten: Google weiß, wo sich Menschen aufhalten, es weiß, wofür sich Menschen zuletzt interessierten. Das Unternehmen kennt die persönlichen Vorlieben, das persönliche Verhalten, es kennt die vorherigen Suchen, und so spekulierte es einfach. Erst im Frühjahr 2009 führte Google die personalisierte Suche ein, seitdem gewann der Kontext einer Suche an Bedeutung. Inzwischen erbeutet Google so viel Wissen aus dem Beobachten unseres Verhaltens, dass der tatsächliche Suchbegriff neben allen anderen Signalen nebensächlich geworden ist.

Google hilft seinen Nutzern im Alltag nun nicht mehr nur bei konkretem Unwissen, sondern schon bei diffuser Unsicherheit. Wann immer man glaubt, Hilfe zu brauchen, kann man sich mit einer einzelnen Fingerbewegung auf dem Bildschirm des Telefons Google herbeirufen. »Now on Tab« heißt die Funktion, die stets zu Diensten sein soll. Nach ihrer Aktivierung durch die Fingerbewegung auf dem Bildschirm errät Google selbständig, worum es gerade geht: um Kinozeiten, weil eine Freundin den Namen eines Films in einer E-Mail schrieb, die man gerade las? Um den Wetterbericht, weil man gerade Urlaubsorte im Netz suchte? Sucht man einen Busfahrplan, der anzeigt, wie lang man bis zur Sehenswürdigkeit braucht, die man sich gerade auf einer Karte ansah? Umso häufiger man sich auf diesen Dienst verlässt, desto besser wird er funktionieren – Google lernt und legt es darauf an, die Grenze zwischen den Intentionen des Nutzers und den Angeboten der Maschine zu verwischen.

Die Tendenz, aufwendiges Denken und physisches Engagement – und seien es nur kleine Fingerbewegungen – in der Techniknutzung auf ein Minimum zu reduzieren, treibt Google heute auf die Spitze. Erfunden hat dieses Prinzip der möglichst reibungslosen Integration von Technologie in unseren Alltag allerdings Steve Jobs bei Apple. Er verstand sie als unausweichlich und sah sich in einen Wettkampf verwickelt, den er auch mit markigen Worten führte, gerichtet ausgerechnet an Google. 2011 wurde ein Zitat publik, nach dem Steve Jobs bis zu seinem »letzten Atemzug« den Konkurrenzkampf gegen Android, Googles Handy-Betriebssystem, austragen wollte. Die Auseinandersetzung bezeichnete er als »thermonuklearen Krieg« mit einem klaren Anliegen, nämlich der »Zerstörung von Android«.[24]

Apple befand sich 2011 in etlichen gerichtlichen Auseinandersetzungen gegen Samsung, das seit Jahren als einziges Unternehmen weit mehr Mobiltelefone auf der Welt verkauft als Apple. Samsung vertrieb damals Geräte, deren Design dem iPhone auffällig ähnelten. Eigentlich kein aufsehenerregender Fall. Produktpiraterie ist nicht unüblich, und über Ästhetik lässt sich streiten. Es ging aber um deutlich mehr als um die bloße Anmutung der Geräte. Steve Jobs legte auf kaum etwas so viel Wert wie auf das Design seiner Geräte. Die Hardware, ihre Anschmiegsamkeit, ihre reibungslose Bedienbarkeit, war ihm ebenso wichtig wie der Funktionsumfang der Software. Das iPhone hat bis heute nur einen Button, auf den es ankommt. Und in den ersten vier Jahren gab es zwar Änderungen in den sichtbar verbauten Materialien – von Metall über Plastik zu Glas und zurück zum Metall –, die Form des Telefons blieb allerdings lange gleich. Wer das erste Telefon aus dem Jahr 2007 in der Hand hatte, konnte genauso auch das fünfte aus dem Jahr 2012 bedienen. Die Dimensionen, in denen sich der Bildschirm auf der Oberfläche erstreckte, die Dicke des Geräts, die Position der Knöpfe – es blieb alles gleich.

Samsung ahmte nun diese Bauform nach, und Apple behauptete vor etlichen Gerichten, sein »geistiges Eigentum« gegen Samsung zu verteidigen. Mit diesem Begriff bezeichnete Apple sein Design, gemeint hat das Unternehmen jedoch etwas ganz anderes. Apple verteidigte seinen Anspruch auf das geistige Eigentum in den Köpfen seiner Nutzer. Über Jahre hatte es sie darauf trainiert, das iPhone richtig zu verwenden. In einer berühmten E-Mail, die Steve Jobs einem Kunden schrieb, der sich über Empfangsprobleme im Umgang mit seinem Telefon beschwerte, antwortete Steve Jobs: »Halten Sie es anders.«[25] Der junge Mann, der Jobs die Mail schrieb, war mit seinem Problem eine Ausnahme. Alle anderen verliebten sich auf der Stelle in ihre technischen Anhängsel. Das Telefon funktionierte umso besser, je mehr es mit seinem Nutzer verschmolz. Darauf arbeitet Apple hin. Auf der jährlichen Entwicklerkonferenz des Unternehmens in San Francisco geht es dementsprechend nicht nur um Designs und die Anmutung von Apps. Die Hinweise des iPhone-Herstellers an die App-Entwickler umfassen ausdrücklich auch Richtwerte, wie eine App letztlich vom Nutzer zu handhaben sei, beispielsweise wie lange Interaktionen mit dem Gerät maximal zu dauern haben, oder wie viele Klicks dem Nutzer zugemutet werden können, ehe er sein Ziel erreicht haben soll.

Die alte Idee, dass die Hand eine Art externes Gehirn ist; das moderne Medizinerwissen, dass auch das körperliche Tun zum geistigen Prozess des Denkens gehört; die alltägliche Ahnung, dass die Bedeutung von Ästhetik und persönlichem Gefallen zu oft unterschätzt werden; und die marktwirtschaftliche Erkenntnis, dass die Simplizität in der Verwendung ausschlaggebend ist für die Akzeptanz eines Produkts, all das hatte Steve Jobs schon als junger Mann verinnerlicht und in der Entwicklung des iPhones zum Ausdruck gebracht. Die Form und die Maße des Telefons, seine Symmetrie, sein Gewicht, seine Gewichtsverteilung, die Größe des Bildschirms und die Platzierung der Buttons passten so gut zu Form, Gestalt und Symmetrie unserer Hände, dass wir als Kunden niemals bewusst wahrgenommen haben, wie viel Kreativität und Arbeitsleistung in der Entwicklung des Geräts steckte. Das war Absicht, wir sollten uns darüber keine Gedanken machen.

Dass Samsung das iPhone in seiner Gestalt nachahmte, empfand Steve Jobs als Raubzug durch seinen Mensch-Maschine-Kosmos. Nicht nur das iPhone als Gerät, sondern auch seine

Durchdringung unserer Leben empfand er als seine Errungenschaft. Er verteidigte sie mit allen Mitteln.

Heute wissen wir, dass der Bildschirm des iPhones mit 3,5 Zoll in der Diagonale für die Ansprüche vieler Menschen doch etwas klein war. Sehr spät passte sich Apple an die neue Nachfrage am Markt an und verbaute größere Displays in größeren Geräten. Die ersten iPhones findet man heute nur noch im Museum, der Streit um ihre Gestalt geht dagegen weiter. Im August 2015, nachdem Samsung bereits zu Strafzahlungen in Milliardenhöhe verurteilt worden war, erklärte das amerikanische Patentamt das Geschmacksmuster der frühen iPhones für ungültig.[26] Der Streit um die alten Telefone wird noch lange weitergehen. Wahrscheinlich wird ihnen einmal dieselbe Bedeutung beigemessen wie heute alter Architektur. Noch arbeitet Apple mit gewohnter Strenge an seinen Designs, was man beispielsweise daran sieht, dass Jonathan Ive Chef-Designer sowohl für die Hardware als auch für die Software der Geräte von Apple wurde.

Die nächste Zäsur in der Evolution der Informationstechnologien wurde allerdings schon eingeläutet, von Google: Das Gerät wird nicht länger reduziert auf einen Bildschirm, es verschwindet stattdessen ganz. Google lässt sich heute auf Zuruf bedienen. Sowohl auf dem Computer als auch auf dem Smartphone reicht ein Signalwort, um Google mündlich eine Wissensfrage zu stellen. Amazon hat ein Gerät im Angebot, das ebenso auf Zuruf funktioniert und im Wohnzimmerregal versteckt werden kann. Und auch Apple zieht bei dieser Entwicklung nach. Die technologischen Grundlagen der Informationsgesellschaft verstecken sich nicht länger nur hinter den Bildschirmen der Geräte, sie verschwinden, sie entziehen sich unseren Blick und damit wieder einen Schritt weiter unserem Bewusstsein. Sie überhaupt noch wahrzunehmen macht schon heute erstaunlich viel Arbeit.

Das Verschwinden des Suchbegriffs, der, sofern man ihn noch nutzt, gesprochen und nicht mehr getippt wird, wollte Google, wie von Topolsky gehört, selbst gar nicht so deutlich herausstellen. Dennoch wurde Google bei seiner Entwicklerkonferenz 2015 konkret. Eines der vielen Projekte, das tief in unser Leben eingreifen soll, heißt beispielsweise »Hands Free«. Im dazugehörigen Werbevideo ist eine junge Mutter zu sehen, die im Supermarkt ihr Kind trägt, es liebevoll im Arm hält, was möglich ist, weil sie per Zuruf an der Kasse (»I like to pay with Google«) bezahlt.[27] Die Technologie ist wie immer beeindruckend, schließlich geht es um den Transfer von Geld, um die Authentifizierung einer Person und um die verbindliche Dokumentation eines rechtlichen Vertrags. Beeindruckend ist, wie viel von dem, was mit uns und um uns herum an unserem Bewusstsein vorbei geschieht. Wir sollen nicht länger bemerken, dass wir Technologie benutzen.

Nicht zum ersten Mal akzeptieren Menschen Entwicklungen, die aus anderer Perspektive jeder gewöhnlichen Akzeptanzunterstellung widersprechen. Rückblickend kommt es uns aberwitzig vor, aber Menschen dachten einmal, sie würden sterben, wenn sie in einen Zug steigen, der schneller als 30 km/h fährt. Nun, niemand starb daran. Aber die Akzeptanz der Technologie bedeutete dennoch Arbeit: Hinzunehmen, die Welt um uns herum nur im vorbeieilenden Panorama wahrnehmen zu können, ist uns heute selbstverständlich. Vor wenigen Jahrhunderten galt genau das Gegenteil. Heute reisen wir in Flugzeugen, aus denen heraus wir gar nichts mehr wahrnehmen. Wir vertrauen der Technologie blind. Und wie für den Transport, gilt auch für die Information: Das Vertrauen, das einmal der Journalist als Autor unter dem Dach einer allseits bekannten Institution auf sich vereinigte und das den Wert seiner Arbeit in erheblichem Maße mitbestimmte, ist fast gänzlich in die uns umgebende Technologien abgewandert.

WAS VOM VERTRAUEN ÜBRIG BLIEB

Das »Trust Barometer 2015« ist eine der ersten Studien, die es in Zahlen ausweisen: »Weltweit haben Internet-Suchmaschinen (64 Prozent) in diesem Jahr zum ersten Mal die traditionellen Medien (62 Prozent) als glaubwürdigste Quelle abgelöst.«[28] Dass solche Ergebnisse Auswirkungen auf den Berufsstand der Journalisten haben, liegt auf der Hand. Einige von ihnen bohrten nach: »Das Misstrauen gegenüber Medien in Deutschland ist groß – und es wächst.«[29] Mit diesem Satz beginnt die kleine Meldung, mit der »Zeit Online« im Juni 2015 die Ergebnisse einer eigenen Studie vorstellte. Mehr als die Hälfte der von Infratest dimap Befragten gab an, »wenig« oder »kein« Vertrauen in die Medien zu haben. Die häufigsten Gründe dafür seien Vermutungen hinsichtlich »bewusster Manipulation«, »Einseitigkeit« und handwerklichen Unvermögens in den Redaktionen.

Verschwunden ist das Vertrauen nicht. Wie bereits das Geld im Mediensystem, hat es sich lediglich zu jemand anderem verschoben – zu jemandem, der sich darum bemühte, der um es kämpfte und dazu forschte. Nur weil nun wieder von den großen amerikanischen Informationsunternehmen die Rede sein wird, heißt das allerdings noch nicht, dass wie schon bei den redaktionellen Inhalten ein Raub stattfand. Facebook befindet sich zwar im Krieg gegen die Zeitungen, die Geschichte des Vertrauensverlusts in den Medienbetrieben beginnt allerdings lange vor Mark Zuckerbergs Offensive. Oben griff ich bereits die These von James Carey auf, der die Ansicht vertrat, dass der Journalismus seit »Watergate« an Einfluss verlor, weil er sich als Instanz der politischen Macht verstand und, wie George Packer darstellte, sich selbst als Teil des politischen Systems sah. Zu den genannten besorgniserregenden Zitaten gehören folgende Zahlen: Forscher des Journalism Projects des Pew Research Centers haben ausgezählt, dass die Anzahl angestellter Redakteure in den 1980er Jahren ihren Höhepunkt hatte und sich in den folgenden dreißig Jahren halbierte. Auf jeden Redakteur kommen heute 4,6 PR-Agenten. Zehn Jahre zuvor, 2004, waren es noch 3,2. In der Hochzeit des Zeitungsjournalismus, 1980, seien es gerade einmal 1,2 PR-Agenten pro Zeitungsjournalisten gewesen.[30] Eric Alterman, Professor für Journalismus an der New Yorker CUNY Graduate School of Journalism, ergänzt die Zahlen des Pew Research Centers noch mit anderen interessanten Kennzahlen, die Robert McChesney und John Nichols in ihrem Buch »The Death and Life of American Journalism« nannten: Der durchschnittliche Journalist verdient heute etwa 65 Prozent des Gehalts eines durchschnittlichen PR-Agenten. Das Fazit von Alterman fällt deutlich aus: Der Einfluss der PR-Agenten auf die Gesellschaft habe beträchtliche Konsequenzen für den Wohlfahrtsstaat und das Recht des Einzelnen, informiert zu sein. Auch er thematisiert den Wahlkampf 2012, bei dem der Journalismus »nicht mehr als ein Megafon« der politischen PR-Agenten gewesen sei. Dass heute mehr als die

Hälfte der Studenten in Journalismusschulen schon während ihrer Ausbildung eine Karriere in PR-Agenturen anstrebten, verwundert ihn nicht.

All die Zahlen stammen wieder aus Amerika. Für Deutschland kann man keine nennen, weil keine erhoben werden. Wir können allenfalls raten, welche Ursachen den Ergebnissen mancher Meinungsumfragen zugrunde liegen. Laut dem »Trust Barometer 2015« sank das Vertrauen in »traditionelle Medien wie Zeitungen und Zeitschriften sowie Fernseh- und Rundfunksender« binnen eines Jahres seit 2014 – in dem sich diese insbesondere mit einer Berichterstattung zu Russland, Ukraine, Griechenland und mit Flüchtlingen beschäftigten – um elf Prozent. Ohne fundiertes Wissen darüber, wie die eigenen Medien konsumiert werden, was Vertrauen im Mediensystem ausmacht und wie eine Beziehung zum eigenen Publikum positiv gestaltet werden kann, äußern deutsche Verlagschefs nur Hoffnungen und Wünsche: »Wirklich verlässliche Informationen seien in der ›Gerüchte- und Verschwörungstheorieschleuder Internet‹ knapp. Und in einer modernen Sozialstaats- und Freizeitgesellschaft habe das Gros der Bevölkerung außerdem immer mehr Zeit und suche nach Zerstreuung, siehe die prosperierende Unterhaltungsindustrie. Nicht Aufmerksamkeit sei also das knappe Gut, sondern verlässliche Information vertrauenswürdiger Absender.«[31] Dieses Statement zitierend, zusammengefasst aus einem Vortrag des Verlagschefs der »Frankfurter Allgemeinen Zeitung«, Thomas Lindner, offenbart die Ahnungslosigkeit. Bietet das Internet denn tatsächlich nur haltlose Information, und ist dem Publikum, das angeblich immer mehr Zeit zur Verfügung hat und nach Zerstreuung sucht, eine Mitschuld an der Entwicklung zu geben?

Thomas Lindner, der 2014 bei Betriebsversammlungen die Redaktion darauf vorbereitete, die Zeitung künftig für einen Abonnementpreis von tausend Euro im Jahr verkaufen zu wollen, müsste doch ein anderes Wunschpublikum vor Augen haben und sollte nicht mit Facebook um Aufmerksamkeit konkurrieren. Sein eigentliches Zielpublikum, Entscheidungsträger in den Organisationen der Politik, Wirtschaft und Wissenschaft, hat er offenbar längst abgeschrieben. Ebenso merkwürdig ist die Charakterisierung des Internets als »Verschwörungstheorieschleuder«. Wenn man vom Internet spricht und dabei die Augen beispielsweise auf das von Lindner gemeinte Twitter richtet, könnte man von ganz anderem sprechen:

Seit 2014 arbeitet der Social-Media-Dienst, dem besonders häufig vorgeworfen wird, Propaganda und Hass zu verbreiten, mit IBM zusammen.[32] Die Daten von Twitter und die Erfahrung von mehr als 15 000 Mitarbeitern im Big-Data- und Analysebereich bei IBM, darunter allein vierhundert Mathematiker, wie IBM in seiner Pressemitteilung herausstellte, sollen künftig die Organisationen der Welt umkrempeln. Der damalige Twitter-Chef Dick Costolo münzte alle Anstrengung auf ein Ziel, nämlich Entscheidungsfindungen in Unternehmen zu vereinfachen. Wenn auch Watson, IBMs Expertensystem, das schon im amerikanischen Fernsehen die menschliche Quiz-Konkurrenz weit hinter sich ließ, lange kein großer wirtschaftlicher Erfolg für den Hersteller war, gilt doch, dass die Bauchentscheidung auf Basis eines Zeitungswissens im Management vieler Unternehmen aus dem Alltag verbannt wurde – und der Journalismus darauf keine Antwort fand, sondern so tat, als hätte sich nichts geändert.

Nun lesen also nur noch interessierte Freizeitleser – nämlich

Rentner – Zeitungen, weil sie als Einzige noch eine Vorstellung von einer Arbeitswelt ohne Informationstechnologie haben. Sie unterstellen den Zeitungen, darüber zu informieren, was die Büros in den Chefetagen und ihre Vorzimmer bewegt. Schon dass der Chef nicht seine Mitarbeiter überwacht und befehligt, sondern von ihnen – wie Niklas Luhmann es nannte – unterwacht wird, stand nie in der Zeitung. Obwohl dort viele Sozialwissenschaftler als Journalisten arbeiten, die wissen, dass Organisationen aus mehr als Chefetagen bestehen. Darüber, wie sehr die Chefs heute von Informationstechnologien abhängig sind, können die Zeitungen nicht informieren. Dafür fehlt den Redaktionen die Kompetenz.

Weder Politiker noch Unternehmenslenker sind heute noch essenziell auf die Arbeit von Zeitungsredaktionen angewiesen. Also hat Thomas Lindner bei genauer Betrachtung wohl doch recht, wenn er Zeitungslektüre in Zukunft als Freizeitbeschäftigung sieht. Die »Frankfurter Allgemeine Zeitung« stünde dann tatsächlich im Konkurrenzkampf mit Facebook. Aber Facebook würde Thomas Lindners Kritik am Internet gar nicht bestreiten wollen, sondern sie nur etwas geraderücken: Aufmerksamkeit bleibt das knappe Gut. Um sie und um nichts anderes wird gerungen. Gewinnen kann in der Aufmerksamkeitsökonomie allerdings nur einstreichen, wer auch tatsächlich als vertrauenswürdiger Absender verlässlicher Informationen gilt.

Wir haben bereits darauf hingewiesen, wie wenig Medienmacher, Medienkonsumenten und Medienwissenschaftler über das Vertrauen im Journalismus wissen. Abgesehen von abstrakten, aber brauchbaren (und ebenso streitbaren) Theorien der soziologischen Systemtheorie zum Vertrauen in der Gesellschaft wissen wir über massenmediale Kommunikation – als einseitige Informationsvermittlung unter Unbekannten – jedoch fast nichts. Wir können nur feststellen, dass es massenmediale Kommunikation gibt und dass wir uns an sie gewöhnt haben. Glaubwürdigkeitsbekundungen hin oder her, die Bedeutung von Gewohnheiten darf man nicht übersehen.

GLAUBWÜRDIGKEIT UND NUTZERVERHALTEN

Die Verwirrung, die der Medienwandel mit sich bringt, lässt sich sehr gut an der mehr oder weniger internen Debatte des öffentlich-rechtlichen Rundfunks nachvollziehen. 2015 gab es dazu drei interessante Wortmeldungen des ZDF-Intendanten Thomas Bellut, des ZDF-Chefredakteurs Peter Frey und des »heute-Journal«-Moderators Claus Kleber.

Am 3. Juli 2015 besprach Thomas Bellut in der »Frankfurter Allgemeinen Zeitung« eine Studie der Forschungsgruppe Wahlen.[33] Der Verein, der hauptsächlich das ZDF berät und die Wahlsendungen des Senders betreut, wurde vom ZDF mit einer Umfrage zur Glaubwürdigkeit der Medien beauftragt. In den vorangegangenen Monaten hatten nicht nur die »Lügenpresse«-Rufe der Pegida-Anhänger, sondern auch Aktivitäten von privaten Initiativen, beispielsweise der »ständigen Publikumskonferenz der öffentlich-rechtlichen Medien«, die Sender beschäftigt. Bellut betonte nun in seinem Text, dass er das Verlangen nach einer »wissenschaftlichen Untermauerung in der Debatte« sehe. Eine »große Mehrzahl« der in Deutschland Lebenden schreibe den Medien Glaubwürdigkeit und Unverzichtbarkeit zu, lautete das erste Ergebnis in Belluts Text. Die lokalen und überregionalen Tageszeitungen »beeindrucken« im Feld der etablierten Medien mit einer »Führungsposition« in der Glaubwürdigkeit. Die Befragten gaben Noten von -5 bis +5. Die überregionalen Tageszeitungen erhielten die Note +2,4. Das öffentlich-rechtliche Fernsehen schnitt mit +2,0 gut ab, private Fernsehsender erhielten mit +0,1 deutlich schlechtere Werte. Die sozialen Medien »wie Twitter und Facebook« wurden mit -1,4 »besonders schlecht bewertet«, schrieb Bellut. Nur die Boulevardpresse lag mit einer Bewertung von -2,0 noch hinter ihnen. Das sei an Deutlichkeit überraschend, schrieb Bellut, »zumal in dieser Bewertung alle Befragten ausgeschlossen sind, die mit den sozialen Medien nichts anfangen können«. Die sozialen Medien würden »offenbar« von ihren Nutzern als »Meinungs- und Protestmedien« verstanden, schrieb er weiter. Die Ergebnisse der Studie »geben keinen Hinweis für eine grundlegende Glaubwürdigkeitskrise« der Medien, lautete Belluts abschließendes Urteil.

Den interessanten Widerspruch in den Zahlen ließ der ZDF-Intendant allerdings außer Acht, er erwähnte ihn nur beiläufig: Die hohe Glaubwürdigkeit der Tageszeitungen kommentierte er mit dem Satz: »Sinkende Auflagen haben nichts mit einem Vertrauensverlust zu tun, sondern offenbar mit einem veränderten Nutzungsverhalten.« Um am Ende zu konstatieren: »Das Publikum unterscheidet offenkundig die Quellen seiner Informationen nach dem Kriterium der Glaubwürdigkeit.« Die Aussage stimmt, sie lässt sich mit Zahlen belegen. Allerdings bedeutet sie dann genau das Gegenteil dessen, was Bellut eigentlich sagen wollte. Sollte sich das Nutzungsverhalten des Publikums tatsächlich am Kriterium der Glaubwürdigkeit ablesen lassen, würden davon ausgerechnet jene Medien profitieren, denen besonders wenig Glaubwürdigkeit zugesprochen wird.

Thomas Bellut ging auf diesen Widerspruch nicht ein. Wenige Wochen vorher nannte Belluts Erster Nachrichtensprecher, Claus Kleber, dagegen die interessanten Zahlen zum Nutzungsverhalten.[34] Am Abend des Tages des Terroranschlags auf die französische Satire-Zeitschrift »Charlie Hebdo« am 7. Januar 2015, eines »spannenden, außerordentlichen Tages« für Nachrichtenmacher, sahen laut Kleber insgesamt 26,7 Millionen Menschen in Deutschland Nachrichten im öffentlich-rechtlichen Programm und bei RTL. »Ein erfolgreicher Tag, glauben Sie? Nein. Es sieht nur erfolgreich aus, wenn man sich an der Gesamtzahl berauscht. Aber hinter den Zahlen steckt ein gewaltiges Problem«, fuhr Kleber fort. Die Mehrheit der Zuschauer war älter als 65 Jahre. Nicht einmal zwei Millionen Menschen unter vierzig Jahren schauten an diesem Abend bei wenigstens einer der Nachrichtensendungen zu. Der Anteil der jungen Zuschauer sei »verschwindend gering«, sagte Kleber. Diese Altersgruppe sei »unversorgt von einer, wie wir sagen würden, anständigen Nachrichtenversorgung«. »Wir reden hier nicht über Kids. Wir reden über 14- bis 39-Jährige. Das sind Menschen, die voll im Leben stehen, die professionell arbeiten, die Familien haben und die eigentlich unser Publikum sein sollten«, sagte Kleber. Auf die Frage, wie diese Menschen die Informationen des Tages erhielten, hatte Kleber eine einfache Antwort: »Das Informationsmedium dieser Altersgruppe sind die sozialen Medien.«

Die hohen Glaubwürdigkeitswerte für die öffentlich-rechtlichen Sender, die Bellut hat messen lassen, und die schlechten Nutzerzahlen, unter denen Claus Kleber leidet, sind nicht auf einen Nenner zu bringen. Entweder stimmen die Zahlen nicht, was sich nur schwer überprüfen lässt, da die Studie der Forschungsgruppe Wahlen tatsächlich nur auf einer einfachen Telefonumfrage beruht, ohne Kontrollwerte oder gar ergänzende qualitative Forschung. Oder die Thesen und Theorien, die der Befragung zugrunde liegen, sind unbrauchbar.

Die Notwendigkeit, die deutschen Medienwissenschaften hinsichtlich der Forschungslücke »Vertrauen im Journalismus« zu sensibilisieren, untermauerte Peter Frey wiederum wenige Wochen vor Klebers Vorlesung bei einer Veranstaltung in Frankfurt am Main. Beim »Bürgergespräch«, das die »Frankfurter Allgemeine Zeitung« regelmäßig zu aktuellen Themen veranstaltet, sprach Peter Frey über die Glaubwürdigkeit des von ihm als Chefredakteur verantworteten ZDF-Programms.[35] Er betonte dabei eine »Renaissance der Akzeptanz der öffentlich-rechtlichen Nachrichten«, ohne zu thematisieren, dass sie von relevanten Bevölkerungsschichten fast vollständig ignoriert werden. Und er stellte heraus, dass man nicht übersehen dürfe, »dass die etablierten Medien schlau genug waren, sowohl im Internet als auch bei Twitter und bei Facebook sich zu verankern. Und sie machen dort einen Gutteil mittlerweile des Meinungsstroms aus.«

In seiner PR-Strategie steht sich das öffentlich-rechtliche Fernsehen also selbst im Weg. Thematisieren die Verantwortlichen der Sender Glaubwürdigkeit, grenzen sie sich von den sozialen Medien scharf ab. Reden sie vom Nutzerverhalten, betonen sie ihre Bedeutung in den sozialen Netzwerken. Um zu erahnen, wie sehr der Medienwandel die öffentlich-rechtlichen Medien innerlich zerreißt, muss man nicht tief in sie hineinschauen. Obwohl ihnen ein jährlicher Etat von acht Milliarden

Euro zur Verfügung steht, gelingt es den öffentlich-rechtlichen Sendern nicht, die Kluft zwischen der bewerteten Glaubwürdigkeit und dem gemessenen Nutzerverhalten zu schließen. Abgesehen von der Freude über die selbst gemessenen hohen Glaubwürdigkeitswerte kennen die Sender seit Jahren nur noch eine pragmatische Methode, um die Zuschauerzahl zu erhöhen und junge Menschen vor den Fernseher zu locken: Sie kaufen Übertragungsrechte von Sportveranstaltungen.

Die Rechnung dahinter ist leicht zu verstehen und dennoch erschütternd: Der Nachrichtenchef des ZDF, Elmar Theveßen, verfügt über 86 Millionen Euro pro Jahr. Das sind rund 4,3 Prozent des Jahresbudgets des Senders in Höhe von zwei Milliarden Euro. Aus diesem Topf werden sämtliche »heute«-Sendungen bestritten, Magazine und sogar die tägliche Prominenzberichterstattung im Vorabendprogramm. Im Vergleich dazu bezahlte das ZDF für die Übertragungsrechte der Champions-League-Saison 2014/15 fünfzig Millionen Euro. Von den insgesamt 214 Spielen von der Qualifikationsphase bis zum Finale durfte der Sender allerdings nur achtzehn Partien übertragen, also nicht einmal die Hälfte der 38 Spiele mit deutscher Beteiligung. Allein die Lizenzgebühren kosteten den Sender 30 000 Euro pro Sendeminute. Hinzu kamen die Ausgaben für die aufwendige Produktion, die Nachtarbeit erforderte und beträchtliche Honorare für Experten am Spielfeldrand bedeutete. Achtzehn Fußballspiele waren dem Sender ebenso viel wert wie die komplette Nachrichtenproduktion eines Jahres. Gebracht hat es wenig, der Altersschnitt des Senders sank nicht einmal unter die Marke von sechzig Jahren.

Geradezu abenteuerlich ist die nächste Zahl: Mehr als vierhundert Millionen Euro bezahlten ARD und ZDF für zwei Monate Fußballweltmeisterschaften in den Jahren 2018 und 2022. All die Zahlen hält der Sender eigentlich geheim. Sogar Elmar Theveßen kennt die Beträge nur aus seiner privaten Zeitungslektüre.[36]

Spricht man mit den Verantwortlichen der Sender, betonen sie ihren gesellschaftlichen Auftrag. Sie erwähnen zwar, wie etwa Claus Kleber, die Altersfrage, messen ihr aber nicht höchste Priorität bei. Schließlich haben auch ältere Menschen ohne Affinität zum Internet ein Anrecht auf mediale Versorgung. Das ist nicht zu bestreiten. Dabei betrifft die Altersfrage ganz besonders die öffentlich-rechtlichen Sender, die ja dem gesetzlichen Auftrag nachkommen müssen, sich um die Nachrichtenversorgung der gesamten Bevölkerung, also auch der Jungen, zu bemühen.

Das Fernsehen nimmt den Medienwandel insgesamt nämlich doch recht sportlich. Vor zwanzig Jahren, 1995, saßen die Deutschen im Schnitt 175 Minuten vor dem Fernsehgerät. Dieser Wert stieg kontinuierlich, durchbrach 2002 die 200-Minuten-Marke, hatte 2011 ihren Höhepunkt bei 225 Minuten und pendelt seit Jahren um diesen Wert. 2014 sahen die Deutschen im Schnitt 221 Minuten fern.[37] Die Älteren, Menschen ab fünfzig Jahren, reichten fast an die 300-Minuten-Marke heran. Die Jüngeren, zwischen vierzehn und 29 Jahren alt, schauten im Durchschnitt 124 Minuten pro Tag. Die 30- bis 49-Jährigen – die Claus Kleber bei seinen Nachrichtensendungen als vermisst meldete – schauten täglich immerhin 218 Minuten fern, fast dreieinhalb Stunden pro Tag. In der Aufmerksamkeitsökonomie ist das Fernsehen also noch immer ein gewaltiger Leuchtturm, mit hohen Nutzungszahlen.

In den vergangenen zwanzig Jahren, in denen der Fernsehkonsum im Schnitt um ein Siebtel anwuchs, schnellten deshalb auch die Werbepreise nach oben, von sieben Euro auf knapp sechzehn Euro. So viel müssen Werbetreibende aufwenden, um tausend Fernsehzuschauer für dreißig Sekunden zu erreichen.

Der Sender ProSieben hat es sogar geschafft, seinen Altersschnitt seit mindestens zehn Jahren zwischen 36 und 38 Jahren pendeln zu lassen. Das ist ein umworbenes, weil zahlungsfähiges, experimentierfreudiges und erlebnishungriges Publikum, obendrein sogar jünger als der deutsche Durchschnittsnutzer bei Facebook. Zwar liegt Facebooks Nutzerzahl weit höher. Aber Fernsehsender wollen die Aufmerksamkeit ihrer Zuschauer auch nicht nur für ein paar Sekunden erregen, sondern über Minuten und Stunden binden, und sei es nur peripher.

Dass sich das Nutzerverhalten grundlegend verändert habe und dass junge Menschen, die öffentlich-rechtliche Nachrichten meiden, stattdessen ständig Nachrichten bei Twitter oder Facebook lesen, lässt sich demnach nicht ohne weiteres behaupten. Claus Kleber, Peter Frey und Thomas Bellut könnten sich also nicht nur gegenseitig widersprechen, sondern gemeinsam grundsätzlich falsch liegen, wenn sie über das Medienverhalten der Deutschen sprechen. Das gilt auch für den ZDF-Nachrichtenchef Elmar Theveßen. Er sagte im Sommer 2015: »Man kann klar sagen, dass es diesen Eskapismus gibt, die Mehrheit der Menschen flieht vor komplexen Dingen. Das kann man auch im Alltagsgeschäft sehen, da fahren sie Slalom, um die Nachrichten herum.«[38]

Solche Aussagen zum Nutzungsverhalten der deutschen Bevölkerung helfen uns nicht weiter. Vielleicht – aber auch das ist wieder nur eine amerikanische Idee, die sich wie so viele hierzulande einfach ignorieren lässt, während man sich an überholte Gewohnheiten klammert – sollte man beim Nachdenken über die Medien und Nachrichtensysteme doch noch einmal von vorne beginnen. Einer der Texte, die 2015 die amerikanische Debatte bestimmt haben, beinhaltet eine ganz einfache These: »Das nächste Internet ist Fernsehen«.[39] Stimmt sie, was wir noch nicht wissen, wäre das soziale Netz nur eine weitere Form der medialen Berieselung und Unterhaltung, wie das Fernsehen der vergangenen Jahrzehnte. Man müsste also allenfalls die Zahlen zum Nutzungsverhalten im Netz und vorm Fernseher summieren, die Organisationen, die die Inhalte bereitstellen, neu ausrichten und hoffen, dass die Werbebudgets hoch bleiben – wonach es derzeit aussieht.

Vielleicht sollte man sich des etwas kniffligen Konzepts der Glaubwürdigkeit also einfach entledigen. Befreit von seiner normativen Aufladung, könnte man darüber sprechen, worum es tatsächlich geht: Akzeptanz.

SERIOSITÄT ALS STUDIERTE PERFORMANCE

Nun ja, auch hier wird es knifflig. Niklas Luhmann konnte an einer solchen Stelle seine Leser bitten, nicht zu schnell verstehen zu wollen. So möchte ich es nun auch einmal halten: Die Irritation soll kurz etwas mehr wert sein als das Verstehen, damit ich den Spieß umdrehen und zuerst eine These formulieren kann, ehe ich sie begründe. Ich werfe also das Kind in den Brunnen: Der Anspruch auf Glaubwürdigkeit im journalistischen Umgang mit Nachrichten ist heute nichts weiter als nutzlose Selbstherrlichkeit, und die Methode *Seriosität* ist eine Beleidigung des modernen Lesers.

Eine Anekdote: Wenn im April eines Jahres neue Volontäre zur »Frankfurter Allgemeinen Zeitung« kamen, begann ihre Arbeit in einer abgeschiedenen Ecke des ersten Stockwerks, das schusssicher gebaut war, weil dort Fernsehstudios eingerichtet werden sollten, die heute Abstellkammern sind. Es geht dort also sehr ruhig zu. Die zweijährige Ausbildung der Jungredakteure beginnt mit einer achtwöchigen Heranführung an den praktischen Journalismus. In dieser Zeit lernt man allerdings nichts – und ich meine: nichts –, was sich nicht auch in drei Tagen lernen ließe. Die Heranführung der Zöglinge an die Zeitung verläuft geruhsam, als wollte man ihnen erst einmal die Hektik ihres eigenen Medienkonsums austreiben, beziehungsweise sollen die Neuen mit ihrer Neugier erst einmal nicht die Abläufe des Hauses stören. Da alle anderen mit der Zeitungsproduktion beschäftigt sind, betreut der letzte Korrekturleser der Politik-Redaktion die Nachwuchsjournalisten. Er erklärt, was es mit der Zeitung auf sich hat. Es beginnt mit dem gemeinsamen Lesen der Zeitung, dann folgen Einführungen in die zuweilen jahrzehntealte Computer-Software, mit der die Zeitung gemacht wird. Nur eine der gefühlt endlosen Wochen Vorbereitung auf den Alltag in der Redaktion bedeutet Abwechslung. In dieser besucht ein Urgestein des Nachrichtenwesens, Peter Sturm, in der Redaktion zuständig für fernöstliche Außenpolitik, die Volontäre und schreibt mit ihnen Meldungen.

Es geht dabei nicht nur darum, am laufenden Band Agenturstücke auf unterschiedliche Längen zu bringen oder allgemeine Regeln zu beachten, also alle W-Fragen zu verarbeiten und den ersten Satz im Perfekt zu schreiben. Es geht auch darum, sich schreibend den Ton der F. A. Z. anzueignen. Abkürzungen sind beispielsweise verboten, statt »über« schreibt man besser »mehr als«, statt »mehrfach« besser »mehrmals« und so weiter. Die Liste der Tipps, gewöhnliche Alltagssprache in eloquente Zeitungssprache zu verwandeln, ist lang. Jeder Volontär wird auf sie hingewiesen oder bekommt sie gleich ausgedruckt in die Hand. Zu Recht: Man meint schließlich nicht das »letzte« Jahr, sondern das »vergangene«, in dem sich nicht ein »Ex-US-Präsident« in die »Präsidentschaftswahlen« »einmischte«. Man schreibt über einen »ehemaligen amerikanischen Präsidenten«, der etwas zur »Präsidentenwahl« »sagte«. Für den 35 Zeichen langen »ehemaligen amerikanischen Präsidenten« muss Platz sein, auch wenn in den übrigen 418 Zeichen einer Zwölf-Zeilen-Meldung für die »Politik 1« – der Aufmacherseite der Zeitung – noch Weltbewegendes erklärt und eine Ortsmarke, das Datum und ein Autorenkürzel untergebracht werden müssen.

Wie das geht, lernt man bei Peter Sturm. Das Prinzip zu verstehen heißt allerdings auch, es zu durchschauen. An einem der Tage, die wir Volontäre im April 2012 mit Peter Sturm verbrachten, testete Indien eine Rakete, die als Waffenträger jeden Ort in China erreichen konnte. Als wir von der Mittagspause zurückkehrten, saß Sturm bereits im Volontärsraum am Computer und schickte uns ohne lange Begründung noch einmal für eine halbe Stunde vor die Tür. Wie sich am nächsten Morgen herausstellte, schrieb er in dieser kurzen Zeit sowohl eine ausführliche Nachricht zum Raketentest als auch ein Hintergrundstück, das den Vorfall in die politische Gemengelage Fernost einordnete. Das war das Zauberstück, das wir auch erlernen sollten. In wenigen Minuten einen Sachverhalt und fünf interessante Aspekte in einem Text mit definierter Länge unterzubringen und ihn so zu schreiben, dass er für den Leser stolperfrei auf einer Zeitungsseite mit anderen Texten zu anderen Themen untergebracht werden kann. Es geht dabei ausschließlich um Performance, um die ästhetische Gestaltung eines Textes, die den Inhalt betont und den Autor als Botschafter der Nachrichten negiert – »just-the-facts-news«, wie es Claus Kleber in seiner Vorlesung fürs Fernsehen nennt.

Dass sich Peter Sturm und alle anderen Nachrichtenschreiber diese Arbeit auch sparen könnten, schien 2012 undenkbar. Die meisten Leserbriefe, die in den verschiedenen F. A. Z.-Konferenzen laut vorgetragen werden, befassen sich mit der Sprache der Zeitung. Über Jahre und Jahrzehnte wuchs unter den Redakteuren der Stolz auf ihre trockene, nüchterne Art. Für Volontäre dauerte das gemeinsame Redigieren beispielsweise in der »Rhein-Main«-Zeitung, dem Lokalteil der F. A. Z., häufig länger als das Schreiben der Texte. Die Ausbildungsredakteure hatten für jede Wortwahl und für jeden Halbsatz einen anderen Vorschlag, den sie den Redakteuren in Ausbildung als Verbesserung unbedingt in den Text schreiben wollten.

Doch plötzlich, 2014, wurde es im deutschen Journalismus zum Trend, den Inhalt einer Nachricht von seiner aufwendigen Darbietung mittels raffinierter Sprache zu trennen. In Frankfurt tat man es noch nicht, aber in München und Hamburg. Im Oktober des Jahres richtete sich der Chefredakteur des Onlineangebots der »Süddeutschen Zeitung«, Stefan Plöchinger, an seine Leser: »Liebe Leserin, lieber Leser, wenn Sie zu uns kommen, dann wollen Sie das Wichtigste erfahren, was die Welt gerade bewegt. Verlässlich, gut eingeschätzt, so kurz wie möglich, so lang wie nötig.« Plöchinger hatte eine Innovation parat. Auf die Zerstückelung der Zeitung in einzeln vermarktbare Texte folgte die Entdeckung, dass sich sogar einzelne Texte noch fragmentieren ließen – schließlich habe jede Nachricht, so Plöchinger, einen »Wesenskern«. Statt der vollständigen Nachricht sollte es fortan um ihren Kern gehen.

Auf die Überschrift des Briefs an die Leser – »So kommen Sie schneller zum Kern der Nachricht«[40] – folgte Plöchingers Hinweis, dass nun jeder Nachricht auf »sueddeutsche.de« drei Stichpunkte vorangingen. Er verstand es als Erlösung des Lesers vom Text. Auf ausformulierte Stücke verzichtete die Redaktion zwar nicht. Aber in mancher Eilmeldung fällt der Text inzwischen kürzer aus als die Stichpunkte, die ihm vorangehen.

Im März 2015 zog der Chefredakteur von »Spiegel Online«, Florian Harms, nach. Ausgerechnet auf Twitter verkündete er, dass »die These des gelesenen Textes« nun auch noch einmal »auf einen Blick« unterhalb eines Textes zu finden sei.[41] Daraufhin entspann sich ein lustiger Wortwechsel. Denn die erste Reaktion, die Harms darauf erhielt, war ein Tweet mit der Frage: »Warum darunter und nicht oben drüber?« Die Antwort darauf fiel Harms leicht, denn »oben« stehe ja bereits »der Teaser«. Doch die Idee, dass sein Publikum »erst mal lesen« werde und dann die »gedankliche Quintessenz mitnehmen« solle, indem es erst nach der Lektüre des gesamten Texten auf die Zusammenfassung zugreift, verstanden seine Twitter-Follower nicht. »Mh, macht auf Mobile für mich aus dem Bauch heraus eher andersrum Sinn. Kurze Summary direkt mitnehmen, lange lesen dann später«, lautete die Reaktion eines Lesers bei Twitter. Dass *später lesen* häufig *gar nicht lesen* bedeutet, versteht sich von selbst.

Damit wurde den Zeitungsjournalisten im Netz sogar der Text genommen. Man möchte sich nicht mehr die Zeit nehmen, ihn zu schreiben oder zu lesen. Die Methoden der Glaubwürdigkeitsdarstellung, eloquent Sachverhalte darzustellen und Fragen zu beantworten, fielen dem Kampf um Aufmerksamkeit zum Opfer. Lieber in Twitterlänge präsent sein als gar nicht, lautet die Devise. Damit ging nach der Autorität der Autoren auch die Bedeutung ihrer Leistung verloren. Dass Fakten überhaupt noch aufgeschrieben werden, spielt immer seltener eine Rolle im Nachrichtengeschäft. Stichworte genügen. Die Beschreibung einer Quelle, die kunstvolle Verbindung zweier Gedanken, die Einbettung eines Datums in seinen Kontext, die Verknüpfung von Etappen einer Entwicklung oder die erinnernde Nennung von etwas Relevantem, aber nicht Aktuellem sind nur noch Dekoration – für die das Interesse der *Nutzer*, vom *Leser* lässt sich tatsächlich ja nicht mehr sprechen, angeblich schwindet. Was nicht mehr verlangt wird, wird auch nicht mehr dargeboten. Wie sich Angebot und Nachfrage jedoch tatsächlich zueinander verhalten, und was zuerst abhandenkam, bleibt dabei ungeklärt. Wie so vieles, geschieht auch diese Entwicklung im alltäglichen redaktionellen Blindflug.

Noch werden Zeitungen aber gedruckt, und in ihnen spielt der Text noch eine größere Rolle als ihr auf Stichworte verkürzter Kern im Netz. Wendet man sich den ausformulierten Ausführungen zum Thema Glaubwürdigkeit in Zeitungen zu, hellt sich das Bild allerdings nicht auf – es verdüstert sich!

DER JOURNALIST ALS AKTIVIST UND ZUSCHAUER

Am 8. Juli 2015, drei Tage nach dem dramatischen Referendum zur Eurokrise in Griechenland, schrieb die »Süddeutsche Zeitung« in einem ihrer drei Stichpunkte vor jedem Text: »Medien und Wissenschaft dürfen politisch keine Partei ergreifen«.[42] Worum es inhaltlich im Text ging, wusste man an dieser Stelle natürlich noch nicht. Es lag aber schon nahe, dass Glaubwürdigkeit ein Thema des Textes sein könnte. Die wichtigere Einladung, den Text tatsächlich zu lesen, war ohnehin der Name des Autors – Andrian Kreye, seit neun Jahren Leiter des Feuilletons der Zeitung. Kreye, so schrieb er im ersten Satz, sei auf ein »Mem« aufmerksam geworden. Damit meinte er, das schrieb er im zweiten Satz, ein »Internetfundstück, das in wenigen Stunden oder Tagen Tausende oder gar Millionen Mal weltweit verbreitet wird«.

Was Kreye seinen Lesern eigentlich sagen wollte, war, dass Thomas Piketty – der französische Ökonom, der mit »Das Kapital im 21. Jahrhundert« ein aktuelles Wirtschaftsbuch und einen weltweit beachteten Bestseller vorgelegt hatte – mit Kollegen der universitären Wirtschaftswissenschaften in Sachen Griechenland einen offenen Brief an die Bundeskanzlerin schrieb. Kreye sah darin einen »besonders interessanten Fall«, weil Piketty »die Methoden der traditionellen intellektuellen Debatte mit der Dynamik des Internets verknüpfte«. Das schien für Kreye der entscheidende Punkt, an dessen Nennung er seine Kritik anhängte: »Der Brief selbst ist wissenschaftlich fundiert und klug argumentiert. Die Methode, mit der er in globalen

Umlauf kam, ist raffiniert, aber ethisch fragwürdig.« An dieser Stelle bleibt dem Leser nur, Kreye blind zu vertrauen, denn auf den Inhalt des Briefes ging Kreye mit keinem Wort, geschweige denn mit einem Zitat, ein. Ihm war seine eigene Pointe wichtiger: »Wenn sich Medien und Wissenschaft als Aktivisten verstehen, haben sie ihre gesellschaftliche Rolle verspielt.«

Dem Leser stellten sich nach der Lektüre mindestens zwei Fragen. Erstens: Von welcher »gesellschaftlichen Rolle« sprach er? Zweitens: Was sind die »Methoden der traditionellen intellektuellen Debatte« heute noch wert? Und hätte man, drittens, nicht doch zum Brief selbst auch noch etwas sagen sollen? Auf Twitter bezeichnete der Journalist Stefan Niggemeier Kreyes Appell an die Ökonomen, politisch zurückhaltend zu publizieren, vor 80 000 Followern als »steile These«.[43] Und er fragte wenige Minuten später witzelnd nach, was wohl Kreyes Kollegen in der Politik-Redaktion der »Süddeutschen Zeitung«, Stefan Kornelius und Heribert Prantl, von der Haltung ihres Cheffeuilletonisten hielten.[44] Woraufhin dieser wiederum am nächsten Morgen mit einem zweiten Text zum offenen Brief Pikettys reagierte.[45] In diesem zitierte Kreye zumindest an einer Stelle aus dem Brief der Professoren ans Kanzleramt: Die Autoren beschrieben die gesellschaftliche Situation Griechenlands als Folge europäischer Politik, so drastisch ungestraft, wie es sich die deutschen Journalisten bis dahin nicht erlaubt hatten: »40 Prozent der Kinder leben nun in Armut, die Kindersterblichkeit schießt in die Höhe, und die Jugendarbeitslosigkeit liegt bei fast 50 Prozent«.

Die so auf den Punkt gebrachte und eher chronistenpflichtig beschriebene als ökonomisch diskutierte griechische Wirklichkeit verleitete Kreye allerdings nicht zum Umdenken. Der Brief bleibe trotz inhaltlicher Dramatik »Mittel des politischen Aktivismus, der die Analyse dem rhetorischen Angriff unterstellt«. Die »politischen Forderungen« der Autoren drohten, deren akademische Arbeit zu »schwächen«. Mit dem »Einstieg in die politische Arena beraubt sich die Wissenschaft ihrer stärksten politischen Waffe: des wissenschaftlichen Arguments«, schrieb Kreye, und er fügte noch an: »Wissenschaft erforscht die Wirklichkeit, Politik gestaltet sie.« Wem dies nicht »bewusst« sei, ob Wissenschaftler, Richter oder Journalist, opfere seine Funktion als »neutrale Instanz«. Und zum Abschluss fragte Kreye die Autoren des Briefes warnend, was es wohl bedeute, »wenn ihre Studien nur noch von jenen ernst genommen werden, deren Meinung sie bestätigen«.

Die Kernfragen, die Kreye unabsichtlich aufwarf, haben wir schon beantwortet: Die Methoden der »traditionellen intellektuellen Debatte« gelten nur noch wenig. Politische Wahlkämpfe haben sich schließlich von medialen Debatten gelöst, sofern die Wahlkämpfer sie nicht steuern. Wähler informieren sich längst nicht mehr in langen Zeitungstexten über den politischen Stand der Dinge. Fernsehnachrichten begnügen sich damit, die Erzählungen von politischen Protagonisten abzufilmen, ohne sie zu hinterfragen. Und Politiker im Ministeramt stellen Zeitungen als zu aussagenlos und kraftlos dar, als dass sie von ihrer Lektüre noch profitieren würden.

Über den Einfluss von Algorithmen, die redaktionelle Denkarbeit ersetzen, muss man hierbei noch gar nicht sprechen. Man kann es trotzdem kurz tun: Ironischerweise entlarvt ausgerechnet der Algorithmus, mit dem das Redaktionssystem der »Süddeutschen Zeitung« seinen Lesern automatisiert Texte empfiehlt, Kreyes absurde Ausführungen. Unter Kreyes erstem

Text, der die Akademiker zur Zurückhaltung aufruft, wird nämlich auf ein politisches Philosophenstück hingewiesen. Wenige Wochen zuvor, im Juni, schrieb Jürgen Habermas in der »Süddeutschen Zeitung« auch einen offenen Brief ans Kanzleramt, und im letzten Absatz kam er auf den Journalismus und dessen hohes Gut, die Glaubwürdigkeit, zu sprechen: »Zur postdemokratischen Einschläferung der Öffentlichkeit trägt auch der Gestaltwandel der Presse zu einem betreuenden Journalismus bei, der sich Arm in Arm mit der politischen Klasse um das Wohlbefinden von Kunden kümmert.«[46] Treffer, versenkt!

Kreye verteidigte die Bedeutung der Glaubwürdigkeit für den Journalismus nicht. Er konnte lediglich beteuern, dass es sie noch gebe. Elaborierter und eloquenter, aber auf Linie Kreyes, äußerte sich zur selben Zeit im Juli 2015 auch Jürgen Kaube, Feuilleton-Herausgeber der F. A. Z. In seiner Dankesrede für den Ludwig-Börne-Preis machte er allerdings einen Bogen um die Gegenwart und stahl sich zurück ins Jahr 1818.[47] In diesem Jahr brachte Börne »Die Waage. Eine Zeitschrift für Bürgerleben, Wissenschaft und Kunst« heraus und wurde durch sie, so Kaube, der »erste deutsche politische Feuilletonist«. Im selben Jahr, führt Kaube aus, begann G.W.F. Hegel seine Vorlesung über Rechtsphilosophie in Berlin. Sie befasste sich mit der auch heute aktuellen Frage, wie wir uns mit dem befassen, was uns betrifft. Es ist heute eine praktische, geradezu handwerkliche Frage, aber wie zur Zeit Hegels bereits eben auch eine philosophische. »Philosophie sei ›ihre Zeit, in Gedanken erfasst‹, und ihre Aufgabe sei ›das, was ist zu begreifen‹«, erinnert uns Kaube auszugsweise an Hegels Eröffnungssatz.

Kaube weiter: »Vielleicht kann man das so übersetzen: Die Gegenwart kann nur begreifen, wer sie weder flieht noch ihr ausgeliefert ist. Wer seine eigene Zeit verstehen will, darf nicht in ihren Tageskampf verstrickt sein, aber er muss ihn kennen.« Diese Übersetzung Hegels Worte lässt sich auch als weiterer Abschiedsbrief an Frank Schirrmacher, Kaubes Vorgänger, lesen, der, so unterstellt, mit »Angstlust« den Neuigkeiten hinterherhetzte, die die Gesellschaft schon morgen ins Nichtwiedererkennbare zu verwandeln drohten, obwohl doch diese alarmierte Eile allenfalls auf eine persönliche »Präferenz für Unruhe, Wandel, Neuigkeit« zurückgehe, während sich die Welt selbst »im Wesentlichen wenig« über Nacht verändere. Kaube sieht nicht nur Journalisten, sondern Autoren aller publizistischen Berufe auf einem Irrweg, wenn sie der »Vorstellung« anhingen, »durch Ausrufung von Neuigkeiten den Gang der Dinge selbst zu beeinflussen«. Es sei gerade keine Nachlässigkeit, sondern »Vorteil des Journalisten wie des Wissenschaftlers (…) Zuschauer bleiben zu können«. Denn: »Journalismus ist Zuschauen als Beruf.« Kaube führt es für die Moderne im Detail aus: Der Journalist sitze »auf der Seite des Publikums«, »des Steuerzahlers, des Patienten, der Schüler oder der Konsumenten. Nimmt man all diese Publika zusammen, erhält man den Begriff der Öffentlichkeit.«

Wir müssen Kaube nicht widersprechen, sondern pflichten ihm bei, dass Journalismus, der sich selbst als Teil des Staates, des Gesundheitssystems, der Bildungseinrichtungen und der Wirtschaft versteht, seine eigentliche Aufgabe verkennt. Kaube weiß allerdings, dass sein vornehmes Zurücknehmen journalistischer Ansprüche allenfalls in Dankesreden von Kanzeln, aber nicht im Alltag schlüssig erscheint. Denn die Leistungs- und Publikumsrollen sind in der Gesellschaft nicht im einfachen *hier* die einen, *dort* die anderen organisiert. Der Journalist kann sich folglich nicht so einfach bei den einen und bloß nicht bei den anderen verorten.

Der angesprochene Patient, der auf einen Arzt angewiesen ist, kann Lehrer sein, auf den Schüler angewiesen sind. Und der Steuerzahler, der den Staat bezahlt, kann eben auch ein Verkäufer sein, der von Kunden bezahlt wird. Nehmen wir nur die hier interessante Politik: Bürger wählen Politiker, Politiker beauftragen Beamte, Beamte verordnen Bürgern, Bürger wählen Politiker. Die Gesellschaft ist nicht als Hie-und-da-Hierarchie organisiert, in der sich der Journalist als Zuschauer zu den Bürgern unten gesellt und die Politik oben beobachtet. Die prägende Metapher der modernen Gesellschaft ist der Kreislauf. Es geht zirkulär zu. Journalisten, die als Chronisten in der Gesellschaft Orientierung bieten wollen, finden weder einen Anfang noch ein Ende, also auch keine teilnahmslose Mitte, in der sie sich als bloß zuschauend niederlassen könnten. Zum Publikum des Journalisten gehören Bürger, Beamte und Politiker, nicht zahlenmäßig gleich verteilt, aber von Bedeutung gleichermaßen. Die Vorstellung einer »neutralen Instanz« (Kreye) oder des unbeteiligten »Zuschauers« (Kaube) ist Selbstbetrug, herbeigeredet mit den unhaltbaren Begriffen »Objektivität«, »Seriosität« und »Neutralität«. Das einzige Wirkmittel gegen persönliche Präferenzen der journalistischen Beobachter in der Gesellschaft ist, und deswegen wird sie sehr gepflegt, die Pluralität der Publizisten.

Man muss also gar nicht über Facebook, Twitter und Google sprechen, um die Probleme des heutigen Journalismus benennen zu können. Die Sonderstellung in der Gesellschaft, die sich Journalisten zuschreiben, ruhte auf einem technischen Vorsprung – sie waren die Bürger mit Druckerpressen und Rundfunksatelliten. Heute beanspruchen diesen Platz andere, wieder mit dem Argument des Technikvorsprungs. Sich auf die Behauptung zurückzuziehen, besser beobachten zu können, nämlich objektiv, neutral und seriös, reicht dem Publikum offenbar nicht. Schlimmer noch: »Objektiver Journalismus« sei »Betrug«, behauptete Glenn Greenwald Anfang 2014 in einem Interview.[48] Diese Aussage kam nicht salopp und spontan, sondern wohl überlegt. Monate zuvor, im Dezember 2013, war er von Kollegen in Deutschland scharf angegriffen worden, nachdem er in einem vielbeachteten Vortrag beim 30. Chaos Communication Congress in Hamburg von »Wir« gesprochen hatte. Er habe sich in seinem einstündigen Monolog zur Überwachungsgesellschaft mit »den anwesenden Hackern gemein gemacht«, kritisierten Patrick Beuth und Kai Biermann.[49] In ihren Ohren wirkte Greenwalds Rede nämlich so, »als sehe er sich nicht mehr als Teil der Medien, nicht mehr als Journalist«, sondern als Aktivist. Mit keinem Wort gingen Beuth und Biermann in ihrem eilig geschriebenen Text der Frage nach, wo sie eigentlich das Problem sahen – als ob die Formulierung »überschreiten einer Grenze« bereits als Erklärung ausreiche. Sie stellten sich lediglich im letzten Absatz die Frage: »Ist es also überhaupt verwerflich, dass Greenwald selbst die Grenze zwischen Journalismus und Aktivismus nicht mehr klar zieht? (…) Braucht es Journalisten, die auch jenseits ihrer Artikel und Berichte für etwas eintreten?«

Eine Stunde vor Mitternacht publizierten die beiden ihren Text, was dazu führte, dass etliche Kollegen, die aus inhaltlichem Interesse zur Veranstaltung gefahren waren, noch am selben Tag von ihren Redaktionen gebeten wurden, sich doch zum nächsten Morgen mit denselben Fragen zu beschäftigen.

Was für ein Theater! Am nächsten Morgen kamen etliche Kollegen, auch ich, der Bitte ihrer Redaktionen nach. Vor lauter Freude über die Resonanz auf ihren Text legten Beuth und Biermann auch selbst noch einen weiteren nach. Sie eröffneten ihn so: »Was ist ein Journalist, was eine Journalistin? Was ist ein Aktivist, was eine Aktivistin? Gibt es eine Grenze zwischen beiden Seiten und wenn ja, wo liegt sie?«[50] Aus Andrian Kreyes zweitem Text über den appellierenden Brief der Ökonomen wissen wir: »Die Grenze zwischen wissenschaftlicher Beratung und politischer Aktion ist kein Graubereich.« Wahrscheinlich gilt dies für die Grenze zwischen Aktivismus und Journalismus allemal. Von Kaube wissen wir wiederum, dass sich der Journalist durchaus zum politischen Publikum zählen dürfe. Man könnte diese Debatte also immer wieder von vorn aufrollen und endlos fortführen.

Oder vernünftigerweise einsehen: Wenn Glenn Greenwald von der weltweiten Überwachung aller Kommunikation durch zahlreiche Geheimdienste spricht, dann zählt er sich in dieser Erzählung zum betroffenen Publikum. Er ist als Journalist von ihr betroffen, ebenso als Ehemann, Patient, Konsument und Tourist. Wer wollte ihm verbieten, darüber öffentlich zu sprechen? Und das gilt nicht nur im Speziellen: Wann ist ein Journalist tatsächlich einmal unbeteiligt? Und falls ihn ein Thema wirklich mal nicht tangiert, warum sollte er sich ausgerechnet dann dafür interessieren?

Wozu der Wirbel, fragt man sich, da auch Beuth und Biermann in ihren Texten bestätigen, Greenwald berichte »sachlich, lässt alle Seiten zu Wort kommen, er hält sich an klassische journalistische Standards«. Der Aufruhr hatte seinen versteckten Grund: Mit der Glaubwürdigkeit als Qualitätsmerkmal ging den Journalisten das letzte Alleinstellungsmerkmal gegenüber allen anderen gewollt öffentlichen Kommunikationen verloren – betrieben von Unternehmen, Gewerkschaften, Parteien und sonstigen Organisationen, die auf seriöse Berichterstatter nicht mehr warten. Seriosität zählt nur noch wenig, weil sie dem Publikum immer weniger bedeutet. Die normative Überhöhung der eigenen Arbeit – der Lehrstoff der ersten Wochen im Arbeitsleben junger Redakteure in Ausbildung – stellt sich letztendlich als ideologischer Schmuck heraus, auf den das Publikum nicht viel Wert legt.

HUMOR ALS NEUSTER UND LETZTER VERSUCH POLITISCHER BERICHTERSTATTUNG

Damit ist nicht das Ende des politischen Journalismus beschrieben, sondern nur das Ende seiner gängigen Methoden, auch wenn sie in Deutschland noch immer hochgehalten werden. Der heute erfolgsträchtigste politische Journalismus setzt auf Humor. Damit verwirrt er das Publikum weit weniger als die seriösen Profikollegen im Mediensystem. Die Zahlen sprechen allerdings auch hierzulande für sich. Schon in Dezember 2012 hatte die »heute-Show«, das satirische Pendant zu den Abendnachrichten des ZDF, erstmals mehr Zuschauer als das »heute-Journal« wenige Minuten zuvor. Bei der Reichweite im Netz – die viel deutlicher die Präferenzen des Publikums abbildet – schlägt die »heute-Show« das »heute-Journal« um Längen. Das Phänomen ist auch heute noch fast unerforscht, lässt sich beim Blick nach Amerika – insbesondere auf John Oliver, der mit »Last Week Tonight« das Erbe von Jon Stewarts »Daily Show« antrat – aber zumindest in den Ansätzen gut erklären.

Im Dezember 2012 schrieb ich in der Wochenendbeilage der F. A. Z. ein ganzseitiges Lesestück. Daraufhin bekam ich ein Abwerbeangebot eines Fernsehsenders, das ich fast angenommen hätte. Die Fernsehmacher interessierten sich für etwas, worüber sie bis dahin noch kein Wissenschaftler informiert hatte. Was sich bis heute nicht geändert hat, weshalb ich es auch jetzt nur bei meiner Notiz von damals belassen kann: »Der Humor bekam eine ganz neue Funktion. Er erlaubte, den Reflex der endlosen, moralisierenden Argumentation in der Behandlung strittiger Themen zu unterdrücken. Politik in ihrer reinen Darbietung ist etwas für Hartgesottene. Im Publikum der ›Daily Show‹ versammelte sich dagegen eine Gemeinschaft gleichgesinnter, humorvoller Hoffnungsloser, die plötzlich den Mut fand, sich einer für sie unerträglichen politischen Wirklichkeit zu stellen und ihre Wünsche für eine bessere Welt als das anzusehen, was sie sind. Das kleine deutsche Avantgardistenpublikum, das Jon Stewart im Sturm eroberte, hatte dabei die ›Daily Show‹ stets mit einer Nachrichtensendung verwechselt.«[51]

Es geht nämlich tatsächlich um viel mehr als um Glaubwürdigkeit und die Frage, wie sich wieder ein vertrauensvolles Verhältnis zwischen Medienmachern und ihrem Publikum herstellen lässt. Es geht um den Journalismus selbst. Nur noch Journalisten interessieren sich dafür, was Journalismus ist und was nicht. Die Kriterien, nach denen sie ihre Unterscheidung treffen, gelten dem Publikum allerdings nichts mehr.

In den neuen Energiezentren der Aufmerksamkeitsökonomie – das lässt sich allerdings nicht zitieren – wird darüber gelacht, dass sich Journalisten so vehement von der politischen Tat distanzieren und glauben, sie stünden in direkter Konkurrenz zu Twitter und Facebook, die weniger glaubwürdig seien, als ob es nicht tatsächlich darum ginge, dass auf diesen Plattformen – neben den etablierten Medien selbst – mittlerweile auch Parteien, Gewerkschaften, Unternehmen und Privatmenschen zu Medienakteuren wurden, die sich mit dem Urteil »qualitativ minderwertig« oder »kein Journalismus« nicht einfach wegdiskutieren lassen. Man sollte den Begriff »Glaubwürdigkeit« heute links liegenlassen oder klären, was er künftig noch leisten könnte. Es ist nämlich nicht nur genügend Pluralität im Mediensystem, sondern auch Intelligenz im Publikum vorhanden, um auf die normativen Aspekte in der Argumentation verzichten zu können.

2015 drehten sich stattdessen alle im Kreis: »Von Putinverstehern und Journalistenverstehern« nannte Stefan Niggemeier einen seiner Texte, in dem er ein ums andere Mal aufdröselte, mit welchen Aufrichtigkeitsbehauptungen etablierte Journalisten um die Glaubwürdigkeitsgunst ihres Publikums rangen, welches diese Bemühungen seinerseits allerdings mit umso deutlicher formulierten Motivunterstellungen quittierte. Die Vertrauenserosion führe zwar auch zu Phänomenen wie »Lügenpresse«-Rufen. Allerdings, schreibt Stefan Niggemeier, seien es, »glaube ich, tatsächlich unauffällige, politisch interessierte und zunehmend von den Mainstream-Medien desillusionierte Menschen«, die ihre Unzufriedenheit zeigten, zum Teil mit Programmbeschwerden, häufiger jedoch durch Ablehnung der Programme.[52] Das genannte Thema – der Krieg in der Ukraine – ist hierbei beliebig austauschbar. Es lässt sich abstrahieren: Umso mehr Glaubwürdigkeit die Medien explizit für sich einfordern, desto weniger Glaubwürdigkeit wird ihnen von ihrem Publikum zugeschrieben.

Wollte man das faktische Nutzerverhalten, die Einstellung des Publikums zum Medienbetrieb und die Arbeitsethik unter Journalisten wieder auf einen Nenner bringen, bliebe nur die Neutralisierung des Glaubwürdigkeitsbegriffs. Man spräche von nichts weiter als »Akzeptanz«. Den Clou können wir jetzt sehen: Hohe Werte im Nutzungsverhalten – der Zweifel ist dann ausgeräumt – bezeugen die Akzeptanz eines Mediums, auch dann, wenn der Leser oder Zuschauer weiß, dass die gebotenen Informationen von einer sachlich nicht unabhängigen Quelle kommen. Und noch einmal die Betonung der Bedeutung der Pluralität: Wenn Unternehmen, Parteien, Gewerkschaften und andere Organisationen an der massenmedialen Kommunikation selbständig teilnehmen, ist damit kein allzu großes Problem benannt – weil nicht Einzelne, sondern alle gemeint sind.

DER NEUE PLATZ FÜR ALTEN JOURNALISMUS

Die neuen Informationsvermittler wissen und beachten das. Zur selben Zeit, zu der der Google-News-Chef, Richard Gingras, in Berlin davon sprach, dass der »Journalist als Vertrauensanker«[53] niemals an Bedeutung verlieren werde, änderte er die Ausrichtung seiner Plattform und öffnete Google News im Frühjahr 2015 für Quellen jenseits des redaktionellen Journalismus. Es sei doch das Ziel jedes Google-Nutzers, die »richtige Antwort« zu erhalten. Die kann von einer journalistischen

Quelle kommen, aber auch als Pressemeldung eines Unternehmens, als Bloggernotiz oder Streitschrift einer Gewerkschaft.[54]

Es geht Google dabei nicht um die Nutzer von Google News, von denen es nämlich nicht sehr viele gibt, sondern um die Nutzer der allgemeinen Google-Suche. Werden nachrichtlich relevante Suchbegriffe eingegeben, erscheint an prominenter Stelle, nämlich vor den Suchergebnissen, eine kleine Liste von Artikeln in einer News-Sektion. Diese wird fortan nicht mehr nur von Journalisten gefüllt. Für Gingras war nicht länger nur die institutionelle Herkunft eines Textes entscheidend, sondern die Qualität des Textes, seine Rezeption und die Reputation der Quelle, die Google nun allerdings mit eigenen Mitteln misst. Das Unternehmen verfolgt seit einiger Zeit ihr sogenanntes »Trust Project«. Die Kredibilität von Inhalten im Netz ergebe sich durch die Auswertung von »Signalen«, sagte Gingras in Berlin. Er ließ das Publikum bewusst im Unklaren darüber, nach welchen Kriterien Google die Informationen bewertet und aufgreift oder verschweigt.

Nach seinen Ausführungen fragte ihn der deutsche Fernsehproduzent Friedrich Küppersbusch, was seine Arbeit von demjenigen unterscheide, der früher Druckmaschinen herstellte. Darauf erwiderte Gingras, er habe die Frage nicht verstanden. Tatsächlich hatte er die Antwort aber schon gegeben, zuvor sagte er nämlich: »Die Entscheidungen, die ich treffe, sind keine redaktionellen Entscheidungen«. Es seien »Entscheidungen von Maschinen, die kumuliert widerspiegeln, wie Nachrichten von Redaktionen und Lesern verwendet werden.« Er zog sich also zurück auf den gesicherten Grund der Ingenieure: *Not my department*.

Doch er widersprach sich selbst. Google baut nicht nur eine

neutrale Maschine, sondern kümmert sich auch um die Justierung der Stellschrauben (»Signale«). Dazu zählt sogar eine weitere Form von Ausbeutung, auch über sie sprach Gingras: Google bedient sich nämlich seit 2015 nicht nur an frei zugänglichen Texten, um sie den Nutzern anzubieten. Google schaut sich auch die Websites, von denen die Inhalte stammen, genau an und zieht aus ihrem Aufbau Erkenntnisse über die Relevanz der Stücke. Wertet Google beispielsweise die Website von »Spiegel Online« aus, um zu sehen, wie die Redaktion ein bestimmtes Thema auf der Startseite platziert und für wie lange, um auf Basis dieser Information die Google-News-Seite zu gestalten, spricht Gingras von »Crowdsourcing«. Gemeint ist damit tatsächlich eine illegitime Nutzung der Denkleistung anderer zur Steigerung des eigenen Profits.

»Spiegel Online« und allen Betroffenen bliebe nur eine Möglichkeit des Widerspruchs, nämlich Google die Nutzung aller Inhalte pauschal zu verbieten und auf mehr als die Hälfte aller Leser zu verzichten, die als Laufpublikum von Google und anderen Informationsvermittlern aus auf die Website gelangen. Die Pluralität der Medienwelt wird heute von Google gestaltet.

Dieses Google-Prinzip ist nicht neu. Die erste Idee der Google-Gründer, der PageRank, setzte schon darauf, die Einschätzung der Bedeutung eines Dokuments im Internet allein davon abhängig zu machen, wie es genutzt wird. Deshalb interessierte sich Google von Beginn an nicht für einzelne Dokumente, sondern für das Internet selbst – und zwar vollständig. So gewaltig das Netz heute ist, Google verfügt immer über eine aktuelle und vollständige Kopie, um in Windeseile nachvollziehen zu können, wie eine Website ins Verhältnis zu allen anderen zu setzen ist.

FACEBOOK UND GOOGLE ERMITTELN QUALITÄT

2015 machte Google den nächsten entscheidenden Schritt: Es hatte eine Methode gefunden, die Qualität eines Dokuments automatisiert und auf Basis seines Inhalts zu bestimmen. In einem Forschungsprojekt von acht Mitarbeitern zeigt Google auf, wie sich automatisiert Inhalte mit dem von Google gesammelten Weltwissen abgleichen und bewerten lassen. Man könne die »wahre Glaubwürdigkeit« einer Quelle mathematisch ermitteln, indem Websites inhaltlich mit Googles eigener Datenbank aus 2,8 Milliarden aus dem Netz extrahierten Fakten verglichen werden, behaupten die Forscher.[55] Den entscheidenden Satz, auf den die Google-Gründer lange gewartet haben, schrieben die Autoren der Studie stolz in die Zusammenfassung ihrer Arbeit: Eine menschliche Nachprüfung der automatisierten Glaubwürdigkeitsfeststellung erübrige sich.

Damit greift Google auf ein Verfahren zurück, das vielerorts schon seit Jahren gang und gäbe ist. YouTube geht seit langem erfolgreich automatisiert gegen urhebergeschützte Werke und Pornografie vor. Googles langjähriger Chef und heutiger Aufsichtsratsvorsitzender Eric Schmidt lobt in seinem jüngsten Buch die »Pornofilter« als zivilisatorische Leistung.[56] Seit Google im Sommer 2015 mit dem Projekt »DeepDream« an die Öffentlichkeit trat, um Einblicke in die Fortschritte bei der Bilderkennung und Bildverarbeitung zu geben, ist klar: »Pornografie« ist nur ein Platzhalter.[57] Google verfügt über eine ausgereifte, automatisierte und schnell einsetzbare Filterinfrastruktur für das inzwischen vollständig zusammengetragene Text- und Bildweltwissen. Die Frage Greenwalds, ob das Internet drohe, die »schrecklichste und repressivste Waffe staatlicher Einmischung zu werden, die es in der Geschichte der Menschheit je gegeben hat«, lässt sich bereits bejahen, zumindest zur Hälfte: Die Kapazität dafür steht bereit. Die zweite Hälfte wird allerdings immer ohne Antwort bleiben, da wir zu wenig über die Zusammenarbeit von Google mit staatlichen Behörden wissen und darüber hinaus ohnehin nicht mitbekommen, wie bereits heute in die Informationsströme eingegriffen wird.

Beobachten lässt sich lediglich der offene Umgang einzelner Mitarbeiter von Google mit den Akteuren des Netzes. Einer von ihnen, Matt Cutts, arbeitet seit Januar 2000 bei dem Unternehmen und leitete dort bis zu einem Sabbatical, das er 2015 begann, das »Webspam Team«. Sein Auftrag war, Datenmüll aus dem Internet zu fischen, was im Selbstverständnis von Google bedeutete: Cutts gab die Regeln vor, die über Erfolg und Misserfolg von Menschen und Unternehmen im Internet entschieden. Zwar sprach er selbst stets nur von Empfehlungen, doch jeder, der im Netz von Bedeutung sein möchte, schaut seine Videos. In ihnen erklärt er zwar nicht, wie Googles Suchindex funktioniert, aber er gibt Hinweise, wie man sich dort besser positionieren kann.

Die wichtigste Empfehlung von Cutts lautet, Googles »Qualitätsrichtlinien« einzuhalten. Wer sich im Netz als journalistische Marke, Unternehmen, Behörde oder Partei einen Namen machen will, sollte sie besser befolgen. Wenn Cutts die von seinem Team umgesetzten Neuerungen vorstellt, kommt er beispielsweise auf das Problem zu sprechen, dass nicht alle Seitenbetreiber klar kennzeichnen, welche ihrer Inhalte redaktionell erstellt wurden und wann eventuell Werbegelder flossen. Im selben Video erklärt er dann ebenfalls, dass sich Google das Recht einräume, Angeboten im Netz händisch verschiedene Grade an »Autorität« zuzuschreiben. Dass die Kriterien für diese Entscheidungen nicht genannt werden, versteht sich von selbst. Dass sich Google mit der Verordnung einer Kennzeichnungspflicht von Werbung zum Richter im Mediengeschehen erklärt, wird auch nicht problematisiert. Vonseiten Googles steht am Ende nur der Hinweis, dass man sich bei Fragen an das Unternehmen wenden könne, indem man sich bei unterschiedlichen Diensten des Unternehmens mit seiner Website registriere.[58]

Formal bleibt es bei all dem bei Empfehlungen, die aufgrund von Googles Bedeutung allerdings enorme normative Kraft entfalten. Manchmal greift Google allerdings auch direkt in die Informationsströme ein. Während der Fußballweltmeisterschaft in Brasilien 2014 betrieb Google in San Francisco eine eigene Redaktion. Sie sollte Googles Wissen darüber, wonach die Menschen suchen, inhaltlich aufbereiten und in die sozialen Netzwerke streuen. Suchten beispielsweise vor dem Spiel Deutschland gegen Brasilien viele Brasilianer nach dem verletzten Spieler Neymar, bot ihnen Google entsprechend aufbereitete Inhalte an. Ähnlich verfuhr die Redaktion während des Spiels mit den deutschen Nutzern, die in der Halbzeitpause wissen wollten, ob es schon einmal einen Halbzeitstand mit fünf Toren Unterschied in einem Weltmeisterschaftshalbfinale gegeben hatte. Auch solche Antworten hatte Google rechtzeitig parat.

Nach dem Spiel setzten die Redakteure allerdings auf ihren Menschenverstand und schalteten die Maschinen ab. Auf den brasilianischen Nutzeransturm zu Stichworten wie »Schande« oder »Niederlage« reagierte die Redaktion nicht. Sie wollte »nicht weiter Salz in die Wunde streuen«, sagte Sam Clohesy aus dem Google-Team. Die Journalistin Aarti Shahani, die für die amerikanische Radiosendergruppe NPR Googles Redaktion in San Francisco besuchte, notierte dieses Zitat und stellte den dahinter liegenden Wandel fest. Traditionelle Medien versorgten ihr Publikum mit Dramen und Katastrophen (»if it bleeds, it leads«), Google stattdessen achtete auf das emotionale Wohlbefinden der Kundschaft. Das war der Journalistin als Kennerin des Kampfes um Aufmerksamkeit neu.[59] Plötzlich ging es nicht mehr um den Inhalt einer Nachricht, sondern um das Gefühl, das sie bei einem Leser weckt. Die Journalistin wunderte sich.

Für Facebook war das längst ein alter Hut. Von Beginn an verband Mark Zuckerberg Facebooks Newsfeed mit drei gleichwertigen Zielen. Facebook soll Freunde miteinander verbinden, informieren und unterhalten. Und all das möglichst so, dass es dem Nutzer aus einem Guss erscheint. Den Begriff »Information« verkürzte Facebook dabei nie auf »Nachrichten«. So wichtig wie die Frage, was in der Welt passiert, sollte beispielsweise auch zum richtigen Zeitpunkt die Hilfestellung sein, wie man seine Jeans wäscht.[60] Entsprechend dieser Maxime, dass Informationen unterhaltsam, hilfreich und niemals grundlos betrüblich sein sollten, nahm Facebook 2015 einen interessanten Kampf gegen bis dahin belanglose Streiche auf. Die Aufdeckung und Verbannung des heimlichen Humors und der versteckten Witze auf den Seiten Facebooks fielen allerdings nicht nur Aprilscherze am falschen Tag zum Opfer, sondern auch die politische Satire. Satire darf alles, außer zu schlechter Laune führen.

VIEL INFORMATION, WENIG PEINLICHKEITEN

Menschen fühlen sich unwohl, erkannte das Unternehmen, wenn sie in die Irre geführt werden. Sie tendieren dann nämlich dazu, Beiträge zu löschen, um der Schmach zu entgehen, von ihren Freunden vorgeführt zu werden. So beschrieben es zwei Ingenieure von Facebook, die sich mit dem Phänomen des negativen Engagements – wenn Inhalte gelöscht werden – befassten.[61] Das Forschungsinteresse gehörte zu einer Neuausrichtung des Unternehmens, die sein Gründer Mark Zuckerberg bei der Entwicklerkonferenz 2015 als neue Devise von Facebook in einem einfachen Slogan formulierte: »People First«.

Welche Überlegungen Zuckerberg zu dem Schritt bewogen, lässt sich erahnen, wenn man einen Text der Journalistin Nitasha Tiku vom Dezember 2014 liest. Sie berichtet davon, dass Facebook nun ein »Empathie-Team« habe, das den Entwicklern vor Augen halten soll, dass sie ihre Software für Menschen entwickeln, auch wenn deren Alltag und Biografien den Mitarbeitern von Facebook nur in trockenen Nutzerstatistiken gewahr werden. Tiku zitiert dabei Martha Gould Stewart, Director of Product Design bei Facebook, die ihr sagt: »Es wäre arrogant zu glauben, es gäbe die Menschheit nur, um die Produkte zu nutzen, die man selbst baut. Tatsächlich führen sie auch dann alle ein Leben, wenn sie dein Produkt gerade nicht nutzen. Der erste Schritt, ein Produkt am Menschen orientiert zu designen, ist anzuerkennen, dass man es eben mit Menschen zu tun hat.«[62] Diese Maximen entstanden im Dezember 2014. Facebook war damals bereits zehn Jahre alt. Was Facebook tatsächlich erkannte, war, dass das Wachstum der Nutzerzahlen bald an natürliche Grenzen stoßen wird und künftige Wertsteigerungen des Unternehmens nur durch mehr Engagement der vorhandenen Nutzer erlangt werden können. Facebook, schrieb die Journalistin Caroline O'Donovan, gehe es darum, das Engagement seiner Nutzer hochzuhalten und auszubauen. Von Freunden vorgeführt zu werden, weil man auf Satire hereingefallen ist, oder der öffentliche Hinweis auf einen Fehler stünden diesem Ziel im Wege.[63]

Also machte sich Facebook zügig daran, gegen Satire auf seiner Plattform vorzugehen, es sei denn, sie wurde als solche gekennzeichnet. Das Netzwerk, das ohnehin im Schnitt vier Fünftel der Inhalte, die sich Nutzer gegenseitig teilen, stillschweigend aussortiert und ausblendet, ging nun gezielt gegen sogenannte »Hoaxes« vor. Dass dabei Beiträge weder gelöscht würden noch vonseiten Facebooks eine inhaltliche Bewertung der Richtigkeit vorgenommen werde, erwähnte das Unternehmen abermals explizit.[64] Wie rigoros das Unternehmen sein Ziel verfolgte, wurde allerdings schon etlichen Nutzern bewusst, beispielsweise den Fans des deutschen Projekts »Hooligans Gegen Satzbau«. Eine Gruppe von Nutzern hatte sich auf der Website die Aufgabe gestellt, rechtsradikale Inhalte auf Facebook nach den gängigen Standards von Rechtschreibung und Grammatik zu korrigieren und sich publizierend darüber lustig zu machen. Plötzlich verschwand die Website und durfte nur unter dem neuen Titel »Norddeutscher Stumpfsinn« wieder veröffentlicht werden.[65] In diesem Fall mussten die Seitenbetreiber handeln. Normalerweise hängt Facebook nämlich selbst das Satire-Label an Inhalte, über die sich Nutzer besonders häufig aus diesem Grund beschweren.

Einmal mehr erwähnt O'Donovan, dass Wissenschaftler und

Journalisten davor warnen, Facebook werde redaktionell tätig, ohne redaktionelle Verantwortung zu übernehmen. Dabei muss man allerdings auf eine Entwicklung hinweisen, die sich schon bei Google abzeichnet: Um seine Nutzer davor zu schützen, missverständliche Satire von anderen aufzugreifen oder eigene Peinlichkeiten ins Netz zu stellen, entwickelt Facebook Automatismen, die auf Knopfdruck nach austauschbaren Kriterien das Wissen der Welt sortieren und so auch filtern können. Facebook, so der Journalist Cade Metz, habe dabei Google längst überholt. Eric Schmidts berühmtem Rat – man solle gar nicht erst tun, was man bereuen könnte, wenn es später sichtbar wird – stellt er die Bemühungen des Facebook-Entwicklers Yann LeCun gegenüber, der für sich beansprucht, eine künstliche Intelligenz zu schaffen, die Nutzer davor warnt, Bilder oder Texte mit für sie peinlichem Inhalt zu veröffentlichen.[66]

Für LeCun, den Direktor der Forschungsabteilung, die sich bei Facebook mit künstlicher Intelligenz befasst, geht es hierbei um die Schaffung eines »digitalen Assistenten«, von dem wir nur vermuten können, was er alles über uns wissen muss, damit der vor unseren Freunden verheimlicht, was sie über uns nicht wissen sollen. Öffentlich gesprochen wird über diese Forschung und die Fragen, die sie aufwirft, nicht. Ausgerechnet die Sozialwissenschaftler zeigen größtes Desinteresse. Aus ihrer Richtung erfahren wir heute allenfalls, dass die Abstinenz von Facebook traurig macht und sich die Stimmung nicht bessert, wenn man zwar Facebook nutzt, dort aber wenig passiert.[67]

Facebook erreicht seine Ziele. Das Unternehmen orientiert sich an unseren grundlegenden menschlichen Bedürfnissen, wenn es daran arbeitet, das Engagement auf seiner Seite zu erhöhen, und dabei maßgeblich darauf achtet, mehr Anlässe für

Akzeptanz zu schaffen. Die Integration von sozialen Beziehungen, Information und Unterhaltung gelingt dem Unternehmen auf geradezu magische Weise. Denn wenn auch, laut ZDF-Umfrage, die Menschen dem anonymen amerikanischen Dienst nur wenig Glaubwürdigkeit entgegenbringen, so vertrauen sie ihren Freunden und Bekannten doch weit mehr als ihnen unbekannten Nachrichtenlieferanten.[68] Ihre Freunde erreichen Menschen heute über das Internet, vor allem über Facebook, selbst dann, wenn sie neben ihnen auf dem Sofa sitzen. In einem bemerkenswerten Text der Journalistin Bianca Bosker darüber, was auf dem Handy einer Vierzehnjährigen geschieht, notierte sie das Zitat: »Wir sitzen nebeneinander auf dem Sofa und schreiben uns Kurznachrichten. Es ist verrückt, ich weiß nicht, warum wir das tun!«[69] Im selben Text kam die Sprache auch auf Facebook: »Ich wache morgens auf und gehe zu Facebook, um … weil … ich weiß gar nicht, ob ich das will. Ich werde einfach hingetrieben. Ich brauche es. Facebook übernimmt mein Leben.« Erst nachdem sie danach gefragt wurde, dachte das junge Mädchen erstmals über ihr Verhalten nach.

Aus dieser Blickrichtung ist Google, das Unternehmen, das insbesondere deutsche Medienhäuser bis zur Erschöpfung bekämpft haben, dem klassischen Medienbetrieb erstaunlich nahe. Denn für ihn stellt sich Google-News-Chef Richard Gingras noch die bereits genannte Frage, wie man Menschen darüber informieren könne, »worüber sie nichts wissen und wofür sie sich nicht interessieren«. Facebook stellt sich diese Frage nicht mehr, sondern gestaltet das Medienerlebnis nach den diffusen und unbewussten Wünschen der Nutzer – egal, was tatsächlich in der Welt vor sich geht.

GEFANGENE DER STRUDEL ELEKTRONISCHER SEEN

Man sollte an dieser Stelle der Versuchung widerstehen, in der Entwicklung eine Verschlechterung zu sehen und deshalb Schuldige zu suchen, beispielsweise dort, wo man die Namen der Akteure kennt. Denn auch Google und Facebook sind auf enorme Weise einem Handlungsdruck unterworfen, den der Markt vorgibt. Das Internet als »presseähnlich« zu charakterisieren, um die Zweitverwertung gedruckter Zeitungstexte vor Konkurrenz zu schützen, ist ebenso verquer gedacht wie das Aufhängen von Leistungsschutzrecht-Preisschildern vor Presseerzeugnissen, die ohnehin nicht beachtet werden. In ihrem bereits genannten, gewaltigen Text zum »Post Industrial Journalism« gehen Anderson, Bell und Shirky zurück ins Jahr 1992, um zu beschreiben, worauf es heute ankommt.[70]

Damals nahm Robert Kaiser, Managing Editor der »Washington Post«, in Japan an einem Treffen von Technologieführern teil. Das Internet spielte dabei noch keine Rolle, damals ging es noch darum, Personal Computer in der Gesellschaft zu verteilen. Das Zauberwort lautete Multimedia, angebunden an die Frage, wie Inhalte künftig verteilt werden. Auf dem Rückweg schrieb Kaiser ein 2700 Wörter langes Memo an die Führungsspitze seiner Zeitung. Es handelte von Alan Kays berühmten Frosch, der im Wasser saß und dessen Nervensystem ihn so lange im Unklaren darüber ließ, wie heiß es um ihn wurde, bis es um ihn geschehen war. »Wir sind zwar nicht der Frosch«, schrieb Kaiser, »aber auch wir sitzen in einem elektronischen See, in dem wir verschlungen werden können oder letztlich als unnötiger Anachronismus keine Rolle mehr spielen werden.« Das Ziel der Zeitung solle sein, schrieb Kaiser, die »elektronische Revolution« zu überstehen. Heute gehört die »Washington Post« dem Amazon-Gründer Jeff Bezos, der sie für gerade einmal 250 Millionen Dollar (ein Prozent seines Vermögens) erwarb, und ist damit in guten Händen, zumindest mangelt es ihr weder an Geld noch Ideen.

Aber selbst für Bezos' »Washington Post«, und für alle anderen Medienangebote erst recht, gilt heute die Diagnose von Emily Bell, der Direktorin des renommierten Tow Center for Digital Journalism der Columbia Journalism School: Die Medienhäuser seien zwar noch »Newsmaker«, aber keine »News Spaces« mehr.[71] Sie haben, so Bell, die Distribution ihrer Inhalte in fremde Hände gegeben. Nun sind sie Player auf einem Markt, der sich um Reputation und Unternehmensgeschichten nicht schert, sondern Aufmerksamkeit sekundengenau abrechnet. Bell nennt ein Beispiel, das aufzeigen soll, in welchem Maße die »medialen Heimatorte« (Müller von Blumencron) in Orte der Aufmerksamkeitsausbeutung verwandelt wurden. Auf der Website des »Guardian« – in der entscheidenden Phase Heimatort von Glenn Greenwald, um mithilfe der Snowden-Dokumente die globale Überwachung durch angelsächsische Geheimdienste aufzudecken – tummeln sich mehr als fünfzig Unternehmen, die sich für das Klickverhalten der Leser interessieren und es detailliert auswerten. Von einem intellektuellen Rückzugsort kann schon nicht mehr gesprochen werden. Der Frosch bemerkt langsam, dass mit seinem Wasser etwas nicht stimmt. Es wird warm, aber wir fühlen uns noch ziemlich wohl. Dahinter steckt Kalkül.

GEFÜHLTER JOURNALISMUS

Wenn auch von den Medienwissenschaften weithin unbeobachtet, trat das Problem hierzulande nach dem Absturz der Germanwings-Maschine im April 2015 offen zutage. Journalisten wie der Chefredakteur der »Berliner Zeitung«, Peter Huth, sagten öffentlich: »Nur über Emotionalität kann man eine solche Katastrophe vermitteln.« Es war einer von zahlreichen Anlässen für eine Berichterstattung, die der Journalist und Autor Wolfgang Michal als »gefühlten Journalismus« beschrieb. Dieser stelle sich nämlich nicht mehr die Frage, was und weshalb zu vermitteln ist, sondern denke »betreuungs- und kundenorientiert: Wie nehme ich meinen Leser und Zuschauer mit in dieses Grauen?«[72] Das Leitbild des gefühlten Journalismus sei – passend zum unfähigen Journalisten – der »unmündige Bürger«. Die Frage, was es mit dem Liveticker-Journalismus auf sich habe, der abseits aller Tatsachen und Wirklichkeiten wild spekulieren und im Sekundentakt Neues produzieren muss, um interessant zu bleiben, beantwortete Christoph Herwartz, der solch einen Ticker bei »n-tv« verantwortete, mühelos: »Wir machen so lange weiter und liefern denen, die zum Trauern Nachrichten brauchen, diese Nachrichten.«[73] Alles andere würde, laut Herwartz, nämlich bedeuten, »diesen Menschen Informationen vorenthalten« zu wollen.

Zumindest sprachlich auf höherem Niveau beschrieb es ebenfalls im April 2015 Tom Standage, beim renommierten »Economist« zuständig für die digitale Strategie: »Tatsächlich verkaufen wir das Gefühl, gut informiert zu sein.« Sein Magazin sei »das Gegengift gegen die Informationsflut«.[74] Standage beschreibt damit die Grundausrichtung seiner Branche.

Instruktiv befasste sich der deutsche Journalist Stefan Mesch unter der Überschrift »Nimmst du das hin? Lässt dich das kalt?« mit dem journalistischen Zeitgeist Anfang 2015: Medien »laden uns ein, immer wütender zu werden, über globale Ungerechtigkeiten und über einzelne Sätze, Ansichten, Entscheidungen und Marotten einzelner Menschen«.[75] Einen der aufschlussreichsten Texte zum Thema schrieb im März 2015 der Kolumnist Oliver Burkeman im »Guardian«. Er stellte nämlich fest, dass er gar nicht so sehr um den in jenen Tagen gestorbenen Terry Pratchett trauerte, wie es ihm seine schreibenden Kollegen vormachten, und so fragte er sich, ob die seit längerem diskutierte »Angst, etwas zu verpassen« (Fomo, Fear of missing out), die die sozialen Medien ihren Nutzern in die Köpfe brachte, schon unser Gefühlsleben erfasst habe. »Haben wir Angst, zu wenig oder falsch zu fühlen?«[76] Zur Angst, etwas zu verpassen, gibt es reichlich akademische Arbeiten. Der interessanteste Hinweis kommt aber doch wieder von einer Betroffenen, hier von einer siebzehnjährigen Schülerin, die im »Standard« einen Gastartikel schrieb und an sich selbst belegte: Die Angst dreht sich weniger darum, etwas zu verpassen, als darum, in der Aufmerksamkeitsgunst seiner Freunde zurückzufallen. Deswegen greife sie ständig zum Handy, um sich rückzuversichern; um nachzuschauen, ob sie sich mit den anderen noch im emotionalen Gleichklang befindet oder doch mehr als ein bloßes »hey!« auszutauschen ist.[77]

Ist unser modernes Mediennutzungsverhalten Folge einer Angst vor emotionaler Isolierung? Diese Frage lässt sich an dieser Stelle nicht beantworten, wir können nur uns selbst beobachten und Vermutungen anstellen. Harald Schmidt, nach eigenen Worten interessierter Beobachter mit abgeschlossener

Vermögensbildung, beschrieb die generelle Emotionalisierung der Medien 2014 so: »Der Zuschauer ist daraufhin abgerichtet, und das halte ich sogar für systemrelevant. Wenn sie denken würden: ›Moment einmal, was bekomme ich da eigentlich geboten, oder kann man das auch anders sehen?‹, dann kommen sie vielleicht auf die Idee, sich zu fragen: ›Warum soll ich eigentlich für zweitausend Euro im Krankenhaus arbeiten? Eigentlich ist das doch mindestens zehntausend Euro wert.‹ Dann könnte es zu leichten Turbulenzen im öffentlichen Nahverkehr kommen. Deswegen glaube ich, dass eine Normierung von Reaktionen, was man zu empfinden hat, geboten ist, um einen zu einem anderen Menschen zu machen.«[78] Er hat es wie so häufig witzig gesagt, aber ernst gemeint: Sozial genormte Emotionalität, erwartbare kollektive Reaktionen seien systemrelevant: »Die Leute wollen zugeschmiert werden.«

Einmal mehr ist das neue Internet ununterscheidbar vom älteren Fernsehen. Die heutigen Medienmacher sehen es nämlich ganz ähnlich. Florian Mundt, der mit seinen Meinungsstücken zur Nachrichtenlage, verpackt in siebenminütige YouTube-Videos, rund drei Millionen Menschen im deutschsprachigen Raum erreicht, glaubt auch an eine emotionale Leitlinie, die viele Menschen als Vorgabe brauchen, um sich orientieren zu können. »Das spielt eine große Rolle in Deutschland«, sagte er in einem Gespräch wenige Tage nach dem Germanwings-Unglück.[79]

Was der 28-jährige Mundt blindlings voraussetzt, ist für den dreißig Jahre älteren Harald Schmidt Folge einer Entwicklung. Auf einer Wiener Theaterbühne im Gespräch mit Peter Huemer, erklärte Schmidt sein Ausscheiden aus dem Fernsehbetrieb. »Ödipus, Hamlet, Peter Handke, Max Frisch – das ist nicht mehr präsent«, sagte er. Die humorvollen Umwege, sich den Wirren des Alltags zu nähern, konnte er nicht mehr gehen, weil es niemanden mehr interessierte. »Das Publikum gibt es nicht mehr, und es wächst auch nicht mehr nach.«[80] Den Zeitraum, innerhalb dessen das Mainstream-Publikum verdummte, schätzt Harald Schmidt auf zehn Jahre. Seitdem liegt der Humor hierzulande brach.

Diese zehn Jahre liegen hinter uns. Was sie für die nächsten zehn Jahre bedeuten, können wir heute schon voraussehen, beispielsweise mit Blick nach Amerika, wo der Informationen vermittelnde, wissensbasierte Journalismus spätestens seit Aufkommen und Erfolg von Fox News und der »Daily Show« mit Jon Stewart den Wandel hin zum Emotionen anleitenden Medium absolvierte. Wie verrückt es in Amerika tatsächlich zugeht, zeigt eine Studie der Fairleigh Dickinson University von 2012. Amerikaner, die Fox News schauen, wissen über die Welt, in der sie leben, weniger als Menschen, die gar keine Fernsehnachrichten schauen. Jon Stewarts »Daily Show« lag dagegen bei der Wissensvermittlung gleichauf mit den Talkshows am Sonntagmorgen und den Radioprogrammen von NPR, die beide weit mehr Zeit in Anspruch nehmen als der abendliche Klamauk bei Stewart.[81] Nun hat eine Studie, die das Nutzungsverhalten abfragt und mit den Ergebnissen von Wissensfragen und politischen Präferenzen vergleicht, beschränkte Aussagekraft. Dennoch, in Amerika werden derzeit Debatten geführt, beispielsweise ausgelöst von Judith Miller, ehemalige »New-York-Times«-Autorin und Pulitzerpreis-Trägerin, die 2015 über ihre rund zehn Jahre zurückliegende Zeit bei der bedeutendsten Zeitung der Welt offenbarte: »Ich habe Amerika in den Irakkrieg geführt.«[82]

In Deutschland ist solch eine Diskussion undenkbar, trotz der offensichtlichen Probleme, die die Berichterstattung über Putins Russland und Tsipras' Griechenland 2015 mit sich brachte. Hierzulande – die nicht vorhandene Wissenschaft kann den Praktikern da nicht widersprechen – passieren Journalisten nach Selbstauskunft keine oder kaum Fehler, es gehe streng um die Sache, Gefühle und Stimmungen sind allenfalls unbeabsichtigte Nebenfolgen. »Aber am Ende seien wir doch selbstbewusst, dass unsere Redakteure und Korrespondenten, jedenfalls zu 98 Prozent hier, einen Prima-Job gemacht haben«, bewertet Chefredakteur Peter Frey die Nachrichten-Arbeit des ZDF zum Krieg in der Ukraine. Im Gegensatz dazu, diesen Widerspruch notierte Stefan Niggemeier in seinem Blog, sprach die WDR-Chefredakteurin Sonja Seymour Mikich schon ganz anders: »Wir sind Kriegsteilnehmer, ob wir es wollen oder nicht.«[83] Und wie fern scheint uns der Ukrainekrieg, da wir inzwischen selbst in den Krieg zogen, ohne nur einmal über die Lage in Syrien zu diskutieren?

PULITZERPREISE ODER KLICKS

Das Medienjahr 2015 war verwirrend, man darf sich eingestehen, dass man seine Logik nicht mehr unter einen Hut bekommt. Vielleicht gibt es tatsächlich nichts mehr zu verstehen. Die einzigen Gesetze, die noch zu gelten scheinen, sind die der Gewohnheit. Blicken wir noch einmal nach Amerika, wo Medienwissenschaftler auf ein weiteres Problem stießen. Als sie mit akademischem Interesse Zeitung lasen, stellten sie fest, was hierzulande noch unbemerkt bleibt: Gerade einmal jeder fünfte Artikel wird noch geschrieben, weil ein Redakteur des Hauses eine Geschichte für interessant und relevant hält. Die anderen mehr als achtzig Prozent der Zeitungsinhalte beruhen auf Ideen und Initiativen von PR-Agenten, allein 62 Prozent kommen von der Regierung.[84] Diese erschreckenden Zahlen sind aus dem Jahr 2009, als eine Gruppe Wissenschaftler des Pew Research Centers in Baltimore Zeitung las. Deutsche Zahlen zum Einfluss von PR-Agenturen und Regierungsstellen kennen wir natürlich nicht. Der österreichische Journalist Armin Wolf, stellvertretender Chefredakteur beim ORF und bei Twitter Reichweitenkönig, wies 2015 auf einen Text hin, der aufschlüsselte: »Kurier + Standard + Presse haben zusammen weniger Innenpolitik-Redakteure als die Bundesregierung Pressesprecher.«[85]

Für Deutschland lässt sich die Zahl grob überschlagen. Im Jahr 2015 arbeiteten für das Presse- und Informationsamt der Bundesregierung 444 Menschen. Zu dieser Zahl hinzuzuzählen sind die Sprecherapparate von vierzehn Bundesministerien, neun Obersten Bundesbehörden und etlichen weiteren Behörden im Bund und in den Ländern. Demgegenüber treffen sich in den überregionalen Tageszeitungen morgens in keiner Politik-Redaktion mehr als dreißig Menschen, um den Tag zu planen. Und über sie sagt das deutsche Publikum auch noch, sie seien »unmoralisch, mächtig, kommerzialisiert und boulevardesk«. Dieses Zitat entstammt einer umfangreichen Studie von Wolfgang Donsbach zu Erwartungen und Enttäuschungen im Journalismus, bereits 2009.[86]

So vertrackt ist die Lage. Journalisten leiden unter erkennbarem Bedeutungsschwund, den sie in Zahlen und Umfragen serviert bekommen, deren Ursachen sie jedoch nicht verstehen, weil ihm nicht nachgeforscht wird. Experimente waren wieder nur in Amerika zu beobachten. Nachdem Anderson, Bell und Shirky die Medienhäuser 2012 davor warnten, vor lauter Markenpflege ihre Produkte zu vernachlässigen, legte die »New York Times« 2015 den Schalter um: Die Zeitung entschied sich, die tägliche Konferenz zur Gestaltung der gedruckten Seite 1 abzuschaffen. Und für eine Woche im Juni schaffte die Zeitung sogar ihre Website ab. Zumindest die Redakteure im Haus sollten die Zeitung einmal so erleben wie ihre Leser: ausschließlich auf dem Handy.

In Deutschland erntet die »New York Times« dafür zwar sehr viel Bewunderung von einigen Kollegen, denen allerdings völlig klar ist, dass keine ihrer Zeitungen hierzulande zu ebensolchen Anstrengungen bereit wäre. Wäre es anders, wäre trotzdem unklar, was vom alten Medienbetrieb noch erhalten oder vielleicht sogar für ihn neu hinzugewonnen werden kann. In einem journalistischen Text fasste die Medienwissenschaftlerin Angèle Christin Erkenntnisse aus ihrer Dissertation zusammen: Demnach müssten sich die Zeitungshäuser entscheiden, ob sie weiterhin Pulitzerpreisen hinterherjagen oder Klicks.[87] Einen Mittelweg sieht sie nicht. Christin stützt ihre Aussage auf hundert Interviews mit Autoren und Redakteuren und mehr als vierhundert Stunden Beobachtungen in Redaktionen in Frankreich und Amerika. In den Online-Redaktionen ergab sich immer dasselbe Bild. Die Echtzeitanalyse des Leserverhaltens bestimmt die Abläufe in den Redaktionen, schreibt sie. Die Redaktionen seien »süchtig nach Chartbeat«. Die Analysen seien das zentrale Management-Werkzeug, das die Häuser und ihre journalistischen Produkte bestimme. Kaum ein Journalist spreche dabei ehrlich über die Abhängigkeit von der Technologie, die sich wiederum sehr leicht beobachten lasse. Alles in allem müsse man sich um die Abhängigkeiten der Redaktionen von den Marktkräften Sorgen machen. Eine redaktionelle Unabhängigkeit, wie sie Print-Redaktionen bestimme, kenne der Online-Journalismus nicht, schreibt Christin.

In Deutschland gibt es zu diesem grundlegenden Wandel im Medienbetrieb allenfalls Blogtexte von Menschen, die sich mit eigenen Projekten ernste Gedanken machen, wie der Online-Journalismus zu retten sei, und die dann schreiben: »Facebook baut gerade einen Todesstern«, so Karsten Lohmeyer.[88] Auf Resonanz allerdings treffen solche Aussagen nicht, weder im Medienbetrieb noch in der ihm angegliederten Wissenschaft. Dabei treffen die Überschriften immer ins Schwarze. Beispielsweise auch diese: »Der Klick ist tot. Wie Facebook den Rest des Internets langsam ausbluten lässt« von Marcel Winatschek.[89] In Deutschland wandelt sich das Klagen der Medienhäuser nicht mal dann in konstruktive politische Debatten, wenn in Büchern, in diesem Fall von Googles Aufsichtsratschef Eric Schmidt, geschrieben steht: »Wer heute noch an Marken und Institutionen festhält, hat verloren. Wir kennen keine Industrie, die den Wandel nicht fürchten muss.« Schmidt fügte sogar explizit an, dass es die Medienbranche bloß als Erste erwischt habe.[90]

WER DIE NEUEN REGELN MACHT

Lässt sich all das bis hierhin Gesagte zum verwirrenden Medienjahr 2015 zumindest in einem einheitlichen und verständlichen Fazit zusammenziehen? Ja. Die Entwicklungen lassen sich auf einen Nenner bringen. Die Bestandsaufnahme beginnt mit dem Autor Nicolas Clasen, der im Sommer 2013 die Turbulenzen in der Medienbranche aus wirtschaftlicher Sicht beschrieb.[91] Die Frage, wie viel man als Konsument von dem Wirbel mitbekam, zeigt exemplarisch die Frage eines Journalisten: Anfang 2015 wurde Clasen von Stefan Winterbauer gefragt, ob der »digitale Tsunami« schon da gewesen sei oder erst noch komme.[92] Die Antwort fiel Clasen leicht. Er sagte, die Welle ziehe sich gerade zurück, und während die Flut abzieht, denken sich einige, »prima, da ist ja jetzt Platz, da können wir eine Beach-Bude oder ein Volleyballfeld hin bauen«. Die Metapher klingt merkwürdig, ist aber treffend. Das erfolgreichste Medien-Start-up der vergangenen fünf Jahre, das schon genannte »heftig.co«, errang als Zwei-Mann-Betrieb mit drei Veröffentlichungen am Tag die Aufmerksamkeit von bis zu fünfzig Millionen Besuchern pro Monat. Der dafür mitverantwortliche Peter Schilling erklärte sein Konzept bei seinem ersten öffentlichen Auftritt, bei dem er über seine Website sprach, so: »Nachrichten sind doch deprimierend auf Dauer.«[93] Daher besann er sich in seiner Arbeit auf rührselige Hoffnungsgeschichten, in den meisten Fällen mit Video und wenig Text. Wer ihm den Erfolg nachmachen wollte, hält sich am besten an seine wirtschaftliche Strategie. »Facebook macht die Regeln. Wenn die die Regeln ändern, muss man das sehr schnell mitkriegen. Und man muss die Möglichkeit haben, schnell darauf zu reagieren. Wenn einem das gelingt, muss man sich wenig Sorgen machen.«

Die Zukunftssicherheit der Medienanbieter, die sich an Facebook orientieren, ist gewahrt. Die Umfragen unter Jugendlichen, in dem Fall von tausend Zwölf- bis Sechzehnjährigen in England, ergibt ein eindeutiges Bild: Jugendliche, die auf ihre Geräte verzichten müssen, fühlen sich traurig. Fragt man Eltern jüngerer Kinder, sagen sie, dass sogar ihre zweijährigen Kinder die Tabletcomputer zu Hause nicht weniger nutzen als sie selbst. Obendrein faszinieren und begeistern die Kleinkinder ihre Eltern mit ihren Fähigkeiten am Gerät, die sie sich intuitiv selbst lehren.[94] Dieses Phänomen allerdings betrifft alle Altersklassen. Wir verwenden die digitalen Informationstechnologien, ohne jemals ein Handbuch dazu gelesen zu haben. Entsprechend besorgniserregend sind die Ergebnisse einer Studie der Medienwissenschaftlerin Birgit Stark von der Universität Mainz. In ihrem Ende 2014 erschienenen Sammelband zur »Googelisierung« bewertete sie die Kombination aus unserem »Mangel an Wissen« darüber, wie Google funktioniere, und unserem »Vertrauen in Googles Objektivität« als »äußert kritisch«. Weder in Gesprächen noch im Konsum anderer Medienangebote sei der Mensch mit derart »niedrigem kognitiven Aufwand« an seinem Verhalten beteiligt wie bei der Benutzung von Google. Mehr als die Hälfte der Probanden ihrer Untersuchung folgten den Vorschlägen an Suchbegriffen, die Google während der Eingabe eines Suchbegriffs unterbreitet.[95] Stark stellte 1012 Probanden allgemeine Fragen zum Funktionieren von Google und gab jeweils zwei Antwortmöglichkeiten vor. Gerade einmal 25 Befragte konnten die acht Fragen fehlerfrei beantworten.

Man kann diesen ernüchternden Zahlen andere gegenüberstellen. Auch wenn es nun etwas albern klingt und man nicht genau weiß, was diese Zahl tatsächlich bedeutet, ist sie doch interessant: Während der Mensch sein Gehirn langsam abschaltet, seine Orientierungsfähigkeit an Google Maps abgibt und sein Gedächtnis an Googles Adressbuch, rüstet Google intern auf. Die Arbeitsgeschwindigkeit von Google betrug im Sommer 2015 rund vierzig Terabyte pro Sekunde.[96] Die größte Herausforderung der Ingenieure des Unternehmens ist derzeit die Länge der Kabel zwischen den Datenspeichern und den Computerprozessoren. Die könnten nämlich viel schneller arbeiten, wenn sich die Daten zwischen ihnen schneller als bloß mit Lichtgeschwindigkeit transportieren ließen.

Entsprechend deutlich ist die Einschätzung des Unternehmens vom Zustand der Welt. Eric Schmidt sieht die Welt schon heute in der Hand von »smarten Kreativen«, die sich der Vorteile seiner Technologie bedienten und nur noch nach vorn schauten. Zumindest in einem Fall bedient sich Schmidt für seine Zeitdiagnose noch eines historischen Begriffs. Die Manager von heute, die sich in Meetings treffen, dort debattieren und dann zu Entscheidungen kommen, die sie eigentlich in jeder weiteren Sekunde revidieren müssten, vergleicht er mit »sowjetischen Politbürokraten«. Das Ende der Geschichte läutet er damit noch nicht ein, aber in einem Halbsatz und sehr salopp das Ende der Marktwirtschaft. Ihre Zeit sei schlicht »vorüber«.

Journalisten, die unter diesen Bedingungen noch Erfolg haben möchten, flüchten derzeit nach vorn. Die neue Chefredakteurin des »Guardian«, Katherine Viner, trimmt ihr für viele Konkurrenten vorbildliches Unternehmen auf Reichweite und verklärt Paywalls, also eine Direktfinanzierung durch das Publikum, zu Teufelszeug.[97] Der ehemalige »New-York-Times«-Mitarbeiter und Designer Khoi Vinh beendet mit einem Halbsatz das Zeitalter des Dokuments. Im Onlinegeschäft gehe es für den Journalismus doch nur noch um den Dialog. Der deutsche Journalist Dirk von Gehlen, der diese Idee in einem seiner Bücher aufgriff, kombiniert sie mit einer Idee des BBC-Journalisten Peter Horrocks, der in seinem Sender für die »Global News« zuständig ist: Die Publikation eines Artikels oder einer Sendung sei nicht das Ende der journalistischen Arbeit, sondern ihr Beginn.[98]

Das bedeutet dreierlei: Der in Ruhe geschriebene und in Ruhe zu lesende journalistische Text verliert gegen die Echtzeitberichterstattung an Bedeutung. Diese wiederum setzt ohnehin auf das Format Video. Und dass die Distributionswege von den neuen IT-Giganten betreut werden, zählt zu den neuen Selbstverständlichkeiten. Die inhaltlichen Leitlinien wanderten aus den Redaktionen in die Datenzentren ab, ohne dass sich nachvollziehen lässt, was sie eigentlich vorgeben. Erkennbar sei nur ihre allgemeine Bedeutung, die sich als gesellschaftliche Macht schon zeige, kritisiert die Autorin und Aktivistin Jillian York: »Die Onlineräume der Unternehmen sind die neue Öffentlichkeit. Sie geben vor, welche Redefreiheit gestattet ist und welche nicht.«[99] Eine Nuance düsterer ist der Hinweis, den Zeynep Tufekci anschließt: Die Erregungsproteststürme des Netzes, die in Deutschland häufig »Shitstorms« genannt werden, täuschten immer wieder darüber hinweg, dass es sich hierbei nicht um gesellschaftlich folgenreiche Debatten handle, sondern um einzelne emotionale Ablenkungen.[100] Eine jagte die nächste, ohne dass man sich noch erinnern kann, welche Sau vor einem

Monat, vor einer Woche oder vor drei Tagen durchs digitale Dorf getrieben wurde. Die alles sagende Zahl dazu stammt von Mike Sall, Produktdesigner der renommiertesten Blogplattform dieser Jahre, »Medium.com«. Er schrieb im Dezember 2013 darüber, wie aussichtslos die Bemühungen schreibender Journalisten im Netz sind. Egal wovon ein Text handle, wie sehr er den Leser interessiere und fasziniere oder als wie bedeutend er angesehen werde – nach sieben Minuten hört die Mehrheit der Leser auf, sich weiter mit dem Text zu befassen.[101] Die Aufmerksamkeitsökonomie folgt inzwischen strengen Naturgesetzen. Am schlüssigsten zusammengefasst wurde all das von Jacob Brogan, Journalist bei »Slate«: Immanuel Kant habe einst gesagt, dass die Französische Revolution überall in Europa diskutiert wurde, sei so wichtig gewesen wie die Revolution selbst. Heute, so Brogan weiter, haben wir Livestreaming-Apps, die uns die Revolutionen vor Augen führen. Nur verwechselten wir die Diskussion mit der Beobachtung eines Geschehens. »Wenn uns diese Apps überhaupt etwas bieten können, sind es nicht Information über ein Geschehen, sondern das Gefühl, bei etwas dabeizusein.«[102]

Die utopischen Manifeste zur neuen Zeit wurden schon geschrieben. Beispielsweise die »Declaration of Liquid Culture« der Unternehmer und Medienwissenschaftler Jörg Blumtritt, Sabria David und Benedikt Köhler.[103] Sie sind in weniger als sieben Minuten zu lesen und handeln von neuen gesellschaftlichen Dialogen im Netz als unbegrenztem Möglichkeitsraum, in dem sich »die Rolle des Kreativen als Schöpfer seines Werks auflöst«. Weitere Gedanken dazu gibt es reichlich, beispielsweise im Cluetrain-Manifest aus dem Jahr 2000, an das Katharine Viner erinnert, dokumentiert vom »Freitag«: »Was, wenn die eigentliche Anziehungskraft des Netzes nicht in innovativem Schnickschnack liegt, nicht in knalligen Auftritten oder irgendwelcher beeindruckenden Technologie – sondern darin, dass es uns zur prähistorischen menschlichen Faszination fürs Geschichtenerzählen zurückführt? Mittelalterlich, altgriechisch oder prähistorisch: Suchen Sie sich was aus.«[104]

EIN GROSSER SCHRITT ZURÜCK?

Die Diskussion, die sich seitdem um diesen Gedankengang entsponnen hat, verspricht die interessantesten Antworten auf die Frage, was in den kommenden Jahren auf uns zukommt. Eine kleine Gruppe dänischer Literaturprofessoren griff sie auf und wandte den Blick zurück auf fünfhundert Jahre Gutenberg-Galaxis als Zeitalter der gedruckten Medien, das nun, nach der Entwicklung elektronischer Medien, insbesondere durch die Digitalisierung – vorübergeht. Ihre akademische Raffinesse liegt darin, nicht von Fortschritt zu sprechen, sondern zu beschreiben, wie die Menschheit wieder in ein Zeitalter, geprägt von oraler Kultur, zurückkehrt, das Gutenberg mit der Erfindung der Druckerpresse eigentlich beendete. Lars Ole Sauerberg, Professor für Literatur an der dänischen Syddansk Universitet, prägte bei einem Gastaufenthalt am MIT der Harvard University in Boston im April 2009 den Begriff der »Gutenberg-Parenthese«. Ein Jahr später, wieder auf Einladung der amerikanischen Forscher, führte Sauerbergs Kollege Thomas Pettitt, ebenfalls mit Lehrstuhl an der Syddansk Universitet, die Gedanken weiter aus.[105] Demnach erlebt die Menschheit dank der digitalen Technologien eine Renaissance der Annäherung an den »natürlichen Weg der Kommunikation«, die durch den Erfolg der gedruckten Medien gestört worden sei.

Der maßgebliche Unterschied zwischen den quasi-neuen digitalen Kommunikationsformen und ihren Vorläufern im »bäuerlichen Mittelalter« sei lediglich die raffinierte Technologie, die uns den Raum im globalen Dorf vergessen lässt: Wir sind zurück in der mittelalterlichen Anwesenheitsgesellschaft, in der das Gespräch immer möglich ist und geschriebene Sprache zur Anstrengung wird. Die Gutenberg-Revolution – die die Mehrheit der Menschen zu Zuhörern und Lesern machte, Autorität als soziales Prinzip verankerte und Verbindlichkeit in der Kommunikation garantierte – werde nun abgelöst von der Google-Revolution – die Kommunikation von formaler Strenge befreie, Autoritäten entmachte, Netzwerke fördere und das Denken von der Geltung allgemeiner Kategorien entlaste. Stetiger Wandel und ständige Interferenzen seien nun wieder akzeptierter Normalfall in der alltäglichen, strukturlosen und stets spontanen Kommunikation. Die Vorträge der dänischen Professoren enthalten bewusst keine normative Kritik an dieser Beobachtung, sondern sie stellen schlicht fest: Die Erfindung des Buchdrucks störte den natürlichen Lauf der Dinge.

Wer ihnen nun widersprechen wollte, braucht mehr als nur gute Argumente. Er müsste erst einmal das Konzept »Debatte« über das Ende der Gutenberg-Parenthese hinüber in die Turing-Galaxie retten.

NACHRICHTENDIÄT

THERAPEUTISCHER NACHRICHTENKONSUM

Dieses Kapitel heißt nicht absichtslos »Nachrichtendiät«, aber es wird der Idee des Buches treu bleiben, eher zu informieren als zu instruieren. Dennoch bricht dieses Kapitel mit dem vorherigen Verlauf des Textes. Der Redaktionsschluss ist ein gesellschaftliches Phänomen, das wir euphorisch und ernüchtert beobachten, wohl wissend, dass unsere Wünsche der Wirklichkeit wenig entgegensetzen können. Das ist beim Besprechen einer Diät ganz anders. Wir kennen den Begriff aus der Ernährung, wissen also, dass er zwar mit Verzicht, vor allem aber mit Bewusstwerdung, Zügelung, Planung und Übung zusammenhängt. Ohne Anspruch darauf, die Gesellschaft und den Lauf der Geschichte ändern zu können, bieten Diäten die Chance, einen verständigeren Umgang mit den Möglichkeiten des Alltags zu finden – die ohne Pathos, sondern ernst gemeint darauf abzielen, fröhlicher zu leben, sich freier zu fühlen und zumindest das persönliche Schicksal in die eigenen Hände zu nehmen.

Wollen wir auch dieses Kapitel wieder mit dem Namen einer Person beginnen? Einer böte sich nämlich an: der in Deutschland völlig unbekannte Walter Winchell. Wir werden uns aber von ihm überraschen lassen, ohne ihm eine Vorrangstellung vor den Journalisten Stefan Niggemeier und Konrad Lischka, der Informatikerin und Autorin Constanze Kurz und dem Soziologen Dirk Baecker einzuräumen. Mit ihnen werden wir nämlich über ihre Nachrichtendiäten und weitere mediale

Selbsterfahrungen reden. Beginnen möchte ich aber bei mir selbst: Wozu brauche ich eine Nachrichtendiät?

Ich gehöre zum Jahrgang 1983 und zähle mich daher nicht zu den sagenumwobenen Millennials, die heute um die zwanzig Jahre alt sind und von denen wir wissen, dass das Internet als verbraucherfreundliche Technologie älter ist als sie. Obwohl aber tragbare Computer und WLAN erst verhältnismäßig spät erfunden wurden, nämlich zur Jahrtausendwende, fällt auch mir eine Erinnerung an eine Welt ohne Internet schwer. So wie es für meine Kinder gelten wird, denen ich heute im Grundschulalter noch kein eigenes Smartphone zugestehe, begann auch für mich das digitale Leben als Schüler in der weiterführenden Schule. Wie selbstverständlich das Internet für mich war, fiel mir allerdings erst vor wenigen Jahren, 2012 im Urlaub, auf. Apples iPad machte das Internet damals tatsächlich allgegenwärtig. Doch plötzlich sollte es mir tagelang nicht zur Verfügung stehen. Es gab nur einen Ausweg: Ich wusste durch Zufall, wo es in der Nähe verschlüsselungsfreies, privates WLAN gab. Also fuhr ich jeden Abend mit dem Fahrrad kurz dorthin, öffnete das iPad und aktualisierte nacheinander meine App mit den RSS-Feeds, die App der »New York Times«, der F. A. Z., Twitter, Flipboard, Facebook und noch eine Handvoll andere. Nach zehn Minuten war ich auf dem neuesten Stand, beziehungsweise war mein Gerät auf dem neuesten Stand. Ich hatte nun einen Tag Zeit zu lesen, wissend, dass keine weiteren Aktualisierungen zu erwarten waren. Das Internet war nicht mehr der anhaltende Strom an Informationen, sondern folgte dem Rhythmus einer Tageszeitung.

Das Erlebnis war eindrücklich. Plötzlich las ich tatsächlich die Texte, die ich mir kurz vorher zum späteren Lesen markiert hatte. Und eilig dahingeschriebene Tweets, die Konflikte anbahnten und Sensationen versprachen, wurden für mich recht unbedeutend, da ich die Entwicklung, die sie auslösten, ja nicht mitverfolgen konnte. Das Nachlesen am nächsten Abend schien sofort sinnlos. Seitdem habe ich mehrere Experimente gewagt. Ich habe beispielsweise erst im Büro die Papierzeitung gelesen, statt mich noch im Bett per Smartphone über den aktuellen Stand der Dinge zu informieren. Ich habe twitterfreie Wochen gemacht, die sich als wirklicher Weg in die Erblindung herausgestellt haben. Ich habe an manchen Tagen meine komplette Twitter-Timeline gelesen, was aus Zeitgründen leider nicht sehr praktikabel ist. Und ich habe ausgefeilte RSS-Feed-Nutzungsstrategien entwickelt, die sich sehr ausgezahlt haben. Wir klären gleich ähnliche Beispiele mit unseren Gesprächspartnern.

Empfehlen kann ich an dieser Stelle aber wenigstens zwei Ideen. Zum einen die von Jason Zook, der eines Tages keine Lust mehr auf schlechte Nachrichten und Aufregung am Morgen hatte, weshalb er vor dem Frühstück konsequent nur Facebooks Bilder-Netzwerk Instagram nutzt.[1] Das hat nicht nur den Vorteil, dass man so früh am Morgen nicht mit Text belästigt wird. Bei Instagram lässt sich auch hervorragend feinjustieren, was man sehen möchte, in meinem Fall nämlich nur schöne Dinge, seien es schöne Menschen, schöne Architektur oder schöne Landschaften. Ich starte meinen Tag heute drei Minuten lang mit dreißig schönen Bildern. Die andere Idee hat Sascha Pallenberg beschrieben unter der Überschrift »Einfach mal abschalten – Entschleunigung 2.0«.[2] Er habe sich – und diese Worte wählt er als Technologie-Blogger, der sein Hobby vor allen anderen zu einem einträglichen Beruf gemacht hat –

»einlullen lassen, von der Industrie, vom Marketing, vom Druck der Netzwerke und vor allen Dingen von mir selbst«. Sich »vom Diktat der digitalen Netzwerke« zu lösen fiel ihm nach diesen Einsichten nicht schwer. Er lässt sich ganz einfach von seinem Smartphone, beziehungsweise von seinen vielen Smartphones, nicht mehr benachrichtigen. So einfach es klingt, der Trick ist anfänglich tatsächlich nur mit Komplikationen umzusetzen. Denn adressierte Kommunikation per SMS, Anruf, Facebook-Nachricht oder auf anderen Wegen ist gar nicht so leicht zu unterscheiden von der unadressierten Kommunikation, die einen ständig belästigt. Mein Trick funktioniert so: Ich nutze eine spezielle Energiesparfunktion, wie sie in vielen Smartphones verbaut ist. Sie versetzt das Handy in einen Tiefschlaf, solange ich es nicht nutze. Erst wenn ich den Bildschirm aktiviere, laufen im Hintergrund die Abfragen der Apps nach neuen Informationen. Ausnahmen lassen sich in diesem Modus sehr detailliert einstellen. Kein soziales Netzwerk nervt mich seitdem. Informationen, die direkt an mich gerichtet werden, erreichen mich trotzdem zuverlässig – unter anderem auch deswegen, weil mein Akku heute doppelt so lange durchhält.

Um nun noch einen letzten Haken zu schlagen, bevor wir gleich unsere Gespräche führen, und um mir auch selbst noch einmal zu widersprechen, dass es in diesem Buch eher um Beobachtungen als um Appelle geht, möchte ich noch auf einen Punkt meiner persönlichen Nachrichtendiät zu sprechen kommen, aus dem ich eine wichtige Empfehlung ableite: Sollten Sie noch Fernsehen schauen, insbesondere Abendnachrichten, weil Sie sie für wichtig halten, dann müssen Sie jetzt sofort Ihr Leben ändern. Schalten Sie Ihren Fernseher aus!

Leider kann ich an dieser Stelle nicht die vielen hundert notwendigen Seiten darüber schreiben, warum tägliche Fernsehnachrichten sofort abgeschafft gehören. Ich kann für die ausbleibende Argumentation allerdings einen ebenso zeitfressenden Ersatz anbieten: Im April 2015 begann ich, gemeinsam mit dem Journalisten Tilo Jung Fernsehen zu schauen. Ich habe – während der Griechenland-Krise, der Flüchtlingskrise, der FIFA- und VW-Krisen, der Kriege auf der Welt und des Terrors in Europa – über Monate jede »Tagesthemen«-Sendung der ARD und alle »heute-Journal«-Sendungen des ZDF, zudem die politischen Wochenmagazine »Bericht aus Berlin« (ARD) und »Berlin direkt« (ZDF) gesehen und bis zu dreimal pro Woche jeweils ein bis zwei Stunden lang besprochen. Das Ergebnis ist ein rückblickend eigentlich am besten als Gesprächstherapie zu charakterisierender Podcast, in dem Tilo Jung und ich wenig anderes tun, als im Dialog und mit Gästen unser Nachrichtenerlebnis aufzuarbeiten.*

Interessant sind zwei Erfahrungen. Zum einen die sozialen Wirkungen solch eines Podcasts. Da Tilo Jung mit dem »Jung-&-Naiv«-Format – einem wachsenden Archiv aus mehr als zweihundert Interviews mit Politikern und einer Dokumentation der Bundespressekonferenz – bereits Publikum mobilisiert hat, konnten wir den Podcast recht früh auf eigene finanzielle Beine stellen. Schon im ersten Monat erhielten wir

* Der Podcast heißt »Aufwachen« (aufwachen-podcast.de), nicht weil wir ihn mit einer esoterischen Erweckungsabsicht verbinden, sondern weil der Name scherzhaft unser Nutzerverhalten widerspiegelt. Die Digitalisierung stellt die Tageszeitung schon abends zur Verfügung, wenn man endlich auch Zeit hat, sie in Ruhe zu lesen. Am Morgen dagegen, wenn die Hektik des Tages schon mit der Vorbereitung auf ihn beginnt, lässt man die Abendnachrichten aus der Mediathek nebenherlaufen.

vierstellige, freiwillige Unterstützerzahlungen von unseren Hörern. Im vierten Monat erreichten wir erstmals den 1. Platz in den deutschen iTunes-Podcast-Charts. Wie die Platzierungen ermittelt werden, weiß, abgesehen von Apples Mitarbeitern, allerdings niemand genau. Allein von der Reichweite hängen die Platzierungen zumindest nicht ab. Dennoch war für uns überraschend, dass wir mit einem Podcast über die Fernsehnachrichten, in dem wir allerdings auch in jeder Ausgabe Dutzende Audio-Ausschnitte aus den aktuellen Nachrichten einspielten, bei Apple höher gerankt waren als die Nachrichtensendungen selbst, die schließlich auch als Podcast veröffentlicht werden.

Wichtiger noch ist aber meine inhaltliche Erfahrung. Dabei kommt der vorhin erwähnte Walter Winchell ins Spiel, das er als sein Erfinder bis heute prägt. Dass wir ihn in Deutschland nicht kennen, zeigt, wie wenig wir vom Fernsehen als Geschäft, von seinen Ursprüngen, Funktionsweisen und Wirkungen verstehen. Daran ändert der Einstieg in Winchells Biografie, die Neal Gabler vor zwanzig Jahren vorlegte, erst einmal wenig.[3] Der erste Satz des Buches lautet: »In the end, few really remembered, fewer cared.« Als Winchell 1972 starb, kam nur seine Tochter zu Beerdigung. Dennoch, wenige Jahrzehnte zuvor, hielt Winchell ganz Amerika in Atem. Er schrieb die ersten Kolumnen, die heute als »Gossip« bekannt und als Prominenz-Berichterstattung omnipräsent sind. In den 1930er und -40er Jahren erreichte er rund fünfzig Millionen Menschen mit seinem wöchentlichen Radioprogramm und einer täglichen Kolumne, die in mehr als zweitausend Zeitungen verbreitet wurde. Und Amerika war damals klein, man hätte überhaupt nur 75 Millionen erwachsene Menschen erreichen können. Als Winchell einmal in New York die Zeitung wechselte, folgten ihm 200 000 Abonnenten. Mancher Zeitung wurde von ihren eigenen Reportern nachgesagt, dass die Hälfte ihrer Leser doch nur Winchells Kolumne lesen wollten. Einen Zeitzeugen zitiert Gabler sogar mit den Worten »kein Mann hatte jemals ein so anhaltend großes Publikum, der nicht Politiker oder religiöser Führer war«.

Worum ging es dabei tatsächlich? Walter Winchell hat einen menschlichen Instinkt ausgebeutet, dem wir bis heute erliegen, den wir allerdings nicht abwehren können, weshalb wir ihn mit Ideologien, moralischen Appellen und medialen Partizipationsbefehlen überlagerten. Das Prinzip ist wirklich erstaunlich einfach: Wenn wir uns über Menschen informieren, indem wir beispielsweise zum Nachbarn durch ein Loch im Zaun hinüberlinsen, wodurch wir etwas erfahren, ohne dass der andere weiß, dass wir es wissen – fühlen wir uns in einer Position der Macht. Wir glauben, dass der Wissensasymmetrie ein Handlungsvorsprung folgt.

Und tatsächlich: Zu wissen, über andere mehr zu wissen, als sie über einen selbst wissen, verspricht vorteilhaft zu sein, sei es an der Börse, in politischen Verhandlungen oder im Krieg. Nur ist der Konsum von Gossip-Nachrichten mit all dem nicht vergleichbar. Wir begegnen ja den Menschen, über die wir mehr wissen als sie über uns, überhaupt nicht. Dennoch fesseln uns die dargebotenen Geschichten, weil sie uns zumindest einen Vorsprung einräumen: Sollten wir auf der Straße, in der Kaffeeküche oder im Wartezimmer auf Gleichgesinnte treffen, können wir etwas erzählen, was der andere noch nicht weiß, was ihn aber interessiert – wodurch wir wiederum ein wenig interessanter werden, so wie die Prominenten, über die wir tratschen.

Das Argument, auf das es mir beim Blick auf Winchells Wirken ankommt, ist nun überschaubar kurz: Die öffentlich-rechtlichen Abendnachrichten und die politischen Wochenendmagazine am Vorabend sind nichts anderes als Gossip-Reports. »RTL-Exclusiv« und »VOX-Prominent!« beschäftigen sich mit den Schönen und Reichen, beim ZDF und in der ARD beschäftigt man sich mit den Mächtigen. Die Folgen sind fatal: Plötzlich schrumpft das politisch relevante gesellschaftliche Leben in Deutschland und die Hundertausende von Mitarbeitern umfassende Staatsverwaltung auf das persönliche Kräftespiel von zehn Bundespolitikern zusammen, über die man sinnvollerweise nur eins sagen kann: Sie sind bekannt aus Funk und Fernsehen, weil sich ein acht Milliarden Euro schwerer Medienkoloss – der eigentlich eine ernste Aufgabe wahrnehmen soll – nicht schämt, regelmäßig zufällig ausgewählte Bundesbürger per Telefon zu fragen, welche Schulnoten sie an das aufgezählte politische Personal vergeben. Der Witz ist, dass dieses Politiktheater, das das ZDF »Politbarometer« und die ARD »Deutschlandtrend« nennt und als Journalismus dargeboten wird, eigentlich nichts als Medienwirkungsforschung ist. Wir erfahren ja gar nichts über die Politiker, sondern nur über ihr mediales Bild, für das wiederum die Sender allabendlich verantwortlich sind. Dass politische Entscheidungen eigentlich in der Verwaltung getroffen werden, dass sie eher einer organisationalen Rationalität als persönlichem Befinden unterworfen sind, ist in den Abendnachrichten des öffentlich-rechtlichen Fernsehens niemals Thema. Geradezu Tabu ist, dass die Politik nur ein Teilbereich der Gesellschaft neben anderen ist.

Fernsehredaktionen, die sich mit Politik beschäftigen und dafür morgens konferieren, um abends etwas zu senden, können sich nur auf wenige Dinge konzentrieren – beispielsweise Konflikte, allen voran Wahlkämpfe. Ich habe bis hierhin mit Absicht nichts über die Arbeit von Redaktionen gesagt, die nicht täglich, sondern beispielsweise im Rhythmus von drei Wochen oder monatlich senden. Wenigstens dieser Rhythmus scheint in der redaktionellen Arbeit nämlich vom Zwang zu befreien, sich aus Angst, nichts zum Senden zu haben, an Personen zu klammern, ausschließlich mit oder über sie zu sprechen – statt Probleme zu behandeln. Für eine Handvoll abendlicher Politik-Magazine gilt also nicht, was wir im Podcast häufig bei den Abendnachrichten beobachtet haben: Sie befassen sich mit dem Handeln der höchsten politischen Amtsträger im Modus der Sportberichterstattung. Und sie warten mit den Antworten auf wichtige Fragen erst auf die Themensetzung und Sprachregelung der »Spitzenpolitiker«, um es sich mit ihren Lieblingen nicht zu verscherzen.

In dieser Hinsicht haben wir im Podcast den Spieß umgedreht und die Fernsehberichterstatter dabei beobachtet, wie sie das politische Personal beobachten. Wir haben festgestellt, auszugsweise: Der ZDF-Moderator Thomas Walde kann minutenlang reden, ohne danach inhaltlich zitierfähig zu sein. Der ARD-Chefredakteur Rainald Becker bejubelt das Regierungshandeln regelmäßig auf eine Weise, die sogar Regierungssprecher Steffen Seibert peinlich wäre. Der Chefredakteur des Bayerischen Rundfunks, Sigmund Gottlieb, kann überhaupt nur als Lautsprecher der CSU sinnvoll charakterisiert werden. Alle anderen Versuche, seine öffentlich sichtbare Berufstätigkeit zu beschreiben, gehen fehl. Die Beobachtungen hat der »brand-eins«-Redakteur Wolf Lotter in einer passenden Beschreibung verpackt, sie passt in einen Tweet: »Viele Journalisten sind zuverlässigere Staatsverteidiger als die Spitzenbeamten, die ich kenne. Letztere wissen ja auch Bescheid.«[4]

Was hier nun nah an Verschwörungstheorien klingt, lässt sich allerdings wirklich nicht logisch auflösen. Wir haben im Podcast beispielsweise Archivsendungen von »Jung & Naiv« gespielt, in denen der ehemalige Chefredakteur des ZDF, Nikolaus Brender, im Gespräch mit Tilo Jung davon berichtet, dass zumindest zu seiner Zeit die CDU »mit Bärbeißigkeit« versucht habe, in »die Berichterstattung einzugreifen«. Als wir mit dem Nachrichtenchef des ZDF, Elmar Theveßen, als Gast im Podcast darüber sprachen, hatte er jedoch nie zuvor davon gehört, sagte aber wiederum, dass im Verwaltungsrat seines Senders noch immer zu viele Mitglieder der CDU sitzen, was sogar das Bundesverfassungsgericht per Urteil zu korrigieren vorgab. Leider sei man noch nicht dazu gekommen, das Urteil auch tatsächlich umzusetzen – als handle es sich bei dem Karlsruher Urteilsspruch um eine unverbindliche Rechtsberatung.

Meine persönliche Nachrichtendiät zum Thema Regierungshandeln sieht seit 2015 so aus, dass ich die Regierungspressekonferenzen per Podcast verfolge. Tilo Jung dokumentiert sie inzwischen vollständig, auch per Video. Auffällig ist die Erfahrung, dass die Einblicke in das Regierungshandeln auf diesem Weg sehr weitreichend sind. Mein Eindruck ist, dass das öffentlich-rechtliche Fernsehen – zugegebenermaßen der einzige Fernsehbetrieb, der sich überhaupt mit dem politischen Betrieb beschäftigt – mit seiner redaktionellen Arbeit die Nuancen der offiziellen Regierungskommunikation, deren Bedeutung nach gewisser Zeit leicht zu registrieren ist, sogar verdeckt. Im Fernsehen erfährt man letztlich doch mehr über die redaktionelle Arbeit der Medienhäuser als über das politische Handeln der

Regierung. Erstaunlicherweise nimmt der unmittelbare politische Nachrichtenkonsum, die Regierungspressekonferenzen zu verfolgen, nicht einmal nennenswert mehr Zeit in Anspruch. Die Dauer der Regierungspressekonferenzen sowie der Abendnachrichten von ARD und ZDF beläuft sich pro Woche auf jeweils vier Stunden, sofern man die exorbitante Bundesliga- und Wetterberichterstattung der »Tagesthemen« abzieht. Hört man den Podcast mit doppelter Geschwindigkeit, beläuft sich der Zeitaufwand auf höchstens dreißig Minuten täglich.

Dennoch verfolge ich auch die Fernsehnachrichten weiterhin – mit soziologischer Lust. Unser Podcast eröffnete uns inzwischen viele informale Einblicke in die öffentlich-rechtlichen Fernsehanstalten. Ohne es zitierfähig vortragen zu können, kann ich mich als Soziologe nur sprachlos fasziniert zeigen: Dass Bürokratien intern zu Zynismus führen, ist normal, ja sogar notwendig. Das Ausmaß des Zynismus in den öffentlich-rechtlichen Fernsehanstalten spottet aber allen Vorstellungen. Es ist ein soziales Wunder. Das allerdings ist nicht Thema dieses Buches, obwohl man sich natürlich auch die Frage stellen kann, ob der Medienwandel nur eine rein gesellschaftliche Angelegenheit ist, oder ob er nicht auch zu innerorganisationalen Effekten führt, die wiederum eine Eigendynamik befeuern, die sich aus den gesellschaftlichen Veränderungen nicht direkt ableiten lässt, der man sich allerdings unbedingt zuwenden sollte – insbesondere als Beitragspflichtzahler. Wir können die Ausführungen zum Fernsehen damit abschließen. Unsere Gesprächspartner kommen nämlich auch nicht darauf zurück.

STEFAN NIGGEMEIER

Wer sich für Journalismus als Beruf interessiert, kennt Stefan Niggemeier. Vor zwanzig Jahren, 1996, wurde er mit 26 Jahren »Redakteur elektronische Medien« des Fachmagazins »Werben & Verkaufen«, dann schrieb er als Pauschalist für die Medienseite der »Süddeutschen Zeitung«, als Kolumnist für die »Zeit« und ab ihrem Start 2001 als verantwortlicher Medienredakteur für die »Frankfurter Allgemeine Sonntagszeitung«. Während dieser Zeit gründete er das »BILDblog« und erarbeitete mit einem Kollegen das in seinem Umfang furchteinflößende »Fernsehlexikon«. Seitdem schrieb er Moderationen für Samstagabendshows des Fernsehens, er unterstützte Onlineprojekte, arbeitete für den »Spiegel« und gründete die medienkritische Plattform »uebermedien.de«.

Es ist eine Biografie, die Respekt einflößt, wenn man die Innenleben der Medienhäuser kennt. Heute allerdings kennt man Niggemeier vor allem als eigenständigen Autor, der es vermag, mit Texten auf seiner Website die Medienwelt regelmäßig in Wallung zu versetzen. Als Blogger ist Niggemeier der Kontrapunkt zum noch immer belächelten öffentlichen Tagebuchschreiber. Wenn Stefan Niggemeier über die Medienwelt schreibt, bekommen manche Verleger Angst. In wenigstens einem Fall ist gut dokumentiert, wie Niggemeier einen von ihnen aus dem Amt schrieb. Wenn wir den Medienwandel beobachten wollen, reden wir also am besten als Erstes mit ihm.

Ich habe ihn zuerst nach den für ihn auffälligsten Veränderungen in der Medienwelt der vergangenen fünf Jahre gefragt. Die Frage war absichtsvoll offen, thematisch angeboten hätten sich beispielsweise die Absatzzahlen der Medienhäuser, die

Reichweitenerfolge der YouTuber oder die neuen Kommunikationsstrategien von Unternehmen und Sportvereinen. Niggemeier sagte, »in erster Linie hat sich die Mediennutzung verändert. Was seit langem nur beschrieben wurde, dass die Digitalisierung große Umbrüche bedeutet, das passiert jetzt.« Dabei sei eine »viel höhere Wucht und Dramatik« zu beobachten. Zwar haben es viele kommen sehen, auf Konferenzen und in den Medienhäusern wurde schließlich schon darüber gesprochen, »richtig ernst genommen hat es aber niemand«. Insbesondere die bekannten Social-Media-Dienste Twitter und Facebook seien heute für viele Menschen »der Kanal geworden, durch den sie die Welt wahrnehmen«, mit entsprechend »dramatischen Auswirkungen auch darauf, wie klassische Medien heute produziert werden«.

Den Wandel macht Niggemeier besonders an einem Aspekt fest: »Wir haben das Internet genutzt, aber wem wirklich an der Gesellschaft lag, der hat eben auch noch Zeitung gelesen«, das ändere sich jetzt. Die Timeline sei nun für viele Menschen nicht nur ein zentraler, sondern der einzige Anlaufpunkt. Wahrgenommen wird, was in ihr stattfindet, was Freunde als Empfehlungen und Algorithmen nach ihren Entscheidungen in sie hineinspülen. »Die Desintegration ist gewaltig«, sagt Niggemeier. Nur darüber zu sprechen, was nun seit einiger Zeit getan werde, zeige die tatsächlichen Überraschungen in den Medienhäusern nicht gänzlich auf. »In der Praxis sind die Auswirkungen dramatisch. Es fühlt sich an wie ein ganz großer Umbruch in der Mediennutzung.« Er sehe an sich selbst, dass die Rituale verschwänden. An ihre Stelle tritt die Spontanität, sich nach Belieben der neuen, ununterbrochen verfügbaren Medienwelt zu bedienen. Redaktioneller und insbesondere unabhängiger

Journalismus spielt dabei in der neuen Medienwelt nur eine Rolle neben vielen anderen Akteuren. Auch Gewerkschaften, Fußballvereine, Unternehmen und andere Interessenorganisationen buhlen um Aufmerksamkeit. Welche Funktion kann dem redaktionellen Journalismus überhaupt noch bleiben?

Bei der Beantwortung dieser Frage hellt sich die Stimmung nicht auf. Niggemeier beginnt sie mit den Worten: »Ich bin da ziemlich pessimistisch.« Allerdings schaut er dabei nicht nur nach vorn, sondern auch zurück. Es sei schon immer schwer gewesen, den Leuten die Bedeutung zu erklären, warum sie sich über die Welt informieren sollten, sagt er. Das Argument lautete stets, dass eine demokratische Gesellschaft nur funktionieren könne, wenn Bürger mündig entscheiden könnten, wofür sie Informationen brauchten, die ihnen Journalisten zur Verfügung stellten. »Mein Pessimismus beginnt schon hier, dass ich glaube, dass viele Medien ihrer Aufgabe gar nicht gerecht werden«, sagt Niggemeier.

Wir sprachen dabei nicht über »Lügenpresse«-Vorwürfe, sondern über Glaubwürdigkeit. Anders als es ZDF-Intendant Thomas Bellut mit seiner Umfrage darstellte, beobachteten zumindest wir beide eine Vertrauenskrise des Journalismus, die sich nicht nur in mangelnder Akzeptanz durch das Publikum ausdrückt, sondern auch konkret in zurückgehender Zahlungsbereitschaft. Fraglich sei nämlich, sagt Niggemeier, wo das Problem tatsächlich liegt. Schließlich müsste die Bedeutung von Glaubwürdigkeit als Währung immer wichtiger werden, desto weiter die Medienwelt fragmentiert werde, also an Vielfältigkeit gewinne. Zwar glaubt auch Niggemeier nicht, dass sich Glaubwürdigkeit als Qualitätsmerkmal auch künftig über einen gesamten Fernsehsender spannen lässt. Aber in kleineren Einheiten gedacht, sollten einzelne Programme und Sendungen doch derartige Leuchttürme sein können. »Für das ZDF wäre das schön, weil die Idee des öffentlich-rechtlichen Rundfunks darauf beruht«, sagt Niggemeier und gibt damit das von ihm beobachtete Defizit zu erkennen.

Aber wäre es nicht möglich, dass gerade die Vielfalt neue Formen von Vertrauen ermöglicht? Der Mechanismus wäre gar nicht neu. Wir kennen ihn unter dem Stichwort »Pluralität«. Bezogen auf das Medienjahr 2015 sagt Niggemeier dazu: »Wenn ich auf die Griechenland-Berichterstattung schaue, verstärkt die Pluralität meine Unsicherheit.« Wir reden über die Arbeit deutscher Medienhäuser: »Wenn das ›Handelsblatt‹ Schäuble heiligspricht, vermute ich, dass geschrieben wird, was die Leser lesen wollen, und zwar mit der größten Übertreibung und den wenigsten Zweifeln im Text«, sagt Niggemeier. Zu der Zeit, in der wir das Gespräch führten, titelte das »Handelsblatt« mit der Frage, ob Schäuble nicht der bessere Kanzler wäre, oder sogar schon sei – als »Kanzler der Vernunft«. »Wer mir gegenüber so daherkommt, verliert mein Vertrauen sofort«, fasst Niggemeier seinen Eindruck zusammen.

Eine grundsätzliche Absage an den redaktionellen Journalismus ist diese Aussage allerdings nicht. Niggemeier liest beispielsweise den »Economist«, weil ihm dessen Artikel differenziert erst die eine Seite eines Sachverhalts aufschlüsseln, ihr eine andere gegenüberstellen und dann einen Strich darunter ziehen. »Das wirkt auf mich total überzeugend. Es geht ja nicht darum, mich nur inhaltlich zu überzeugen, sondern mich auch davon zu überzeugen, mich gut informiert zu haben, auch wenn ich am Ende anderer Meinung bin.« Das Verhalten hiesiger Kollegen ist ihm dagegen unerklärlich. »Wahrscheinlich gibt sich eine Mehrheit damit zufrieden, eine übersichtliche Lagebeschreibung zu bekommen. Manche Medien orientieren sich auf diese Weise an den Bedürfnissen ihres Publikums. Aber wahrscheinlich gewinnen sie damit nicht diejenigen, die sie brauchen, um als Medium zu überleben.«

Wie sehr Stefan Niggemeier als Kenner der Medienwelt – mit ihren etablierten Organisationen, gesellschaftsweit ausgebreiteten Vertriebswegen und redaktionellen Rationalitäten – selbst schon in der Netzwerkgesellschaft angekommen ist, zeigt eine fast nebensächliche Aussage zu seinem Medienkonsum. Er spricht nämlich von Instanzen, »denen ich so eine Art Grund-Glaubwürdigkeit« zurechne – womit er einzelne Personen meint, über die er tatsächlich fast gar nichts weiß, die ihm aber auf Twitter präsent sind, weil dort »Dinge passieren, die für mich wichtig sind«. Auf Twitter fand er beispielsweise angelsächsische Publizisten, die »auf eine Art kommunizieren, die bei mir Vertrauen weckt«, weil sie durchweg eher mit Skepsis als Absolutheitsansprüchen arbeiten. »Und irgendwann merkte ich dann, dass ich auf Nachfrage gar nicht mehr sagen kann, warum die in meiner Timeline sind.« Ohne sich selbst oder anderen darüber Auskunft geben zu können, wie es geschah, wuchs so ein vertrauenswürdiger »Patchwork-Experten-Teppich«. Und Niggemeier ergänzt noch: »Dafür, dass ich lange gar nichts mit Twitter anfangen konnte, ist das wirklich erstaunlich.«

Wie sieht seine Nachrichtendiät aus? Es dreht sich nicht alles ums Handy. Es sei eher der Laptop, den er auch morgens als Erstes aufklappe. Aus Gewohnheit durchblättere er die »Frankfurter Allgemeine Zeitung« und die »Bild«, Letztere weniger auf der Suche nach neuen Information als nach Fehlern. »Den

›Economist‹ lese ich dagegen, um mich wirklich über die Welt zu informieren. Fernsehen schaue ich ab und zu, da habe ich keine Gewohnheiten. Twitter ist ein bedeutender Ausgangspunkt für mich geworden.« Nicht einmal Stefan Niggemeier, der ein 1500-seitiges Lexikon zum Fernsehen vorgelegt hat, schaut also noch planvoll Fernsehen. Stattdessen führt ihn heute Twitter zu Analysen und Hintergrundstücken, die er nirgendwo sonst findet, erst recht nicht in der dort gebotenen Vielfalt. Facebook dagegen ist für ihn ein eher privates Unterhaltungsmedium.

Zum Abschluss sprachen wir über die Humorkonjunktur im amerikanischen Fernsehen. Der Humor sei, beispielsweise als Satire, nicht nur der Gegenentwurf zur Seriosität. Niggemeier betonte auch noch eine andere Unterscheidung. Mit dem Wachstum an Vielfalt im Angebot der Medienwelt schrumpfen die Aufmerksamkeitsspannen des Publikums. Der Humor ermöglicht es nun, neben dem thematischen Interesse einen zweiten Aufmerksamkeitsanker zu werfen. So könnten Spannungsbögen gestaltet werden, auf deren Pointe man sogar dann aufmerksam warte, wenn mit thematischen Überraschungen nicht zu rechnen sei. Gelingt das – und idealtypisch ist dafür die Arbeit von John Oliver in seiner Sendung »Last Week Tonight« –, lässt sich ein Publikum über die Darbietung sogar so sehr fesseln, dass sich doch wieder Räume für inhaltliche Überraschungen auftun. John Oliver ist das gelungen, ihm vertraut sogar das flüchtige Millionenpublikum bei YouTube, wieder inhaltlich inspiriert zu werden. Plötzlich befasst sich sein Publikum bis zu zwanzig pausenlosen Minuten mit den Hintergründen der Lotterie, des Gefängniswesens und von technischen Teststandards. Solch einem Erfolg stünden hierzulande allerdings Prinzipien im Weg, die in deutschsprachigen Medien allgegenwärtig seien – Formatstarre, Angst und Ziellosigkeit.

Stefan Niggemeier wird das weiter für uns beobachten. Denn wenn auch von außen betrachtet häufig unklar ist, woran er gerade arbeitet, werde er der Medienkritik treu bleiben. »Journalisten schreiben über die Welt, und die Medien sind ein Teil der Welt«, sagt er soziologisch aufgeklärt. Und er fügt, der soziologischen Aufklärung ein praktisches Anliegen gegenüberstellend, an: »Es ist völlig legitim, über etwas zu schreiben, in der Hoffnung, dass es besser wird.«

KONRAD LISCHKA

Mit Konrad Lischka zu sprechen war mir ein besonderes Anliegen – aus Gründen, die Stefan Niggemeier an sich beobachtete, die ich an mir beobachte und die viele andere an sich beobachten, ohne sich die Sache auch erklären zu können. Irgendwie spielen Netzwerke heute eine wichtige Rolle in unserem Leben. Das lässt sich nicht einfach mit dem Aufkommen sozialer Netzwerke im Internet abtun, auch wenn vieles mit ihnen zusammenhängt. Denn diese – die sichtbaren, benennbaren und geschäftstüchtigen Netzwerke wie Twitter, Facebook, YouTube und unzählige andere – beuten vielmehr ein tiefer liegendes generatives soziales Moment der Vernetzung aus, das das Internet selbst mit sich brachte.

Wir müssen dabei nicht hochtrabend eine Netzwerkgesellschaft diagnostizieren und so tun, als sei Vernetzung als soziales Phänomen erst mit technischer Unterstützung möglich. Denn es reicht auch, einzelne Punkte herauszugreifen. Beispielsweise diesen: Das Netz hat eine bisher unbekannte Form von Vertrauen geschaffen. Wir vertrauen heute Menschen, die uns manchmal nur als Profilbild bekannt sind, und die nicht einmal mit uns reden, sondern einfach kommunizieren. Ein bisschen kennen wir das schon aus dem Fernseh-, Radio- und Zeitungszeitalter. Neu ist allerdings, dass wir unbekannten Personen auch dann vertrauen und uns für sie interessieren, wenn sie ohne den Namen einer allgemein bekannten Institution im Rücken in unserer Medienwelt auftauchen. Konrad Lischka ist für mich eine dieser Personen.

Als ich anfing, ihm bei Twitter zu folgen, arbeitete er bei »Spiegel Online«, er durchforstete dort das Internet und schrieb über relevante Entwicklungen. Dass er beruflich die Institutionen wechselte, den Journalismus verließ, von Hamburg nach Düsseldorf zog, um dort für die Staatskanzlei der Landesregierung Nordrhein-Westfalens zu arbeiten, bekam ich alles gar nicht mit. Mir fielen nur immer wieder seine Empfehlungen auf Twitter auf. In meiner Timeline weckte sein Profilbild meine Aufmerksamkeit für die Tweets, die neben dem allmählich vertrauten Bild auftauchten. Ich bin dem also nachgegangen, und nun reden wir mit jemandem über die Medienwelt, der im Lokaljournalismus gearbeitet hat, der die großen deutschen Feuilletons als Autor von innen kennenlernte, der sie zum Abschluss seines Studiums für seine Diplomarbeit inhaltsanalytisch analysierte, der während dieses Studiums die Ausbildung bei der Deutschen Journalistenschule absolvierte, an mehreren Büchern mitarbeitete, die zum Teil in eigenständiger Verlegertätigkeit per Crowdfunding realisiert wurden; der mir dann als »Spiegel-Online«-Redakteur auffiel und heute als Referent Digitale Gesellschaft für eine der drei Landesregierungen (NRW, Bayern und Hamburg) arbeitet, die in Konkurrenz zueinander um den ersten Platz im inoffiziellen Ranking der deutschen Medienstandorte kämpfen.

Wir reden über Zeitungen, nachdem ich ihn gefragt habe, woran der Auflagenverlust der gedruckten Ausgaben liegt. »Wir haben heute eine falsche Wahrnehmung, weshalb Leute Zeitungen abonniert haben«, sagt Lischka. Zum einen sei die Zeitung ein alternativloses Angebot gewesen, man sei ihm bei Interesse an der Gesellschaft sozusagen ausgeliefert gewesen. Zum anderen habe die Unterhaltung eine heute oft übersehene Rolle gespielt. Das diffuse Gefühl für die soziale Umgebung, das Wissen über die Welt, in der man lebt, sei es lokal oder in größerem Rahmen, liefere heute das vielfältige Angebot auch neuer Mediengattungen. War die Zeitung eher eine unausgesprochene Einigung auf den kleinsten gemeinsamen Nenner, führe das größere Angebot heute zu diverserer Nutzung, »die besser zu den Spezialisierungen und Vorlieben im Publikum passe«, sagt er.

Sollten wir die Zeitung also überhaupt vermissen? Geht mit ihrem Verschwinden ein Verlust einher? Zumindest die Autorität der lokalen Zeitungen sei verlorengegangen, sagt Lischka. Auch wenn es die Zeitung als Produkt in Deutschland noch zahlreich gebe, beobachtet er einen Funktionsverlust und fragt zurück: »Wann sind es bei lokalen Themen schon Social-Media-Kampagnen, die auf Themen aufmerksam machen oder gar etwas bewegen?« Man sehe heute, dass die Aufgaben, die früher die Lokalzeitung erfüllte, vielfach unerledigt blieben. Dabei haben die Zeitungen doch heute im Netz eine viel größere Verbreitung, entgegne ich. Könnte sie nicht zu neuen Möglichkeiten der Mobilisierung führen? »Mit Blick darauf, welche Themen die großen Zeitungshäuser auf ihren Onlineseiten setzen, sehe ich nicht viel Differenzierung«, sagt Lischka. Er kann Niederländisch lesen, weshalb er regelmäßig in den kleineren niederländischen Sprachraum flüchtet, um dort Zeitungen zu lesen, die ihm ein breiteres journalistisches Angebot als die deutschen böten. Zudem finde er dort neue Projekte, beispielsweise »De Correspondent«, die sich als junges Zeitungsunternehmen nicht nur trauen, Themen vom Tagesgeschäft abgelöst aufzugreifen, sondern die auch mit Formaten spielten. Die deutschen Zeitungen seien dagegen »im Vergleich dazu einfach zu langweilig«. »Im Urlaub lese ich lieber die niederländischen«, sagt er.

In seinem Medienverhalten beobachtet er dieselben Veränderungen, die auch Niggemeier beschrieb. Der Umgang mit Twitter und Facebook hat sich als neue Gewohnheit eingespielt. Dennoch hält Lischka eine sehr bewusste Nachrichtendiät, in der er beispielsweise die Fluktuation steuert. »Ich versuche eigentlich, jede Woche etwas Neues zu entdecken. Und wenn ich etwas Neues entdecke, dann meistens bei Twitter«, sagt er. Auch für ihn ist Twitter also nicht das Medium der rasenden Reporter, die immer zuerst dort sind, wo etwas passiert. Stattdessen ist es der Netzwerkcharakter, der zu Vertrautheit führt – und ein hohes Maß an Variation zulässt. Daneben schlägt sich bei Lischka eine neue, vielfach beobachtbare Renaissance der E-Mail-Newsletter nieder. Er pflegt seine Abonnements, schmeißt manche Dinge raus, wenn sie ihm nach dreimaliger Zusendung inhaltlich nichts bieten. Manche Newsletter-Abonnements behält er allerdings bewusst, auch wenn er über Monate nicht einer der Leseempfehlungen folgt. Und auch das Zeitalter der gedruckten Zeitung ist mit ihm nicht zu Ende.

Allein weil sie sich bequemer lesen lässt, hat er beispielsweise die »London Review of Books« abonniert. Nur deutsche Tageszeitungen spielen bei ihm keine Rolle mehr. Das Feuilleton der F.A.Z. war das letzte deutsche tägliche Print-Produkt, das er aus seiner Nachrichtendiät ausmusterte. Den Dienst »Blendle« nutzt er, um die Feuilletons gelegentlich zu überfliegen. Nur den Essener Lokalteil der »WAZ« liest er regelmäßig, allerdings online.

Finden wir bei so individueller Mediennutzung noch eine gemeinsam geteilte, normative Grundlage, auf der wir uns darüber verständigen können, in welcher Gesellschaft wir leben und leben wollen? Die Beschleunigung des Medienbetriebs stehe der Erfüllung solch einer Funktion prinzipiell nicht im Weg, sagt Lischka. Zwar sei die Startseite von Medien wie »Spiegel Online« inzwischen tagsüber nach neunzig Minuten in der Regel fast komplett mit neuen Stücken befüllt. Doch drehten sie die Themen, die omnipräsent blieben, einfach nur weiter. »Man bekommt so mehrmals am Tag Neuigkeiten, beispielsweise zu Griechenland. Man merkt also, da ist irgendwas. Aber es findet keine Entwicklung statt. Die Auseinandersetzung mit dem Thema folgt keinem Diskurs. Stattdessen stellt sich das Gefühl ein, die Fragen zu Griechenland werden immer in den nächsten fünf Minuten geklärt. So bleibt zwar der Besucherstrom auf den Nachrichtenseiten hoch, doch geholfen ist niemandem.«

Diese Phänomene und Probleme hängen jedoch nicht grundsätzlich mit dem Internet zusammen, sagt Lischka. Es habe beispielsweise schon immer Gruppen gegeben, für die der redaktionelle Journalismus in Deutschland nichts geboten habe – beispielsweise Jugendliche, die wissen wollen, was in ihrer Stadt los ist. Das unter vierzigjährige Publikum sei somit schon seit langem eine »riesige Marktlücke für den Journalismus, die sich Facebook dann als erstes Ziel ausgesucht hat«. Statt dass Facebook Konkurrenz gemacht wurde, wichen die etablierten Medien auch in anderen Marktsegmenten dann zurück. »Den Beweis, dass man in Deutschland keinen betriebswirtschaftlichen Gewinn mit Journalismus machen kann, sehe ich noch nicht erbracht«, sagt Lischka. Und er merkt an, dass die Zeitung schon immer ein Produkt der Minderheit war, früher in Konkurrenz zum Fernsehen, heute in Konkurrenz zu Facebook. Die Unlust zu experimentieren, beispielsweise mit dem Publikum zusammen neue Formate zu entwickeln, wundert ihn. Gerade das Internet habe – seine Beispiele lauten Wikipedia, OpenStreetMap, Linux-Software – gezeigt, was grundsätzlich möglich ist.

Die Frage, die ich auch Stefan Niggemeier stellte, beantwortet Konrad Lischka sehr deutlich: »Der institutionalisierte Journalismus bleibt wichtig. Auch wenn ich glaube, zu einer Minderheit zu gehören, ist mir bei manchen Themen nicht egal, wer mich informiert. Wenn ich Texte lese, möchte ich wissen, wer da schreibt.« Ebenso deutlich spricht er über die Funktion der Institution im Medienbetrieb. Räume für allgemeine Debatten, in denen politische Themen verbindlich diskutiert werden können, ließen sich nicht beliebig neu erobern. Auch wenn Gewerkschaften als Agenturen für Debatten möglich seien und auch wenn es vorstellbar ist, dass Bundespräsidenten künftig in einer neuen, regelmäßigen Rede zur Lage der Nation Themen setzten, gelte doch grundsätzlich: »Diese Institutionen können Diskurse mitgestalten. Die grundsätzliche Aufgabe kann aber nicht einfach so nicht unabhängigen Stellen übertragen werden. Daraus ergibt sich eigentlich eine schöne Funktion für den öffentlich-rechtlichen Rundfunk.« Öffentlichkeit entstehe heute nicht nur in »One-to-Many-Medien«, sagt Lischka. »Wir alle nutzen seit Jahren Massenmedien, die keine Redaktionen, keine Bindung an eine Berufsethik und selten identische Inhalte für alle Nutzer haben.« Und doch schufen auch diese Medien Öffentlichkeiten. »Soziale Netzwerke, Suchmaschinen, Videoplattformen sind Teil der Diskurse zum Beispiel über den IS, flüchtende Menschen und TTIP.«

Die Rolle der öffentlich-rechtlichen Anstalten ist das einzige große Problem, über das wir sprechen. Während ich ihn zum Auflagenverlust der gedruckten Zeitung und der Bedeutungslosigkeit des Online-Journalismus frage, fällt ein denkwürdiger Satz: »Die Zeitungen haben halb so viele Leser wie früher, was fehlt den Leuten eigentlich? Womit haben sie die Zeitung ersetzt? Das wäre eine schöne Frage für die Medienwissenschaften.« Kann das wirklich sein? Welchen Beitrag leistet die Wissenschaft eigentlich, wenn diese Frage auch 2015 noch ein Desiderat aufzeigt? Konrad Lischka, der wie kein Zweiter den Journalismus aus eigener Praxis kennt und ihn aus politischer Perspektive beobachtet, sagt dazu: »Seit fünf oder zehn Jahren stellen wir uns dieselben Fragen. Und wir sind in vielen Punkten kein Stück weiter. Für viele Phänomene, mit denen wir uns heute befassen sollten, haben wir nicht einmal Begriffe. Was ist beispielsweise der Unterschied zwischen einer Redaktion, die Texte schreibt, und einer, die Software entwickelt, die auswählt, was andere geschrieben haben?« Der Presserat befasse sich heute in der Mehrzahl mit Vorfällen in der digitalen Medienwelt. »Einen akademischen Unterbau für die von Medien wie sozialen Netzwerken oder Suchmaschinen aufgeworfenen Probleme gibt es allerdings nicht«, sagt Lischka. Es gebe auch keine Berufsethik für digitale Produktentwickler, die mit journalistischen Inhalten hantieren. Eine öffentliche Debatte darüber, welche Bedeutung diesen neuen Medienberufen zukommt und mit welcher Verantwortung sie einhergehen, werde ebenso nicht geführt. »Für mögliche juristische Auseinandersetzungen fehlt mir jeglicher ethische Vorbau«, sagt Lischka. Und er sagt zum Ende: »Wir sind Zeitzeugen eines grundlegenden Wandels der medialen Öffentlichkeit. In den vergangenen zehn Jahren sind neue Massenmedien entstanden, die keine Redaktionen haben, aber mit Produktmanagern, Entwicklern und Inhalten Öffentlichkeit schaffen. Um diese Veränderung zu erforschen, während sie sich vollzieht, müssten wir die Arbeit der Kommunikationswissenschaft der vergangenen Jahrzehnte noch einmal machen. Die Wissenschaft fehlt wahnsinnig.«

CONSTANZE KURZ

Es ist immer wichtig, mit Constanze Kurz zu reden. Allerdings sind die Gelegenheiten für gewöhnlich rar. Insbesondere als Mitglied der Sprecherriege des Chaos Computer Clubs führt sie entweder gerade ein Gespräch oder ist alsbald für eins verabredet. Als ich sie antreffe, an einem ihrer arbeitsfreien Tage, findet sie vor einem Radiointerview Zeit, um mir ihre aktuellen Eindrücke aus der Medienwelt zu schildern. Sie sammelt sie zahlreich. Seit mehreren Jahren schreibt sie für die »Frankfurter Allgemeine Zeitung« eine Feuilleton-Kolumne, sie arbeitet für »netzpolitik.org«, als Autorin mehrerer Bücher kennt sie das große Verlagswesen, und als Gesprächsgast ist ihr das mediale Alltagsgeschäft im Fernsehen und im Radio vertraut.

Ich begann mit einem tagesaktuellen Thema: Am Tag unseres Gesprächs fiel am Morgen für mehr als drei Stunden das Netz von Unitymedia aus. Hunderttausende Haushalte und Unternehmen zwischen Frankfurt und Münster mussten für mehrere Stunden auf das Internet verzichten. Wäre dasselbe mit der Energie- oder Wasseranbindung passiert, wäre es ein massenmediales Thema geworden, behauptete ich. Über den Netzausfall jedoch wurde geschwiegen, auch von Unitymedia. Wieso eigentlich? »Ich versuche immer, solche Vorfälle mit analogen Fällen zu vergleichen. Wenn in Berlin ein Wasserwerk ausfällt, ist das auch kein Bundesthema«, antwortet Kurz. Als ich versuche, einen Ausfall des elektronischen Börsenhandels im Oktober 2014 ins Spiel zu bringen, betont sie aber noch einmal ihre Zurückhaltung. Auch der Komplettausfall der Deutschen Börse – der damals für rund neunzig Minuten in der Mittagszeit anhielt und von dem anschließend kein Journalist berichtete – müsse nicht zwingend ein Thema der Massenmedien sein. Schon früher sei das nicht anders gewesen.

Dennoch, sagt Kurz, und bestätigt endlich meinen Eindruck, stimme es, dass sich »Journalisten sehr schwertun mit der durchtechnisierten Welt«. Man müsse, um das zu sehen, nicht auf Sondermeldungen zur Börse warten, sondern könne auf die tägliche Börsenberichterstattung schauen. Sie versinnbildliche, wo durchaus ein grundsätzliches Problem liegt: Es ist schwer, vom Innenleben der Computer zu berichten. Also stellt man lieber Journalisten in einem Gebäude namens Börse vor eine Kamera und tut so, als wäre in den vergangenen hundert Jahren nichts passiert. Nur habe auch das mit dem Medienwandel und der Entwicklung des Internets erst einmal wenig zu tun. »Vielleicht verklären wir heute die Vergangenheit«, sagt Kurz.

Unter dieser Prämisse lassen sich dann auch die privaten Nachrichtendiäten, von denen wir schon gehört haben, und insbesondere die von Constanze Kurz, gut verstehen. Die neuen medialen Möglichkeiten sind dann nämlich vor allem Zugaben, eine Chance auf Selbstbestimmung, die vorher nicht gegeben war und die sich heute mehr oder weniger konstruktiv nutzen lassen. Constanze Kurz treibt dabei manches Prinzip auf die Spitze.

Befragt nach ihrem Medienverhalten, erklärt sie beispielsweise, wie sie rund zwanzig verschiedene Twitter-Accounts nutzt, die sie sorgfältig kuratiert und regelmäßig sortiert. Manche dienen der Unterhaltung und werden eher durchgescrollt. Andere beinhalten essenzielle Nachrichten und werden aufmerksam gelesen. Je Account folgt sie rund hundert Personen oder Organisationen, jedoch nie mehr als zweihundert. Um auf sie zuzugreifen, ist sie auf verschiedenen Geräten unterschiedlich bei Twitter angemeldet und nutzt auf Computern beispielsweise mehrere Browser. Das klingt nach einer reichhaltigen Nachrichtendiät, die Tiefe und Variation garantiert. Dennoch ist das nur eine Facette. Als Zweites spreche ich mit ihr über RSS-Feeds. Große Medienhäuser und viele Blogs publizieren ihre Inhalte parallel zur Veröffentlichung auf der eigenen Website auch in maschinenlesbarer Form. Die Technologie verband ihr Erfinder, Dave Winer, mit einem programmatischen Namen: RSS, »Really Simple Syndication«. Sie lassen sich tatsächlich einfach lesen, da es für sie spezielle Lesesoftware gibt, die wie ein E-Mail-Programm funktioniert. Wann immer ein neuer Text, Audio-Podcast oder Videobeitrag publiziert wurde, tauchte er in dem Reader auf. Einen der beliebtesten betrieb bis Juli 2013 Google. Doch dann stampfte das Unternehmen seinen »Google Reader« ein, was viele treue Fans der Technologie, zumeist News-Junkies, im Unklaren und in Trauer zurückließ.

Constanze Kurz abonniert derzeit rund 250 Quellen, und sie glaubt an ein »Revival des Feeds«, der nämlich 2015 plötzlich als zentrale Technologie in »Apple News« eine Rolle spielt, und damit auf den Geräten von Hunderten von Millionen von iPhone-Nutzern. Hat man sich ein paar Minuten mit dem Funktionieren der Technologie befasst, ermögliche sie einen »sehr bequemen und zudem trackingfreien« Umgang mit den heutigen Angeboten der Medienwelt, sagt Kurz. Schon hierbei setzt sie also auf jahrzehntealte Technologie, Ähnliches gilt auch für E-Mail-Newsletter, die sie ähnlich wie Konrad Lischka nutzt. So gelingt ihr eine umfangreiche, aber überschaubare, variationsreiche, aber kontrollierbare Nachrichtendiät. Finden dabei das Fernsehen oder die Zeitung überhaupt noch Platz? Das Fernsehen nicht, sagt sie, aber hin und wieder kauft sie auch Zeitungen. Häufiger allerdings liegt sie noch aus, wo auch sie häufig ist, im Zug oder im Hotel. Zwar entspanne sie das Lesen auf Papier, doch einen zentralen Platz habe die Zeitung in ihrem Medienverhalten nicht mehr.

An dieser Stelle beschreibt sie ihr »stark gewandeltes Medienverhalten«, in dem sie bei sich »in den letzten Jahren deutliche Veränderungen festgestellt« hat. In Zeitungen habe sie früher »mit Absicht immer auch Texte gelesen, deren Themen mich eigentlich nicht interessieren«. Diese bewusste Verbreiterung des eigenen Weltbilds falle ihr heute schwerer. Vom »Social-Media-Mainstream« wie Facebook hält sie sich bewusst fern oder nutzt ihn allenfalls zur Unterhaltung. Zur Information dienen ihr stattdessen auch neue Übersetzungstechnologien. »Ich kann heute Nachrichten lesen, die ich früher gar nicht verstanden hätte. Ich lese aber inzwischen Nachrichten auch in Sprachen, die ich nicht spreche. Auch wenn ich mir lieber Texte übersetzen lasse, deren Sprachen ich zumindest ein bisschen kenne«, sagt sie.

Wieder spielt die Selbstverständlichkeit des Netzwerks eine bedeutende Rolle. Anders als bei Empfehlungen per Twitter bleibt ihr als Vertrauensanker beim Lesen von Texten in fremder Sprache nur die Institution, die ihn publiziert. »Wenn ich Texte lese, die mir übersetzt werden von Sprachen, die ich nicht verstehe, dann bin ich sehr vorsichtig. Dann schaue ich beispielsweise nach, ob es sich um eine klassische journalistische Plattform handelt, auf der ich lese, oder ich gleiche ab, ob Nachrichtenagenturen oder Medienhäuser, die ich kenne, das Thema ebenfalls aufgreifen.«

Bewegt sie sich dagegen in ihrem Sprachraum, ist der Medienwandel in ihrem Medienverhalten absolviert: »Ich habe mich früher darauf verlassen, dass bestimmte Blätter für mich kuratieren, die ich dann abonniere. Heute vertraue ich häufiger einzelnen Menschen. Sie machen für mich eine gewisse Durchsicht, so wie ich für sie.« Aus dieser Perspektive kann sie auch über den häufig problematisierten Unterschied von Journalisten und Aktivisten unaufgeregt reden. Ein Journalist schreibe als Generalist, er beherrscht seine Sprache, ihre Stilistik, und er überschreite gesetzte Grenzen des sozialen Miteinanders nicht. In wenigen Punkten davon unterschieden, sei der Aktivist eher ein monothematischer Experte, der mit begründetem Interesse schreibt und seine Sprache nicht zum Kunsthandwerk stilisiert, sondern sie als Werkzeug nutzt, sagt sie. Als Beispiel nennt sie den amerikanischen Kryptografie-Experten Bruce Schneier, dessen Newsletter sie ausführlich lese.

Redet man mit ihr über ihn, bemerkt man, dass eine journalistische Tugend, wie sie beispielsweise Auszubildenden bei der »Frankfurter Allgemeinen Zeitung« gelehrt wird, an ihre Grenzen stößt: Es reicht bei vielen Themen nicht, nur gut recherchieren zu können. Man muss selbst Experte sein. Was nach einer Kleinigkeit im Ablauf einer journalistischen Ausbildung klingt, die sich durch geringfügige Änderungen beheben lassen könnte, bringt in der Summe allerdings die Fundamente des Medienbetriebs ins Wanken. Auch dafür steht im Besonderen die Arbeit von Constanze Kurz. In ihrem Verein, dem Chaos Computer Club, arbeiten seit mehr als dreißig Jahren unzählige Freiwillige daran, eine regelmäßige Jahresabschlusskonferenz auf die Beine zu stellen. Es begann in kleinem Rahmen und wuchs zu einer Massenveranstaltung mit mehr als zehntausend Teilnehmern, die nun die letzte Woche eines jeden Jahres das größte deutsche Kongresszentrum belegt. Aus soziologischer Sicht ist der Chaos Communication Congress durchaus ein funktionales Äquivalent zu gängigen Modellen der Massenmedien: Vor Publikum werden kollektiv die Probleme besprochen, die Anwesenden und Abwesende betreffen. Nur werden die Erträge der Kommunikation nicht täglich, sondern eben jährlich publiziert.

Diesen Vergleich lässt Constanze Kurz aus praktischer Perspektive nicht so einfach gelten. Hinter der Veranstaltung stecke »kein Masterplan, die Massenmedien zu ersetzen, und erst recht kein Profitziel«. Dennoch bleiben die funktionalen Ähnlichkeiten deutlich. Die Mitglieder des Chaos Computer Clubs organisieren die Veranstaltung nach ihrer eigenen Maßgabe.

Das Programm, das an vier Tagen auf rund ein Dutzend Bühnen stattfindet, wird von einem »Content-Team« zusammengestellt. Dieses arbeitet inzwischen binnendifferenziert wie eine Redaktion, thematisch nach Ressorts unterschieden. Eine weitere Mannschaft kümmert sich um die Dokumentation der Veranstaltung. 2012 dauerte es beispielsweise noch Monate, die Videos der Vorträge zur Verfügung zu stellen. Zwei Jahre später geschah die Arbeit über Nacht. Diese Mühen orientierten sich vor allem an der Satzung des Chaos Computer Clubs, »Information und Wissen an die Öffentlichkeit zu geben«, sagt Kurz. Wenn auch die Wesensunterschiede frappierend sind, gilt doch: Viele Besucher kommen zu der Veranstaltung, um sich über die Themen, die sie betreffen, kollektiv zu verständigen. Es geht ihnen um gesellschaftlich relevante Themen, die sie in den Massenmedien nicht aufbereitet finden. Und sie zahlen dafür ähnlich hohe Preise wie für Jahresabonnements überregionaler Zeitungen. Tatsächlich zahlt ein substanzieller Teil der Anwesenden sogar freiwillig mehr. Und das Laufpublikum, das sich kostenlos per Internet mit den Angeboten der Veranstaltung befasst, ist heute beträchtlich. Eine genaue Analyse der Besucherströme nimmt der Chaos Computer Club zwar nicht vor, selten sind sechsstellige Zugriffszahlen auf die Inhalte des Kongresses allerdings nicht.

DIRK BAECKER

Wir wollen uns an diesem Punkt die Frage stellen, wie raffiniert eine Nachrichtendiät eigentlich komponiert sein muss. Schließlich kann man sie auch übertreiben. Beispielhaft dafür ist der Wahnsinnserlebnisbericht des jungen Journalisten Paul Miller, der ein Jahr auf das Internet verzichtete und anschließend über sich selbst und die Welt, in der er plötzlich lebte, schrieb.[5] Oder man dreht es in die andere Richtung: Robert Scoble, ein szenebekannter Social-Media-Extremnutzer, erforschte, wie man auf Facebook sein Profil am erfolgreichsten pflegt.[6] Der letzte seiner 22 Ratschläge lautet schlicht: »Behandle Facebook wie eine Mahlzeit. Achte auf Ausgewogenheit und offenbare all deine Interessen.« Wie hilfreich solche Tipps tatsächlich sind, kann er aber auch nicht sagen. Schließlich hat auch er trotz unzähliger Zusammenkünfte mit Mitarbeitern von Facebook nur geringfügig mehr Einblick, nach welchen Regeln das Unternehmen Informationen sortiert. Greg Marra, Facebooks Newsfeed-Produktmanager, den wir zu Beginn des Buches kennenlernten, redet nicht anders über sein Projekt: »Wenn man zuschaut, wie Menschen Donuts essen, denkt man sich, ›Menschen lieben Donuts, lasst ihnen mehr bringen‹. Doch wenn man mit ihnen spricht, sagen sie, dass sie eigentlich weniger Donuts haben wollen, dafür aber auch einen gesunden Smoothie. Also können wir ihnen auch einen Smoothie bringen.«[7] Es gibt also Menschen, die sich sehr viele Gedanken über unsere Nachrichtendiät machen, warum also nicht auch wir selbst?

Der Bonner Informatiker Alexander Markowetz stellte sich diese Frage und kann heute als maßgeblicher Erfinder einer hier relevanten »Psycho-Informatik« gelten. In diesem sperrigen Begriff steckt die pragmatische Idee, das eigene Smartphone mit einer Protokollfunktion auszustatten. Sie sollte ihm seine tatsächliche Mediennutzung aufschlüsseln. Zu diesem Zweck entwickelte Markowetz eine App, die sein Verhalten und das vieler anderer aufschlüsselte. Das Ergebnis ist eine Erzählung von Störung, Ablenkung und Unkonzentriertheit. 88 Mal schauen wir am Tag auf unsere Smartphones. Zieht man die Nachtzeit ab, bedeutet das: Wir schauen alle achtzehn Minuten auf den kleinen Bildschirm.[8] Vor seiner ersten Studie zum Thema[9] stellte er bereits eine eindrückliche Selbstdiagnose: »Ich habe selbst ein völlig unverantwortliches Handyverhalten und vielen Kollegen geht es ähnlich.« Als zentrale Erkenntnis notiert eine Journalistin: »Die Studie zeigt, dass fast jeder sein eigenes Handyverhalten grob unterschätzt, also: verharmlost.«[10] Während ich dieses Buch schreibe, befindet sich das von Alexander Markowetz – »Digitaler Burnout« – noch im Druck.[11] Ich empfehle es also blind, beispielsweise in der Erwartung, dass es Manfred Spitzers »Digitaler Demenz«[12] belastbare empirische Beobachtungen gegenüberstellt. Ich vermute allerdings auch, dass sich die Aufklärung eigentlich von selbst versteht. Wir brauchen keine wissenschaftliche Untermauerung, um zu wissen, dass die meisten Menschen – also wir selbst – es nicht einmal schaffen würden, zu Hause anzurufen, wenn wir Schlüssel, Handy und Portemonnaie verlieren. Nicht weil es keine öffentlichen Telefone mehr gibt, sondern weil wir die nötigen Telefonnummern nicht im Kopf haben.[13] Der Expertenrat von Markowetz, sich wieder eine Armbanduhr anzuschaffen, da wir 35 Mal am Tag aufs Handy schauen, weil uns die Uhrzeit interessiert und wir uns dann doch wieder ablenken – oder besser: verführen – lassen, ist leicht verständlich. Den eigenen Kopf wieder mehr einzusetzen ist immer eine gute Idee.

Ohne dass wir an der Situation aber tatsächlich etwas ändern, fühlen wir uns zumindest verstanden, wenn uns Tipps nahegelegt werden, die angeblich helfen können, »wie wir unser Smartphone weniger nutzen, um glücklicher zu werden«.[14] Dass ein »Social Media Sabbatical« heute so angesehen ist wie eine Selbstfindungswanderung durch Nepal, verwundert uns nicht. Sogar die Sillicon-Valley-Propheten Kotler und Diamandis, deren Buch »Überfluss« wir am Anfang kurz ansprachen, behaupten schließlich: »Das größte Werkzeug, das wir besitzen, um unsere Herausforderungen zu bewältigen, ist der menschliche Geist.« Mit solchen humanistischen Schmeicheleien beenden wir unser Nachdenken über Sinn und Zweck einer eigenen, bewusst geführten Nachrichtendiät allerdings nicht.

Wir reden stattdessen noch kurz, aber konzentriert mit dem Soziologen Dirk Baecker. Wäre er ein Fußballspieler, man würde ihn unbekümmert nennen. Das sieht man zwar seinen Texten nicht an, es stimmt aber trotzdem. Es ist nämlich so: Das soziologische Lager spaltet sich im deutschen Sprachraum in zwei Gruppen. Die Mitglieder der einen, größeren Gruppe äußern sich zu allen Themen, bereichern jedoch die Diskussionen nur selten. Die Soziologen der anderen Gruppe der wenigen, die über raffinierte Denkmodelle und ausgeklügelte Heuristiken verfügt, schweigt dagegen. Je aktueller ein Thema, desto stummer die Soziologie. Diese Logik durchbricht glücklicherweise Dirk Baecker, beispielsweise mit »Studien«[15] und »Thesen«[16] zur nächsten Gesellschaft oder mit »Ausgangspunkten einer Theorie der Digitalisierung«.[17]

Daher fragte ich auch ihn nach seiner Nachrichtendiät. Genau genommen wollte ich wissen, ob er entsprechend der Wortwahl in seinen Texten schon einen »robusten und innovativen« Umgang mit den neuen Informationstechnologien gefunden habe. »Vermutlich nicht«, ist seine Antwort. Tatsächlich laufe die Nachrichtendiät »streng über zwei Tageszeitungen und ein Wochenblatt«, sagt Baecker. Er liest die »Neue Zürcher Zeitung«, den »Economist« und wegen ihrer Wissenschaftsbeilage mittwochs die F. A. Z. »Was ich über die Welt wissen will, beziehe ich daraus.« Das Fernsehen spiele dabei keine wesentliche Rolle, und nur falls er morgens an keine Zeitung herankomme, schaut er bei Google News oder »Spiegel Online« nach den aktuellen Schlagzeilen. Für die Zeitungen sei täglich bewusst Zeit eingeplant, »die Internetaufenthalte sind eher ungeplante Zeit«, sagt Baecker.

Ist das Internet für ihn also nur ein Spielzeugmedium, allenfalls eine Ergänzung? Zumindest »was die Nachrichtenversorgung angeht, ganz bestimmt«. Über die Welt informiere er sich nicht aus dem Internet, es sei ein Medium der gezielten Suche und der »Beteiligung an halbwegs überschaubaren kommunikativen Zirkeln, beispielsweise bei Twitter«. Baeckers Nachrichtendiät unterscheidet sich nicht nur von denen radikal, von denen schon die Rede war. Sie unterscheidet sich auch von der seiner Studenten. Macht es ihm Arbeit, sich von den allgemeinen Entwicklungen nicht treiben oder gar mitreißen zu lassen? Kann er Mark Zuckerbergs Ziel, Facebook zur perfekten personalisierten Tageszeitung für eine Milliarde Menschen zu entwickeln, überhaupt etwas abgewinnen? »Das ist Facebook für mich überhaupt nicht. Facebook ist für mich allerhöchstens eine Störung allererster Güte«, sagt Baecker. Er nutze es als Medium der Verknüpfung mit Freunden und Familie und wiederum deren Freunden und Familien.

Ich frage ihn, was das für seinen Alltag bedeutet. Überlegt er, welche Themen er mit seinen Studenten bespricht, beispielsweise, weil sie anders gerechtfertigt werden müssen, wenn sie nicht deren Mainstream entspringen? »Es fällt einem Soziologen meines Alters nicht schwer, mit Bewusstsein daranzugehen. Ich weiß mittlerweile, was mich interessiert.« Er wechsle im Zweifel schneller in den Modus des Fragens, als sich an der laufenden Kommunikation inhaltlich, beispielsweise mit eigenen Kommentaren, zu beteiligen. »Mich beunruhigt die unruhige Informationsaufnahme meiner Studierenden und Kollegen nicht«, sagt Baecker. Ist es eine teilnahmslose Beobachtung, die ihn zu seinen aktuellen Texten inspiriert?

»Nein, es inspiriert mich nicht, es fasziniert mich. Inspiriert sein hieße ja, dass man von den Themen, die das Netz bewegt, seinerseits bewegt wird. Das findet bei mir nicht statt. Aber fasziniert bin ich von der Art und Weise der Unvorhersehbarkeit der Kontakte, fasziniert von dem Spüren eines Mitrechnens dieser Netzwerke. Ich bin fasziniert von der Frage, was mögen andere wohl gerade machen, aber auf der operationalen und nicht auf der thematischen Ebene. Deswegen würde ich nervös werden, wenn ich mit meinen minimalen Praktiken eine Ahnung davon bekäme, dass etwas passiert, was mit mir zu tun hätte.«

In seinen soziologischen Schriften schreibt er darüber, dass der Mensch nun wieder bemerke, nicht als Einziger an Kommunikation beteiligt zu sein. Er erinnert an die mythischen Teilnehmer, die wir auch hier im Buch schon ansprachen. Was bedeutet also das Aufkommen des Internets? Veränderte es die Kommunikation, oder deckt es auf, was wir als eingeübte Praxis und Selbstverständlichkeit lange übersahen? Dirk Baecker sagt, es geschehe beides. »Es ist eine Aufdeckung insoweit, als man sich dank des Blicks auf Algorithmen auch soziologisch wieder darüber ins Benehmen setzen kann, dass wir immer schon von allen möglichen Determinationen umkreist, umgeben, angeregt und erschrocken sind. Die Verschiebung des Primärmediums vom Buchdruck zu den elektronischen Medien halte ich für einen Anlass, sich noch einmal des Wassers zu vergewissern, in dem man schwimmt. Wir heben die Selbstverständlichkeiten auf, mit denen wir bisher dachten, Herr des eigenen Lebens zu sein. Nicht zu wissen, dass einem der Liebesroman, den man mit sechzehn gelesen hat, noch bis 75 nacheilt, wenn man sich fragt: Warum nimmt mich denn niemand so, wie ich mir das eigentlich wünsche? Man sagt ›ich‹ und ›wünsche‹ und weiß eigentlich gar nicht, dass es dieser Roman war, der einen mit dieser Idee infizierte.«

Was hat sich also substanziell verändert, seit der Computer zum selbstverständlichen Teil unseres Alltags, immer häufiger als direkter Gesprächspartner, wurde? Geht einfach nur alles schneller? »Das hat mit Beschleunigung nichts zu tun. Die Komplexität ist gestiegen, aber auch das zu sagen fällt nicht leicht, da man nicht genau weiß, wie man sie messen kann. Die Verdichtung verschiedener Möglichkeiten, in einem Moment Unterschiedliches zu tun, ist gestiegen. Das heißt nicht, dass wir alles schneller machen. Es kann sogar das Gegenteil bedeuten. Aber die Alternativen, die Operationsvielfalt und die Opportunitätskosten, die man in Kauf nimmt, wenn man sich auf Bestimmtes konzentriert, sind heute andere als jene, die wir aus dem Zeitalter des Buchdrucks kennen.«

Als ich im August 2013 schon einmal länger mit Dirk Baecker sprach, damals für ein Interview in der »Frankfurter Allgemeinen Zeitung«, ging es um »intelligente Maschinen«, die Baecker als nicht intelligent, sondern wahnsinnig schnell beschrieb. Ihr Geschwindigkeitsvorteil stellt Menschen folglich häufig vor vollendete Tatsachen, ohne dass noch ersichtlich ist, auf welche

Weise diesen überhaupt Geltung verschafft wurde. An das Gespräch erinnert, sagt Baecker in Bezug auf die Netzwerkkommunikation, dass diese Funktionsweise des Computers den Menschen vor die Herausforderung stelle, »Strategien zu finden, mit dem Geschwindigkeitsvorteil der Maschinen umzugehen. Mich selbst in Hektik zu versetzen, wäre erstens hilflos und zweitens ratlos, weil Hektik keinen eigenen Geschwindigkeitserfolg bedeutet. Es geht eher darum, die eigenen Entscheidungsstrategien robust werden zu lassen.«

Man könne diese Versuche, sich als Mensch in der Kommunikation zu behaupten, in Studien der Soziologin Karin Knorr-Cetina nachlesen, die sich mit Börsenmaklern beschäftigte. Bevor der Computer auf privaten Schreibtischen Einzug hielt, wurde er schon in Banken eingesetzt, um Geschwindigkeitsvorteile im Handel auszubeuten. Die Mitarbeiter, die das Verhalten der Maschinen planten, hätten auf die neue Undurchschaubarkeit ihres Handelns mit dem »Einbau von Reversibilitätschancen« reagiert, sagt Baecker. In jeder Entscheidung seien Korrekturmöglichkeiten vorgesehen, die sich in nächsten Entscheidungen wahrnehmen ließen. »Ich mache zwar vieles, und vieles vielleicht auch gleichzeitig. Aber immer so, dass die Folgen einigermaßen überschaut werden können«, fasst er es zusammen. »Ich verhalte mich also in einem Ausmaß ambivalent, das es mir ermöglicht, das Gegenteil von dem zu sagen, von dem ich meine, dass ich es vorher gesagt habe.« Über die Figur des modernen Individuums hinaus, das ohne Probleme seine Meinung ändere, wechselte man nun auch ständig seine eigene Inspiration und Faszination. »Dafür haben wir noch gar keinen Begriff. Man müsste von einem Individuum hoch zwei sprechen, vielleicht von einem Individuum 4.0«, sagt Baecker.

Darüber lacht er, weil er weiß, dass solch eine Sprachregelung häufig ironisch verstanden wird. Bevor wir uns diesem neuen Individuum zuwenden, bleiben wir aber bei seiner Kommunikation.

Ihre neue Ambivalenz hat sich heimlich eingeschlichen, sichtbar erst, seit die sozialen Netze des Internets im Alltag so präsent sind wie das Bloomberg-Terminal am Arbeitsplatz der Trader. »Die meisten Facebook-Posts sind unglaublich trivial, aber nicht, weil die Leute trivial sind. Sie sind trivial, damit die Informationen jeder neuen Nachricht mit anderen neuen Informationen gegenbalanciert werden können. Das ist nicht grundsätzlich neu. Schon vor 150 Jahren wurden Liebeserklärungen mit allen Facetten der Ironisierbarkeit ausgestattet. Heute denken wir beispielsweise an Tinder, wo man sich mit ähnlichem Ansinnen in eine Unverbindlichkeit hineinmanövriert, die nichts mit Oberflächlichkeit zu tun hat, sondern mit dem punktuellen und vielfältigen Ausprobieren unterschiedlicher Möglichkeiten des Gepacktwerdens.« Der Einbau von Reversibilitätschancen bedeute nichts anderes als die Nutzung einer Technik, sich »die Operationsvielfalt bewusst werden zu lassen und auch dem Gegenüber zu zeigen, dass man sich in dieser Vielfalt bewegt, um Verständnis dafür zu holen, dass man mehr ausprobiert, als man in der modernen, geschweige denn antiken Gesellschaft ausprobiert hätte«.

Wir nähern uns dem Individuum der nächsten Gesellschaft noch einmal aus einer anderen Richtung. Denn dem Ambivalenz-Argument steht noch eine weitere kritische Beobachtung meinerseits gegenüber. So hilfreich es ist, vage und unverbindlich zu kommunizieren, um Reversibilitätschancen nutzen zu können, so bestimmend und konkret kommunizieren mittlerweile Maschinen. Ich greife dabei die Texte Dirk Baeckers und der Soziologie, an die er anknüpft, auf, um über Nudging zu sprechen. Von Menschen entwickelt, lernten auch die Maschinen evolutionär: Mit der Sprache kam die Lüge. Mit der Schrift kam der Zeithorizont, mit ihm die Erwartung von Entwicklung. Und mit dem Buchdruck kam die Kritik. In dieser Dreifaltigkeit operieren heute Computer, wenn sie uns zum Zwecke einer Verhaltensänderung belügen, belehren und kritisieren. Nur wird von ihren Programmierern bewusst darauf geachtet, dass die tatsächlich unausweichlichen Argumentationen in Annehmlichkeiten, Anreize und Angebote verpackt werden, von denen wir nicht wissen, dass wir sie nicht ablehnen können, weil wir das gar nicht wollen.

Diese Nutzung von Technologie bedeute keinen prinzipiellen Unterschied, sondern sei eine qualitative Neuerung, sagt Baecker. Ein Angebot bleibe ein Angebot, auch wenn es heute feiner gesteuert werden könne, als es zuvor ohne Computer möglich gewesen sei. Den moralischen Vorwurf, »dass der Bürger aus beispielsweise demokratischen Prozessen gedrängt wird, ohne es zu merken«, teilt er nicht. Das Preisschild im Supermarkt, das künftig als Display, statt als Zettel, nicht nur den Kunden informiert, sondern auch über ihn informiert ist, »sei im Prinzip kein großer Unterschied zu einem Schuhladen, der aufmacht mit der Erwartung, dass die Leute Schuhe kaufen«. Für die Deutung des Sachverhalts die Phänomene Instinkt und Intellekt oder Erkenntnis und Emotion gegeneinander auszuspielen, um zu markieren, wo Bewusstsein künftig zurückgedrängt werde, greife zu kurz, sagt Baecker. Ähnliches gelte für die Beobachtung der Medienproduktion: Online-Redakteure arbeiten unter Zeitdruck, ähnlich ihren Kollegen aus den

Print-Redaktionen, doch eher intuitiv daran, beispielsweise gute Überschriften für ihre Leser zu finden. Die Frage, wie ein Zeitungsredakteur Leser erreichen und ihnen suggerieren könne, dass es im Journalismus um Erkenntnisproduktion geht, die Neuheit mit Bestätigung kombinieren müsse, laufe auch heute noch unter der Prämisse, die G.W. F. Hegel aufgestellt habe: Die Zeitung ist das Morgengebet des modernen Menschen.

Der Medienwandel habe vieles verändert, noch mehr decke er aber nun tatsächlich bloß auf: »Die Moderne hat behauptet, dass es letztlich gesellschaftliche Funktionssysteme sind, die die wesentliche Themensetzung betreiben, und dass es nicht so einfach ist, ihrer Funktionslogik auf die Spur zu kommen. Die aktuelle Netzwerkgesellschaft sagt dagegen, es gibt gar kein großes Geheimnis. Netzwerkgesellschaft ist eine so zugängliche Kategorisierung, dass sich jeder jederzeit über seine identitätsstiftenden Anteile zur Konstruktion von Netzwerken – beispielsweise durch die Beobachtung seines Facebook-Accounts – im Klaren sein kann. Wir wissen uns auf eine Art und Weise beobachtet, von der wir nicht wissen, welche Erkenntnisse über uns gewonnen werden, aber immerhin wissen wir, dass wir beobachtet werden, beispielsweise dank Edward Snowden. Und ich glaube, viel mehr gibt es nicht aufzudecken.«

Bleibt die Frage, was über die Zäsur zu sagen ist, die der Einführung des Internets – als Garant für die Möglichkeiten dieser Netzwerkkommunikation – folgte. Gab es überhaupt eine nennenswerte? Schließlich verwenden wir im Alltag weiterhin Geld, nehmen an politischen Wahlen teil, glauben den Diagnosen unseres Arztes und vertrauen weiterhin den Urteilen von Wissenschaftlern. Die sinnstiftende Logik der modernen Gesellschaft und ihrer Funktionssysteme bleibt also intakt, während wir uns in der Allgegenwart von Computern in Netzwerkkommunikation verfangen.

Beckers Erklärungen dazu relativieren die Bedeutung des Internets. Schon in seinen Texten zur Digitalisierung spricht er weit häufiger von elektronischen Medien. Den Beginn der nächsten Gesellschaft, über die wir als Netzwerkgesellschaft sprechen, datiert er auf die Jahre um 1890. Es gehe ihm in seinen Erklärungen beispielsweise um die »instantanen Verbindungen«, die über den ganzen Globus reichten, die bereits Marshall McLuhan angesprochen habe. Ebenso könne Bertolt Brechts Radiotheorie genannt werden, die lange vor dem Aufkommen des Internets nicht nur Wünsche an ein Medium beschrieb, das über die Einbahnstraßen der Massenmedien hinausreicht. Die Möglichkeiten von weltweiten Verbindungen ohne Zeitverzug seien vom Telegrafen, dem Radio, vom Fernsehen und durch das Internet unterschiedlich genutzt worden, sagt Baecker. Es sei dabei allerdings niemals nur darum gegangen, Hürden zu beseitigen, also Puffer abzubauen. Die Nutzung der Technologie zur Ermöglichung von Kommunikation zeige immer auch Strategien der Zähmung, sagt er. »Jedes Medium zeigt bestimmte Dinge und andere nicht.« Das gelte auch für das Internet, obwohl es heute anders beschrieben werde, da Reflexionsformen und Reflexionsbegriffe, die die Vernetzung und Verschaltung umfänglich beschreiben, noch fehlten.

Auffällig, und aufgrund mangelnder analytischer Konzepte soziologisch hochinteressant, seien allerdings schon die sichtbaren neuen »Verschaltungen, die nicht auf Homogenisierungen abzielen« – insbesondere zwischen Menschen und Maschinen beziehungsweise von Kognition und Kommunikation mithilfe des Bildschirms. Diese »Verschaltung von zwei prinzipiell inkommensurablen Domänen der Sinnstiftung« sei Komplexität schlechthin.

Wir werden nun also nicht nur über das »Individuum 4.0« sprechen, sondern auch über das Gerät in seinen Händen. Zumindest der Ausgangspunkt ist übersichtlich. Dirk Baecker treibt dafür eine beliebte soziologische These auf die Spitze. Ihm geht es darum, die Menschheit in vier Medienepochen beschreiben zu können, sagt er. »Die Herausforderung ist, jede Medienepoche zuzuspitzen, um die Vorstellung einer zentralen Idee jeder Gesellschaft, aufgehangen an Kulturformaten, Strukturen und Inhalten – die sich länger halten und einen Orientierungsrahmen für viele Experimente geben –, zu gewinnen.« Aus diesem Experiment, die vier primären Kommunikationsformen von Gesellschaften – Sprache, Schrift, Buchdruck, elektronische Medien – entlang einer Entwicklung zu ordnen, leitet er eine interessante These ab: »Auf der praktischen Ebene sind wir längst in der nächsten Gesellschaft angekommen. Jeder hat seine Formen des Umgangs mit dem Internet gefunden. Wenn wir nachdenken, in Formen bewusster Reflexion, dann sind wir aber noch in der Moderne. Dann versuchen wir herauszufinden, was vernünftig ist. Dann bewegen wir uns mit großem Spaß im Internet, glauben einiges und vieles nicht, und wissen, dass wir im Zweifel doch noch mal das ZDF einschalten oder die F. A. Z. lesen können, um uns mit den Dingen, wie man so schön sagt, erkenntnismäßig ins Benehmen zu setzen. Damit habe ich die Praxis und das Denken beschrieben. Als Drittes habe ich aber noch ein Gemüt, ein Gefühl des Sich-aufgehoben-Fühlens in der Welt. In der Hinsicht sind wir noch antik, wir fühlen aristotelisch. Wir suchen nach wie vor unseren eigenen, höchst individuellen Platz im Leben, sei es bei den abendlichen Lesestunden mit einer Zeitung oder beim morgendlichen Facebook-Nutzen. Da wissen wir, wer wir sind und wer die anderen sind. Es ist die schönste Stunde unseres Tages.«

Bei Facebook ist man offenbar so klug, sich nicht nur ähnliche Gedanken zu machen, sondern sie auch in die Praxis von Facebook umzumünzen. Dass Facebook in der Bewertung von Inhalten Videos bevorzugt und Text keine große Bedeutung beimisst, überrascht Dirk Baecker nicht. »Ich finde es absolut einleuchtend, diese netzwerktaugliche Kommunikation über Videos und Bilder laufen zu lassen. Es ist insbesondere dann als intelligente Form der Vernetzung verständlich, wenn man die Pluralität der Bilder und Videos beachtet. Ein Bild zieht uns in seinen Bann, intellektuell und emotional, noch wichtiger ist aber, dass man direkt danach ein anderes Bild sieht. Die Menge der Bilder und das Überraschtsein vom Bild daneben, darunter und darüber ist das, was einen informiert, ohne dass man eine Form bewusster Aufmerksamkeit mitlaufen lassen würde.« Die elektronischen Medien – auch das sei schon ein betagtes Argument, in dem Fall stamme es von Niklas Luhmann, sagt Dirk Baecker – beuten die Wahrnehmungsfähigkeit des Menschen weitgehender aus, als Text das vermag. Man kann darin eine Zielsetzung Facebooks sehen, in dem Wissen, »dass die elektronischen Medien einen vollständigeren sensoriellen Zugriff auf den Menschen praktizieren, der das auch mit sich geschehen lässt, weil er merkt, dass er vollständiger an die Welt angebunden ist als der moderne Mensch, der glaubte, alles über bewusste Reaktionen des Verstandes laufen lassen zu müssen, der dann aber auch von den Katastrophen, die er mitproduzierte, immer wieder neu überrascht wurde.«

Welche neue Funktion übernimmt dabei die Pluralität? Kann

sie in der Netzwerkgesellschaft Vertrauen begründen, wie es in der modernen Gesellschaft Institutionen vermochten? Bezogen auf die visuelle und akustische, eher emotionale Netzwerkkommunikation, betont Baecker, dass es wichtig sei, dass mit dieser Kommunikationsmöglichkeit, die sich vor allem in Form fortlaufender Kommentierungen darbietet, emotionale und intellektuelle Eindrücke stets direkt wieder durchgestrichen werden können. »Es bleibt was hängen, aber man kann sich laufend neu positionieren, was man in älteren Medien nicht konnte.« Ohne diese moderne Unterscheidung von medialer Produktion und Konsumtion schaukelten sich jedoch beispielsweise leicht Shitstorms auf. Hierbei kommt dann eine weitere Form von Pluralität ins Spiel. Man wisse nämlich, »dass man das Medium recht leicht wechseln kann«. Man könne beispielsweise dorthin ausweichen, wo diejenigen kommunizieren, die sich etwas mehr Zeit für die Beschäftigung mit manchen Themen nehmen, sagt Baecker. »Ich glaube, eine Welt, die nur aus Facebook-Posts bestehen würde, wäre eine Welt des maximalen Misstrauens statt des Vertrauens in Pluralität.«

Wie sehr Facebook dieses Problem kennt und an Lösungen arbeitet, sieht man daran, wie sehr sich Facebook darum bemüht, mehr als nur Privatmeinungen in Kommentarform in die eigene Netzwerkkommunikation einzuflechten – allen voran sollen journalistische Werke per »Instant Article« ebenso leicht verfügbar werden wie die unzähligen, eilig dahingeschriebenen Meinungsbeiträge eines Jedermanns. Man merkt, wenn man darauf achtet, mit welcher Sensibilität Facebook unser modernes Denken und unser antikes Gemüt pflegt, wohl wissend, dass wir beides so schnell nicht ablegen. Facebook suggeriert uns per Profil einen Platz in der Welt und verschafft uns mit reichhaltigen Kommunikationsmöglichkeiten ein Gefühl inhaltlicher Geltung.

Auch die kommende Gesellschaft, die wir zu Beginn beispielsweise Turing-Galaxie nannten, die Baecker nun nächste Gesellschaft nennt, bleibt eine Ergänzung, eine evolutionäre Zugabe, die die Bedeutung vorheriger Gesellschaftsformen nicht aufhebt. Mit wie viel Mittelalter müssen wir also auch künftig noch rechnen? Die im vorherigen Kapitel beschriebene Gutenberg-Parenthese findet Dirk Baecker ein interessantes Konzept. Sie übersehe allerdings, dass dieses technisch hochgerüstete bäuerliche Mittelalter verschweige, welche großen Organisationen es im Hintergrund voraussetze. Das wiederum spiele, zugegebenermaßen, auf der rein praktischen Ebene für den gemeinen Nutzer wiederum keine Rolle. Ob die Alltagskommunikation, so spontan, flüchtig und folgenlos sie sei, allerdings tatsächlich auf alle Errungenschaften im Schlepptau von Gutenbergs Druckmaschinenerfindung verzichte, sei doch eher zweifelhaft. Die Aufklärung, der Humanismus und die Vernunftphilosophie hätten doch gravierendere Spuren hinterlassen, die blieben.

Gibt es aber, frage ich, eine Renaissance des Religiösen? Tönnies, Hegel und Luhmann haben jeweils Transformationen religiöser oder mythischer Kommunikation in der modernen Kommunikation beobachtet. Ist Ähnliches bereits im Wandel zur nächsten Gesellschaft beobachtbar? »Es gibt ein Wiedererstarken der Religion, das darf man nicht übersehen«, sagt Baecker. Es gebe eine Konjunktur der Religion, die heute gängigen, intuitiven Annahmen widerspreche, dass Religion immer etwas mit einem Götterglauben zu tun haben müsse.[18] Wenn sich nun sogar ein altes Zitat Hegels rückblickend so deuten ließe, als könne man die Tageszeitung als religiöse Reliquie in die Geschichte eingehen lassen, was spricht dann eigentlich dagegen, das Smartphone schon heute in dieser Tradition zu sehen? Immerhin fällt es nicht schwer, die Präsentation neuer Geräte als Messen, die Debatten über ihre Qualität als Mission und den zeremoniellen Kauf samt Inbetriebnahme vor Publikum als Pilgerei und Gebet zu interpretieren. »Die Maschine beziehungsweise der Bildschirm und die Vernetzungsmodalitäten, die man an ihm erlebt, sind ein guter Kandidat für eine quasi-religiöse oder sogar religiöse Verehrung, die von den Kirchen der Internetgesellschaft, nämlich Onlineplattformen und Massenpredigten, geschickt ausgenutzt werde«, sagt Baecker. Diese Perspektive eröffne beispielsweise eine interessante Chance für Martin Heideggers Technikbegriff, fügt er an. »Er wird gern zitiert als jemand, der das Gestell als bedrohliches Verbergen des Seins vor dem Menschen beschrieben hat. Das ist aber nicht alles. Wenn man ›Die Frage nach der Technik‹ von 1953 richtig liest, kommt am Ende die Wendung, Technik im Sinne der Griechen wieder als Kunst zu verstehen, ›techné‹. Jeder technische Vorgang wird dann, wenn er nicht trivial ist, sondern sich auf Komplexität einlässt, eine Selbsterkundung des Menschen in der sich selbst erkundenden Welt. Insofern könnte und müsste der Mensch in seinem Geschick wieder ernst genommen werden. Wir würden dann in der Tat dazu neigen, das iPhone, das wir in unseren Taschen mit uns tragen, als eine Form der mystischen Vergewisserung unseres In-der-Welt-Seins zu verehren.«

Das klingt kompliziert, ist aber einfach zu verstehen. Es gibt sogar empirische Studien dazu. Eine behauptet, dass unsere Bereitschaft zu spontanem prosozialen Verhalten im selben Maße schrumpft, in dem unser Gefühl wächst, unser Smartphone halte unser Leben mit dem unserer Liebsten im Einklang.[19] Wer ein Smartphone mit sich trägt, fühlt sich der sozialen Situation, in der er konkret steckt, weniger verpflichtet: Wir zeigen heute geringere Bereitschaft, fremden Menschen auf der Straße zu helfen, weil unser soziales Wohlbefinden weniger vom Zustand der Welt vor unseren Augen abhängt.

Diesen Mechanismus hat Facebook bereits gezielt bedient. Bei der Vorstellung der Quartalszahlen im Juli 2014 beschrieb Mark Zuckerberg auf Nachfrage vor Investoren eine neue Strategie: Als Facebook zehn Jahre zuvor startete, habe es im Netz nur eine globale Öffentlichkeit und abgeschottete E-Mail-Kommunikation gegeben. Heute dagegen gebe es zwischen diesen Extremen facettenreiche Kommunikationsmöglichkeiten. Also habe man sich bei Facebook entschieden, den »sozialen Raum« neu zu definieren.[20] Der Schritt war gewaltig. Das erste Mal in der Firmengeschichte schraubte Facebook seine Privatsphäre-Regelungen zurück. Wer heute auf Facebook gemäß der Standardeinstellungen kommuniziert, öffnet sich nicht mehr einer globalen Öffentlichkeit, sondern erreicht im Schnitt hundert bis 150 Menschen – jene, die in irgendeinem Bezug zu einem selbst stehen, sei es als Freunde, Freundesfreunde, Familienangehörige, Abonnenten oder Menschen, die hin und wieder per Like oder Share miteinander interagierten.

Dirk Baecker versteht den Schritt gut. »Auf Facebook postet man nicht, man vernetzt sich.« Konnte sich der Psychologe Manfred Spitzer, als Warner vor einer »Digitalen Demenz«, nur darüber empören, dass Menschen im Urlaub plötzlich belanglose Bilder von ihrem Mittagessen auf Facebook posten, ist für den Soziologen Dirk Baecker die Erklärung eines solchen Verhaltens nicht schwer. Diese Posts seien eine »Information, die sich deutlich an die Freunde richtet, die man ihnen in Kombination von Lebenssignalen und Impressionsmanagement zukommen lässt«. Er zitiert den Soziologen Erving Goffman: »Keine Performance ohne Audience.« Facebook sei als lebendiges Adressbuch zu verstehen, das heute »zum Testen der eigenen Akzeptanz im Milieu herangezogen« werden könne. Zuckerbergs Entscheidung zeige das starke Netzwerkverständnis von Facebook, sagt Baecker.

Der Eindruck, der mir nach dem Gespräch mit Dirk Becker blieb, erschreckt mich. Eigentlich müssten wir die Kulturgeschichte des Fremden heute neu schreiben, aber wir lesen nicht einmal die vorhandene nach. Begriffe wie »Öffentlichkeit«, »Publikum«, »Milieu«, »Freund«, »Person« und weitere brauchen anscheinend ebenso neue Fundamente. Als Facebook den »Freund« neu definierte, waren sich viele empört einig, dass man es im Digitalen mit etwas Unechtem zu tun habe. Milliarden digitaler Freundschaftsbekundungen haben an der Ignoranz gegenüber der neuen sozialen Wirklichkeit allerdings nichts geändert. Wir haben vor Facebooks praktischer Intelligenz kapituliert.

KOMMUNIKATION UNTER UNBEKANNTEN

Wie also, das war die Ausgangsfrage, können wir uns über die Welt, in der wir leben, noch verbindlich verständigen? Geben wir doch einfach zu, dass wir es nicht wissen. Wir können nur hilflos einen letzten historischen Bogen schlagen, um das

Nachdenken noch einmal zu befördern: Wir leben heute nicht in archaischen Anwesenheitsgesellschaften. Zumindest das verstehen wir. Wer in einen Zug steigt und hinter dem Horizont verschwindet, bleibt immer noch in der Welt. Die Medien, vom beschriebenen Papier bis zum live übertragenden Fernseher, haben uns mit einer Adresse versehen. Wir wurden überall erreichbar. Nun, im Zeitalter des allgegenwärtigen Netzes, sind wir selbst zu ununterbrochen funkenden Sendern geworden.

In der reichhaltigen, vielfältigen und alltäglichen Kommunikation, in der wir uns verfangen haben, geriet ausgerechnet derjenige aus unserem Blick, mit dem wir uns am dringlichsten über die Welt verständigen müssen – mit dem Unbekannten, von dem wir nicht mehr wissen, in welcher Welt er lebt, weil es in unserer Zeitung nicht mehr steht.

ANHANG

ANMERKUNGEN

VORWORT

1 Diamandis & Kotler 2012 **2** Abbott 2014 **3** Keen 2015 **4** Glaser 2014 **5** Wiedeman 2015 **6** PenzeyMoog 2015 **7** Poniewozik 2014 **8** Lischka 2014 **9** Webel 2015 **10** Knobloch 2014 **11** Dwoskin 2015 **12** Google 2014 **13** Wener-Fligner 2014 **14** Koch 2015 **15** Augstein 2015 **16** Diez 2015b **17** Berg 2015 **18** Flassbeck 2015 **19** Müller von Blumencron 2015a **20** Owen 2015 **21** Diez 2015a **22** Lindner 2015

DAS ENDE DER ZEITUNG

1 Somaiya 2014 **2** Holcomb u. a. 2013 **3** Mitchell u. a. 2013 **4** Backstrom 2013 **5** Levy 2015a **6** Mitchell u. a. 2014 **7** Ellick u. a. 2014 **8** Schwarz 2015b **9** Heiser 2015 **10** Sweney 2014 **11** Schröder 2014 **12** Rey 2014 **13** Manjoo 2013 **14** Zarella 2012 **15** Thompson 2015 **16** Spehr 2014 **17** Lauricella, S. Stewart & Ovide 2013 **18** Butler, Gillum & Arce 2014 **19** Schmidtke 2014 **20** Altmaier 2014 **21** Priller-Gebhardt 2014 **22** Blau 2010 **23** Greenwald 2013 **24** Huffington 2013 **25** Döpfner 2013 **26** Müller von Blumencron 2014 **27** Schönenborn 2012 **28** DPA 2011 **29** Franck 1998 **30** Becker & Elmer 2014 **31** Habermas 2010 **32** Wöhrle 1988 **33** Luhmann 2000b **34** Milz 1989 **35** Meyrowitz 1985 **36** Luhmann 2004 **37** Krug 2015 **38** Brodnig 2014 **39** Coy 1993 **40** Grassmuck 1995 **41** Fleischhacker 2014

POLITIK OHNE DEBATTE

1 Gingras 2015 **2** Schulz 2015 **3** Froomkin 2015 **4** Bremer 2014 **5** Schmidt, Rosenberg & Eagle 2015 **6** Jarvis 2014b **7** Welzer 2014 **8** Schulz 2013 **9** Jarvis 2014b **10** Bär 2014 **11** van de Laar 2013 **12** Abromeit 2003 **13** Rucht, Richter & Klein 2003 **14** Klein u. a. 2003 **15** Rucht, Richter & Klein 2003 **16** Fürg 2014 **17** Gehlen 2015 **18** Müller von Blumencron 2015b **19** Hockling 2015 **20** Mickoleit 2014 **21** Haack 2014 **22** Hysen 2014 **23** Jarvis 2014a **24** DPA 2015

25 Thaler & Sunstein 2011 26 Sifry 2014a 27 Sifry 2014b 28 Bond u.a. 2012 29 Kramer, Guillory & Hancock 2014 30 Tyers 2015 31 Munzinger 2015 32 Levy 2015b 33 Kolb 2015 34 Schwarz 2015a 35 Lamden 2015 36 Lange 2003 37 Denkler 2015 38 Sedghi 2015 39 Issenberg 2012b 40 Issenberg 2012a 41 Issenberg 2012c 42 Rosenstiel & Jurkowitz 2012 43 Pfeiffer 2015 44 Tufekci 2014a 45 Karpf 2012 46 Hardy u.a. 2014 47 Steinmeier 2014 48 Packer 2014 49 Encke 2014 50 Anderson, Bell & Shirky 2012 51 Steinmeier 2014 52 Luhmann 2000a 53 Lange 2003 54 Issenberg 2012b 55 Kohring 2004 56 Simmel 1908 57 Aust & Ammann 2014 58 Keese 2014 59 Hofstetter 2014 60 Aust & Ammann 2014

WIE WIR DENKEN, WAS WIR FÜHLEN, WEM WIR VERTRAUEN

1 Keen 2015a 2 Doctorow 2015 3 Keen 2015b 4 Rieger 2015 5 Doctorow 2014 6 Morey, Forbath & Schoop 2015 7 Tamir 2015 8 Google News Lab 2015 9 Bell 2015 10 heise 2010 11 Kahn 2015 12 Kahn 2015 13 Rossignol 2015 14 Levy 2015a 15 Yu 2015 16 Williams 2015 17 Meyer 2015 18 Eslami u.a. 2015 19 Mirani 2015 20 Thompson 2014 21 Honan 2015 22 Jensen 2015 23 Topolsky 2015 24 Honan 2011 25 Topolsky 2010 26 Briegleb 2015 27 Google 2015 28 Hockling 2015 29 Zeit 2015 30 Alterman 2015 31 Pimpl 2015 32 IBM 2014 33 Bellut 2015 34 Kleber 2015 35 Frey 2015 36 Theveßen 2015 37 AGF/GfK 2015 38 Baurmann 2015 39 Herrman 2015 40 Plöchinger 2014 41 Harms 2015 42 Kreye 2015a 43 Niggemeier 2015c 44 Niggemeier 2015b 45 Kreye 2015b 46 Habermas 2015 47 Kaube 2015 48 Greenwald 2014b 49 Biermann & Beuth 2013a 50 Biermann & Beuth 2013b 51 Schulz 2012 52 Niggemeier 2014 53 Gingras 2015 54 Bergin 2015 55 Dong u.a. 2015 56 Schmidt, Rosenberg & Eagle 2015 57 Mordvintsev, Olah & Tyka 2015 58 Cutts 2013 59 Shahani 2014 60 Levy 2015a 61 Owens & Weinsberg 2015 62 Tiku 2014 63 O'Donovan 2015 64 Owens & Weinsberg 2015 65 mimikama.at 2015 66 Metz 2014 67 Tobin u.a. 2013 68 Hockling 2015 69 Bosker 2013 70 Anderson, Bell & Shirky 2012 71 Bell 2014 72 Michal 2015 73 Niggemeier 2015a 74 Lichterman 2015 75 Mesch 2015 76 Burkeman 2015 77 Zeinlinger 2014 78 Schmidt 2014a 79 Mundt 2015 80 Schmidt 2014b 81 Cassino,

Woolley & Jenkins 2012 **82** Miller 2015 **83** Niggemeier 2014 **84** Alterman 2015 **85** Wolf 2015 **86** Donsbach u.a. 2009 **87** Christin 2014 **88** Lohmeyer 2015 **89** Winatschek 2015 **90** Schmidt, Rosenberg & Eagle 2015 **91** Clasen 2013 **92** Winterbauer 2015 **93** Schilling 2015 **94** Intersperience 2012 **95** Stark 2014 **96** Metz 2015 **97** Viner 2015 **98** Gehlen 2013 **99** Hopkins 2015 **100** Tufekci 2014b **101** Sall 2003 **102** (»If these apps had anything to offer, it wasn't information about the tragedy; it was the feeling of participation in it.« Brogan 27.03.2015 #56D) Brogan, Jacob 2015. Live-Streaming Apps Like Meerkat and Periscope Aren't Changing the News. Slate.com 27. März. Online im Internet: URL: http://www.slate.com/articles/technology/technology/2015/03/meerkat_and_periscope_the_live_streaming_apps_aren_t_changing_the_news.html [Stand 2015-03-28]. **103** Blumtritt, Köhler & David 2012 **104** Viner 2015 **105** Pettitt 2010

NACHRICHTENDIÄT

1 Zook 2015 **2** Pallenberg 2015 **3** Gabler 1995 **4** Lotter 2015 **5** Miller 2013 **6** Scoble 2015 **7** Levy 2015a **8** Schmidt 2015 **9** Markowetz u.a. 2014 **10** Braun 2014 **11** Markowetz 2015 **12** Spitzer 2014 **13** Kochetkova 2015 **14** Plante 2015 **15** Baecker 2011 **16** Baecker 2013 **17** Baecker 2015 **18** Klenk 2012 **19** Abraham, Pocheptsova & Ferraro 2012 **20** Schulz 2014

LITERATURVERZEICHNIS

Abbott, Andrew 2014. The Problem of Excess. *Sociological Theory* 32 (1), 1–26.

Abraham, Ajay T., Pocheptsova, Anastasiya & Ferraro, Rosellina 2012. Effect of Mobile Phone Use on Prosocial Behavior. Smith School of Business, University of Maryland. URL: http://www.researchgate.net/profile/Anastasiya_Pocheptsova/publication/267687748_The_Effect_of_Mobile_Phone_Use_on_Prosocial_Behavior/links/5464f06d0cf25b85d17d2287.pdf.

Abromeit, Heidrun 2003. Möglichkeiten und Ausgestaltung einer europäischen Demokratie, in Klein, Ansgar, u. a. (Hg.): *Bürgerschaft, Öffentlichkeit und Demokratie in Europa.* Wiesbaden: VS Verlag für Sozialwissenschaften, 31–54.

AGF/GfK 2015. AGF in Zusammenarbeit mit GfK; TV Scope, Fernsehpanel 2015.

Alterman, Eric 2015. How P. R. Is Killing Journalism. *Takepart.com* 13. Februar. URL: http://www.takepart.com/feature/2015/02/13/pr-jobs-journalism-jobs [Stand 2015–03–28].

Altmaier, Peter 2014. Tweet: »Twitter ist heute die schärfste Waffe der Demokratie: Wir haben es nur noch nicht bemerkt!« URL: https://twitter.com/peteraltmaier/status/430100048844967936.

Anderson, C. W., Bell, Emily & Shirky, Clay 2012. Post Industrial Journalism: Adapting to the Present. New York: Columbia Journalism School. URL: http://towcenter.org/research/post-industrial-journalism-adapting-to-the-present-2/ [Stand 2015–03–31].

Augstein, Jakob 2015. Im Zweifel links: Deutschland, dein Elend ist die Mitte. *Spiegel Online* 6. August. URL: http://www.spiegel.de/politik/deutschland/die-demokratie-stirbt-in-der-mitte-augstein-kolumne-a-1046973.html [Stand 2015–08–08].

Aust, Stefan & Ammann, Thomas 2014. *Digitale Diktatur: Totalüberwachung, Datenmissbrauch, Cyberkrieg.* Berlin: Econ.

Backstrom, Lars 2013. Facebook for Business. URL: https://www.facebook.com/business/news/News-Feed-FYI-A-Window-Into-News-Feed [Stand 2015–01–29].

Baecker, Dirk 2011. *Studien zur nächsten Gesellschaft.* Orig.-Ausg., 1. Aufl.

[Nachdr.]. Frankfurt am Main: Suhrkamp (Suhrkamp-Taschenbuch Wissenschaft, 1856). URL: http://www.gbv.de/dms/F.A.Z.-rez/FD1N200712311486026.pdf.

Baecker, Dirk 2013. 16 Thesen zur nächsten Gesellschaft. *The Catjects Project* 9. Februar. URL: https://catjects.wordpress.com/2013/02/09/16-thesen/.

Baecker, Dirk 2015. Ausgangspunkte einer Theorie der Digitalisierung. *The Catjects Project* 10. Juni. URL: https://catjects.wordpress.com/2015/06/10/ausgangspunkte-einer-theorie-der-digitalisierung/.

Bär, Dorothee 2014. Keynote, Google Big Tent. Berlin.

Baurmann, Jana G. 2015. Die Leute lassen sich lieber unterhalten. *Die Zeit* 16. Juli.

Becker, Sven & Elmer, Christina 2014. Geheime Umfragen: Wie Merkel die Befindlichkeiten der Deutschen ausforscht. *Spiegel Online* 9. September. URL: http://www.spiegel.de/politik/deutschland/umfragen-von-angela-merkels-regierung-a-990296.html [Stand 2015–04–05].

Bell, Emily 2014. Silicon Valley and Journalism: Make up or Break up? – Reuters Memorial Lecture 2014. Oxford. URL: https://reutersinstitute.politics.ox.ac.uk/events/silicon-valley-and-journalism-make-or-break.

Bell, Melissa 2015. VOCER Innovation Day. Hamburg. URL: http://www.vocer.org/vocer-innovation-day/ [Stand 2015–06–23].

Bellut, Thomas 2015. Umfrage: Das Vertrauen in Qualitätsmedien besteht. *Frankfurter Allgemeine Zeitung* 3. Juli. URL: http://www.faz.net/aktuell/feuilleton/medien/zdf-intendant-ueber-die-glaubwuerdigkeit-der-medien-13681448.html [Stand 2015–07–03].

Berg, Sibylle 2015. Panikmache in Medien: Angst, Angst, Angst – und nicht fragen, wieso. *Spiegel Online* 15. August. URL: http://www.spiegel.de/kultur/gesellschaft/sibylle-berg-ueber-fluechtlinge-angst-und-panikmache-in-medien-a-1048196.html [Stand 2015–08–18].

Bergin, Tom 2015. Google change allows company statements to top news searches. *Reuters* 11. März. URL: http://www.reuters.com/article/2015/03/11/us-google-news-idUSKBN0M729A20150311 [Stand 2015–03–28].

Biermann, Kai & Beuth, Patrick 2013a. Chaos Communcation Congress: Der Freiheitskämpfer Glenn Greenwald. *Zeit Online* 27. Dezember. URL: http://www.zeit.de/digital/internet/2013-12/30c3-keynote-glenn-greenwald/komplettansicht [Stand 2015–07–14].

Biermann, Kai & Beuth, Patrick 2013b. Chaos Communication Congress: Sind Journalisten immer auch Aktivisten? *Zeit Online* 28. Dezember. URL:

http://www.zeit.de/digital/internet/2013-12/glenn-greenwald-journalismus-debatte [Stand 2015-07-14].

Blau, Wolfgang 2010. Serie: Wozu noch Journalismus? – Es geht erstaunlich gut. *Süddeutsche Zeitung* 20. Mai. URL: http://www.sueddeutsche.de/medien/serie-wozu-noch-journalismus-es-geht-erstaunlich-gut-1943587.

Blumtritt, Jörg, Köhler, Benedikt & David, Sabrina 2012. Declaration of Liquid Culture. *memeticturn.com* 24. April. URL: http://memeticturn.com/declaration-of-liquid-culture/ [Stand 2015-03-31].

Bond, Robert M., u. a. 2012. A 61-million-person experiment in social influence and political mobilization. *Nature* 489 (7415), 295–298.

Bosker, Bianca 2013. This Teen Girl Is A Social Network's Worst Nightmare -- And Best Hope. *Huffington Post* 23. Mai. URL: http://www.huffingtonpost.com/2013/05/23/teen-iphone_n_3322095.html [Stand 2015-08-01].

Braun, Maria 2014. Die gefährliche Sucht nach dem Smartphone. *Die Welt* 14. November. URL: http://www.welt.de/regionales/nrw/article134314921/Die-gefaehrliche-Sucht-nach-dem-Smartphone.html [Stand 2015-03-29].

Bremer, Ralf 2014. Wie lassen sich Medienvielfalt und Qualitätsjournalismus sichern? Berlin. URL: https://www.youtube.com/watch?v=17Jo-9fZweg.

Briegleb, Volker 2015. Apple vs Samsung: Geschmacksmuster für iPhone-Design ungültig. *heise.de* 18. August. URL: http://www.heise.de/mac-and-i/meldung/Apple-vs-Samsung-Geschmacksmuster-fuer-iPhone-Design-ungueltig-2783335.html [Stand 2015-08-21].

Brodnig, Ingrid 2014. Facebook verschlingt die Medien. *Falter* 4. November. URL: http://www.falter.at/falter/2014/11/04/facebook-verschlingt-die-medien/.

Burkeman, Oliver 2015. Does social media also give us a fear of missing out … on grief? | Oliver Burkeman. *Guardian* 18. März. URL: http://www.theguardian.com/commentisfree/oliver-burkeman-column/2015/mar/18/social-media-fear-of-missing-out-on-grief [Stand 2015-04-02].

Butler, Desmond, Gillum, Jack & Arce, Alberto 2014. US secretly created ›Cuban Twitter‹ to stir unrest. *Associated Press* 4. April. URL: http://bigstory.ap.org/article/us-secretly-created-cuban-twitter-stir-unrest [Stand 2015-02-17].

Cassino, Dan, Woolley, Peter & Jenkins, Krista 2012. What you know depends on what you watch: Current events knowledge across popular news sources: People learn most from NPR, Sunday Morning Shows. ›The Daily Show‹. Fairleigh Dickinson University. URL: http://publicmind.fdu.edu/2012/confirmed/final.pdf.

Christin, Angèle 2014. When it comes to chasing clicks, journalists say one thing but feel pressure to do another. *Niemanlab.org* 28. August. URL: http://www.niemanlab.org/2014/08/when-it-comes-to-chasing-clicks-journalists-say-one-thing-but-feel-pressure-to-do-another/ [Stand 2015-04-05].

Clasen, Nicolas 2013. *Der digitale Tsunami: Das Innovator's Dilemma der traditionellen Medienunternehmen oder wie Google, Amazon, Apple & Co. den Medienmarkt auf den Kopf stellen.* München: CreateSpace Independent Publishing Platform.

Coy, Wolfgang 1993. »Die Turing Galaxie – Computer als Medien«, in Dencker, Klaus P. (Hg.): *INTERFACE 2: Weltbilder – Bildwelten. Computergestützte Visionen.* Im Auftrag der Kulturbehörde Hamburg.

Cutts, Matt 2013. What should we expect in the next few months in terms of SEO for Google? URL: https://www.youtube.com/watch?v=xQmQeKU25zg [Stand 2015-03-30].

Denkler, Thorsten 2015. Politiker Top-Ten: Selfie-Time für Twitter-Könige. *Süddeutsche Zeitung* 2. April. URL: http://www.sueddeutsche.de/politik/politiker-in-den-sozialen-medien-selfie-time-fuer-twitter-koenige-12406263 [Stand 2015-04-02].

Diamandis, Peter H. & Kotler, Steven 2012. *Abundance: The future is better than you think.* 1st Free Press hardcover ed. New York: Free Press.

Diez, Georg 2015a. Merkels Propagandamaschine. *Spiegel Online* 26. Juni. URL: http://www.spiegel.de/kultur/gesellschaft/georg-diez-ueber-die-berichterstattung-zu-griechenland-a-1040882.html [Stand 2015-08-05].

Diez, Georg 2015b. Flüchtlingskrise: Wir brauchen einen neuen Journalismus. *Spiegel Online* 14. August. URL: http://www.spiegel.de/kultur/gesellschaft/fluechtlinge-journalisten-duerfen-nicht-aufgeben-kolumne-a-1048185.html [Stand 2015-08-18].

Doctorow, Cory 2014. Keynote – GLAM and the Free World. Florenz. URL: http://mwf2014.museumsandtheweb.com/paper/glam-and-the-free-world/.

Doctorow, Cory 2015. The internet is the answer to all the questions of our time. *The Guardian* 15. Juni. URL: http://www.theguardian.com/technology/2015/jun/15/internet-answer-questions-of-our-time [Stand 2015-06-23].

Dong, Xin Luna, u. a. 2015. Knowledge-Based Trust: Estimating the Trustworthiness of Web Sources. Google Inc. URL: http://arxiv.org/abs/1502.03519.

Donsbach, Wolfgang, u. a. (Hg.) 2009. *Entzauberung eines Berufs: Was die Deutschen vom Journalismus erwarten und wie sie enttäuscht werden.* Konstanz: UVK Verl.-Ges.

Döpfner, Mathias 2013. Wir Zweckpessimisten. *Die Welt* 12. Januar. URL: http://www.welt.de/print/die_welt/debatte/article112717204/Wir-Zweckpessimisten.html.

DPA 2011. Jury zieht Ehrung für »Spiegel«-Redakteur Pfister zurück. *Stern* 10. Mai. URL: http://www.stern.de/kultur/buecher/henri-nannen-preis-2011-jury-zieht-ehrung-fuer-spiegel-redakteur-pfister-zurueck-1683234.html [Stand 2011–05–10].

DPA 2015. Amerikanischer Forscher: Google-Algorithmus kann Demokratie gefährden. *Frankfurter Allgemeine Zeitung* 17. März. URL: http://www.faz.net/aktuell/wirtschaft/cebit/google-algorithmus-kann-wahlen-entscheidend-beeinflussen-13488556.html [Stand 2015–04–01].

Dueck, Gunter 2015. *Schwarmdumm: So blöd sind wir nur gemeinsam.* 1. Aufl. Frankfurt am Main: Campus.

Dwoskin, Elizabeth 2015. Ad-Blocking Software Will Cost the Ad Industry $ 22 Billion This Year. *Digits (Wall Street Journal)* 10. August. URL: http://blogs.wsj.com/digits/2015/08/10/ad-blocking-software-will-cost-the-ad-industry-22-billion-this-year/ [Stand 2015–08–13].

Ellick, Adam B., u. a. 2014. *Innovation.* New York: The New York Times.

Encke, Julia 2014. Die Journalisten der Kanzlerin: Sie sind ihre beste Truppe. *Frankfurter Allgemeine Sonntagszeitung* 30. November. URL: http://www.faz.net/aktuell/feuilleton/medien/die-journalisten-der-kanzlerin-ihre-beste-truppe-13293640.html [Stand 2015–03–31].

Eslami, Motahhare, u. a. 2015. Many, many Facebook users still don't know that their news feeds are filtered by an algorithm: »I always assumed that I wasn't really that close to [her]«: Reasoning about invisible algorithms in the news feed. URL: http://www-personal.umich.edu/~csandvig/research/Eslami_Algorithms_CHI15.pdf [Stand 2015–03–28].

Flassbeck, Heiner 2015. Mein Interview im ZDF und drei Anmerkungen. *flassbeck-economics* 9. Juli. URL: http://www.flassbeck-economics.de/mein-interview-im-zdf-und-drei-anmerkungen/ [Stand 2015–08–05].

Fleischhacker, Michael 2014. *Die Zeitung: Ein Nachruf.* 1. Aufl. Wien: Brandstätter.

Franck, Georg 1998. *Ökonomie der Aufmerksamkeit: Ein Entwurf.* München: Hanser (Edition Akzente).

Frey, Peter 2015. »Frankfurter Allgemeine Bürgergespräch«: Lügenpresse! Woher kommt das Misstrauen gegenüber den Medien? Oper Frankfurt.

Froomkin, Dan 2015. The Computers are Listening. Speech Recognition is

NSA's Best-Kept Open Secret. *The Intercept* 11. Mai. URL: https://firstlook.org/theintercept/2015/05/05/nsa-speech-recognition-snowden-searchable-text/ [Stand 2015–05–19].

Fürg, Daniel 2014. Interview: Stefan Plöchinger über Journalismus | Social Secrets. *Social Secrets* 13. Oktober. URL: http://www.social-secrets.com/2014/10/interview-stefan-ploechinger-ueber-journalismus/ [Stand 2015–03–31].

Gabler, Neal 1995. *Winchell: Gossip, power and the culture of celebrity.* 1st Vintage Books ed. New York: Vintage.

Gehlen, Dirk v. 2013. *Eine neue Version ist verfügbar – Update: Wie die Digitalisierung Kunst und Kultur verändert.* 1. Aufl. Berlin: Metrolit.

Gehlen, Dirk v. 2015. Tweet: »@friiyo hier steht was Journalismus ist http://www.gesetze-im-internet.de/gg/art_5.html«. *Twitter* 29. März. URL: https://twitter.com/dvg/status/582194429890576384 [Stand 2015–04–09].

Gingras, Richard 2015. »Was braucht der Journalist von morgen?« Podiumsdiskussion bei Google Berlin. Berlin.

Glaser, Peter 2014. Onlinejournalismus: Konfetti für den Weilchenbeschleuniger. *Spiegel Online* 3. November. URL: http://www.spiegel.de/netzwelt/web/peter-glaser-essay-zur-entwicklung-des-onlinejournalismus-a-1000682.html [Stand 2015–04–05].

Google 2014. The Importance of Being Seen: Viewability Insights for Digital Marketers and Publishers. *thinkwithgoogle.com* 1. November. URL: https://think.storage.googleapis.com/docs/5-factors-of-viewability_infographics.pdf.

Google 2015. Hands Free, by Google 28. Mai. URL: https://www.youtube.com/watch?v=Qxet1VdpOQ4.

Google News Lab 2015. The Age of Insight: Telling Stories with Data. URL: https://www.youtube.com/watch?v=TA_tNhoLMEs.

Grassmuck, Volker R. 1995. Die Turing Galaxis: Das Universal-Medium als Weltsimulation. *Lettre* 1995 (LI 028). URL: https://www.lettre.de/magazin/li-28.

Greenwald, Glenn 2013. Global Lunch Showcase: Surveillance and Secret Government. Rio de Janeiro. URL: http://puc-riodigital.com.puc-rio.br/Videoteca/8_-Congresso-da-Abraji/Global-Lunch-Showcase%3A-Vigilancia-e-segredos-de-governo-23381.html [Stand 2014–10–23].

Greenwald, Glenn 2014a. *Die globale Überwachung: Der Fall Snowden, die amerikanischen Geheimdienste und die Folgen.* München: Droemer Knaur.

Greenwald, Glenn 2014b. Kontrovers: Wie Greenwald Journalismus sieht. *Zapp Medienmagazin* 29. Mai. URL: https://www.youtube.com/watch?v=EJ659aaFZjc [Stand 2015–04–03].

Haack, Joachim 2014. Medien-Studie des »Capital-Elite-Panel«. *Capital* 20. November.

Habermas, Jürgen 2010. *Strukturwandel der Öffentlichkeit: Untersuchungen zu einer Kategorie der bürgerlichen Gesellschaft.* 1. Aufl., unveränd. [12.] Nachdr. der Ausg. 1962, ergänzt um ein Vorw. zur Neuaufl. 1990. Frankfurt am Main: Suhrkamp (Suhrkamp-Taschenbuch Wissenschaft, 891).

Habermas, Jürgen 2015. Habermas: Warum Merkels Griechenland-Politik ein Fehler ist. *Süddeutsche Zeitung* 22. Juni. URL: http://www.sueddeutsche.de/wirtschaft/europa-sand-im-getriebe-12532119 [Stand 2015–07–14].

Hardy, Bruce W., u. a. 2014. Stephen Colbert's Civics Lesson: How Colbert Super PAC Taught Viewers About Campaign Finance. *Mass Communication and Society* 17 (3), 329–353.

Harms, Florian 2015. Tweet. URL: https://twitter.com/FAHarms/status/572846633681063937.

heise 2010. Springer-Chef: »Beten und Steve Jobs danken«. *heise.de* 8. April. URL: http://www.heise.de/newsticker/meldung/Springer-Chef-Beten-und-Steve-Jobs-danken-973673.html [Stand 2015–06–23].

Heiser, Sebastian 2015. Klick-Hitliste 2014: Kommentare überholen Recherchen. Berlin. URL: http://blogs.taz.de/hausblog/2015/01/01/klick-hitliste-2014-kommentare-ueberholen-recherchen/ [Stand 2015–01–01].

Herrman, John 2015. The Next Internet Is TV. *theawl.com* 5. Februar. URL: http://www.theawl.com/2015/02/the-next-internet-is-tv [Stand 2015–04–01].

Hockling, Yvonne 2015. Zusammenfassung: Trust Barometer 2015 – Die Deutschen haben Angst vor Innovationen. URL: http://www.edelman.de/de/news-pressemitteilungen/edelman-trust-barometer-2015-die-deutschen-haben-angst-vor-innovationen-vertrauen-in-wirtschaft-ngos-und-medien-schwindet [Stand 2015–01–22].

Hofstetter, Yvonne 2014. *Sie wissen alles: Wie intelligente Maschinen in unser Leben eindringen und warum wir für unsere Freiheit kämpfen müssen.* 2. Aufl. München: Bertelsmann.

Holcomb, Jesse, u. a. 2013. News Use Across Social Media Plattforms. Washington D. C.: PewResearchCenter. URL: http://www.journalism.org/files/2013/11/News-Use-Across-Social-Media-Platforms1.pdf.

Honan, Mat 2011. Steve Jobs Was Ready For »Thermonuclear War« With

Google. *Gizmodo.com* 20. Oktober. URL: http://gizmodo.com/5851937/steve-jobs-was-ready-for-thermonuclear-war-with-google [Stand 2015–06–24].

Honan, Mat 2015. This Is Twitter's Top Secret Project Lightning. *BuzzFeed News* 18. Juni. URL: http://www.buzzfeed.com/mathonan/twitters-top-secret-project-lightning-revealed.

Hopkins, Curt 2015. Internet-freedom superstar Jillian York talks privacy, free speech, and zonkies. *Dailydot.com* 16. Juni. URL: http://www.dailydot.com/politics/jillian-york-eff-interview-free-speech-zonkies/ [Stand 2015–06–22].

Huffington, Arianna 2013. Bezos, Heraclitus and the Hybrid Future of Journalism. *Huffington Post* 14. August. URL: http://www.huffingtonpost.com/arianna-huffington/future-of-journalism_b_3756207.html.

Hysen, Eric 2014. Keynote, Open Knowledge Festival 2014. Berlin. URL: http://2014.okfestival.org.

IBM 2014. Twitter and IBM Form Global Partnership. *ibm.com* 29. Oktober. URL: http://www-03.ibm.com/press/us/en/pressrelease/45265.wss [Stand 2015–04–05].

Intersperience 2012. ›Digital Futures‹ Project: Kids under-12 feel »sad« without internet connection. *intersperience.com* 30. Januar. URL: http://www.intersperience.com/news_more.asp?news_id=46 [Stand 2015–04–02].

Issenberg, Sasha 2012a. *The Victory Lab: The Secret Science of Winning Campaigns.* 1st ed. New York: Crown.

Issenberg, Sasha 2012b. How Obama's Embrace of Empiricism Could Swing the 2012 Race. *Slate.com* 22. Mai. URL: http://www.slate.com/articles/news_and_politics/victory_lab/2012/05/obama_campaign_ads_how_the_analyst_institute_is_helping_him_hone_his_message_.html [Stand 2015–04–02].

Issenberg, Sasha 2012c. Why Campaign Reporters Are Behind the Curve. *New York Times* 1. September. URL: http://campaignstops.blogs.nytimes.com/2012/09/01/why-campaign-reporters-are-behind-the-curve/?_r=0.

Jarvis, Jeff 2014a. This Week in Google 249 | TWiT.TV. *Twig, Episode 249* 14. Mai. URL: http://twit.tv/show/this-week-in-google/249 [Stand 2015–04–13].

Jarvis, Jeff 2014b. Keynote, Google Big Tent. Berlin.

Jensen, Lars 2015. Die Schreib-Maschinen. *brand eins* 23. Juli. URL: http://www.brandeins.de/archiv/2015/maschinen/wordsmith-schreibroboter-journalismus-von-computern-die-schreib-maschinen/ [Stand 2015–07–23].

Kahn, Jordan 2015. Apple News curation will have human editors and that will raise important questions. *9to5mac.com* 15. Juni. URL: http://9to5mac.com/2015/06/15/apple-news-curation-editors/ [Stand 2015–06–22].

Karpf, David 2012. *The MoveOn Effect: The Unexpected Transformation of American Political Advocacy*. New York: Oxford University Press (Oxford studies in digital politics).

Kaube, Jürgen 2015. Dankesrede zum Börne-Preis: Wie man die Gegenwart erfasst. *Frankfurter Allgemeine Zeitung* 13. Juli. URL: http://www.faz.net/aktuell/feuilleton/geisteswissenschaften/dankesrede-des-boerne-preistraegers-juergen-kaube-13699003.html [Stand 2015–07–14].

Keen, Andrew 2015a. *The Internet is Not the Answer.* First edition: Atlantic Monthly Press.

Keen, Andrew 2015b. DLD15 – The Internet is not the Answer (Andrew Keen, Mike Butcher) – YouTube. Diskussion bei der DLD-Konferenz, München. URL: https://www.youtube.com/watch?v=8lV3YRJKLq8 [Stand 2015–07–29].

Keese, Christoph 2014. *Silicon Valley: Was aus dem mächtigsten Tal der Welt auf uns zukommt.* Orig.-Ausg. München: Knaus.

Kleber, Claus 2015. Antrittsvorlesung: »Blickfeldverengung ist profitabler als Horizonterweiterung«. Universität Tübingen. URL: https://www.youtube.com/watch?v=6i9TwD_q6lk.

Klein, Ansgar, u. a. (Hg.) 2003. *Bürgerschaft, Öffentlichkeit und Demokratie in Europa.* Wiesbaden: VS Verlag für Sozialwissenschaften.

Klenk, Moritz 2012. New Religious Movements in Global Perspective: A Systems Theoretical Approach. *Zeitschrift für junge Religionswissenschaft* 01/12, 58. URL: http://www.researchgate.net/publication/261472144_New_Religious_Movements_in_Global_Perspective_A_Systems_Theoretical_Approach.

Knobloch, Carsten 2014. Google lässt Nutzer für werbefreie Webseiten bezahlen. *Caschys Blog* 20. November. URL: http://stadt-bremerhaven.de/google-laesst-nutzer-fuer-werbefreie-webseiten-bezahlen/ [Stand 2015–03–31].

Koch, Thomas 2015. W&V: Rest in Peace, Onlinewerbung (* 1995, † 2015). *derkontakter.de* 10. August. URL: http://www.derkontakter.de/blogs/mrmedia/rest_in_peace_onlinewerbung_1995_2015 [Stand 2015–08–13].

Kochetkova, Kate 2015. The Rise and Impact of Digital Amnesia. URL: https://blog.kaspersky.com/files/2015/06/005-Kaspersky-Digital-Amnesia-19.6.15.pdf.

Kohring, Matthias 2004. *Vertrauen in Journalismus: Theorie und Empirie.* Konstanz: UVK Verlagsgesellschaft (Kommunikationswissenschaft).

Kolb, Matthias 2015. Wie US-Politiker ins Netz drängen. *Süddeutsche Zeitung* 30. März. URL: http://www.sueddeutsche.de/politik/social-media-strategie-wie-us-politiker-ins-netz-draengen-12404171 [Stand 2015–04–01].

Kramer, Adam, Guillory, Jamie & Hancock, Jeffrey 2014. Experimental evidence of massive-scale emotional contagion through social networks. *Proceedings of the National Academy of Sciences of the United States of America* 111 (24), 8788–8790.

Kreye, Andrian 2015a. Offener Brief von Kapitalismusgegner Piketty an Merkel. *Süddeutsche Zeitung* 8. Juli. URL: http://www.sueddeutsche.de/medien/offener-brief-von-kapitalismuskritiker-piketty-wenn-wissenschaftler-kampagne-machen-12556450 [Stand 2015–07–14].

Kreye, Andrian 2015b. Piketty-Brief an Merkel: Nicht klug. *Süddeutsche Zeitung* 10. Juli. URL: http://www.sueddeutsche.de/kultur/piketty-brief-an-merkel-wissenschaft-beraubt-sich-ihrer-staerksten-waffe-12558133 [Stand 2015–07–14].

Krug, Hans-Jürgen 2015. Facebook first. *heise.de* 14. Juni. URL: http://m.heise.de/tp/artikel/45/45157/1.html [Stand 2015–06–22].

Lamden, Tim 2015. Teens launch Tinder-style politics app for general election. *Ham & High Broadway* 6. Februar. URL: http://www.hamhighbroadway.co.uk/home/election-2015/teens_launch_tinder_style_politics_app_for_general_election_1_3982198 [Stand 2015–04–02].

Lange, Stefan 2003. *Niklas Luhmanns Theorie der Politik: Eine Abklärung der Staatsgesellschaft.* 1. Aufl. Wiesbaden: Westdeutscher Verlag.

Lauricella, Tom, S. Stewart, Christopher & Ovide, Shira 2013. Twitter Hoax Sparks Swift Stock Swoon. *The Wall Street Journal* 23. April. URL: http://www.wsj.com/articles/SB10001424127887323735604578441201605193488 [Stand 2015–02–17].

Levy, Steven 2015a. Revealed: Facebook's Project to Find Out What People Really Want in Their News Feed. URL: https://medium.com/backchannel/revealed-facebooks-project-to-find-out-what-people-really-want-in-their-news-feed-799dbfb2e8b1 [Stand 2015–02–02].

Levy, Steven 2015b. The Man Who Made Obama Viral. *Backchannel (Medium.com)* 9. März. URL: https://medium.com/backchannel/the-man-who-made-obama-viral-1c06bc3c8760 [Stand 2015–04–02].

Lichterman, Joseph 2015. The Economist's Tom Standage on digital strategy and the limits of a model based on advertising. *Niemanlab.org* 1. April. URL: http://www.niemanlab.org/2015/04/the-economists-tom-standage-on-digi

tal-strategy-and-the-limits-of-a-model-based-on-advertising/ [Stand 2015–04–03].

Lindner, Fabian 2015. »Wenn es ernst wird, muss man lügen« – Herdentrieb. *Zeit Online* 2. Juli. URL: http://blog.zeit.de/herdentrieb/2015/07/02/wenn-es-ernst-wird-muss-man-luegen_8554 [Stand 2015–08–05].

Lischka, Konrad 2014. So geht wahres Kuratieren! *konradlischka.info* 1. November URL: http://www.konradlischka.info/2014/11/blog/medien-de/geht-wahres-kuratieren/ [Stand 2015–04–05].

Lohmeyer, Karsten 2015. Facebook baut gerade einen Todesstern – und könnte den Journalismus verändern. *lousypennies.de* 4. Februar. URL: http://www.lousypennies.de/2015/02/04/facebook-baut-gerade-einen-todesstern/ [Stand 2015–04–01].

Lotter, Wolf 2015. Tweet: »Viele Journalisten sind zuverlässigere Staatsverteidiger als die Spitzenbeamten, die ich kenne. Letztere wissen ja auch Bescheid.« URL: https://twitter.com/wolflotter/status/651343284237897728.

Luhmann, Niklas 2000a. *Die Politik der Gesellschaft.* 1. Aufl. Frankfurt am Main: Suhrkamp.

Luhmann, Niklas 2000b. *Vertrauen: Ein Mechanismus der Reduktion sozialer Komplexität.* 4. Aufl. Stuttgart: Lucius und Lucius (UTB für Wissenschaft, 2185).

Luhmann, Niklas 2004. *Die Realität der Massenmedien.* 3. Aufl. Wiesbaden: VS Verlag für Sozialwissenschaften.

Manjoo, Farhad 2013. You Won't Finish This Article: Why people online don't read to the end. URL: http://www.slate.com/articles/technology/technology/2013/06/how_people_read_online_why_you_won_t_finish_this_article.html.

Markowetz, Alexander, u. a. 2014. Psycho-informatics: Big Data shaping modern psychometrics. *Medical hypotheses* 82 (4), 405–411.

Markowetz, Alexander 2015. *Digitaler Burnout: Warum unsere Smartphone-Nutzung gefährlich ist.* München: Droemer.

Mesch, Stefan 2015. Charlie Hebdo – »Nimmst du das hin? Lässt dich das kalt?« *Freitag* 7. Januar. URL: https://www.freitag.de/autoren/smesch/nimmst-du-das-hin-laesst-dich-das-kalt [Stand 2015–04–02].

Metz, Cade 2014. Facebook Envisions AI That Keeps You From Uploading Embarrassing Pics. *Wired* 12. September. URL: http://www.wired.com/2014/12/fb/ [Stand 2015–03–28].

Metz, Cade 2015. Revealed: The Secret Gear Connecting Google's Online Empire. *Wired* 17. Juni. URL: http://www.wired.com/2015/06/google-reveals-secret-gear-connects-online-empire/ [Stand 2015–06–22].

Meyer, Robin 2015. Facebook as a Press Baron. *The Atlantic* 24. März. URL: http://www.theatlantic.com/technology/archive/2015/03/facebook-as-a-press-baron/388559/ [Stand 2015–04–02].

Meyrowitz, Joshua 1985. *No Sense of Place: The Impact of Electronic Media on Social Behavior.* New York: Oxford University Press.

Michal, Wolfgang 2015. Gefühlter Journalismus. *wolfgangmichal.de* 1. April. URL: http://www.wolfgangmichal.de/2015/04/gefuehlter-journalismus/ [Stand 2015–04–02].

Mickoleit, Arthur 2014. *OECD Working Papers on Public Governance (26).*

Miller, Judith 2015. The Iraq War and Stubborn Myths. *Wall Street Journal* 3. April. URL: http://www.wsj.com/articles/the-iraq-war-and-stubborn-myths-1428087215 [Stand 2015–04–04].

Miller, Paul 2013. I'm still here: back online after a year without the internet. *The Verge* 1. Mai. URL: http://www.theverge.com/2013/5/1/4279674/im-still-here-back-online-after-a-year-without-the-internet [Stand 2015–04–01].

Milz, Annette 1989. »Lesen ist asozial«: Die »Frankfurter Allgemeine« hat das Erbe des Literaturmonuments Marcel Reich-Ranicki einem 29-Jährigen anvertraut. Wer ist Frank Schirrmacher? *Medium Magazin 1/89*. URL: http://www.mediummagazin.de/wp-content/uploads/Schirrmacher_mm1_1989.pdf.

mimikama.at 2015. Facebook sperrt Satireprojekt. *mimikama.at* 16. Juni. URL: http://www.mimikama.at/allgemein/facebook-sperrt-satireprojekt/ [Stand 2015–06–22].

Mirani, Leo 2015. Facebook won't kill journalism. It might even save it. *Quartz* 28. März. URL: http://qz.com/369875/facebook-wont-kill-journalism-and-might-even-save-it/ [Stand 2015–03–31].

Mitchell, Amy, u. a. 2013. The Role of News on Facebook: Common yet Incidental. Washington D. C.: PewResearchCenter. URL: http://www.journalism.org/files/2013/10/facebook_news_10–24–2013.pdf.

Mitchell, Amy, u. a. 2014. Social, Search & Direct: Pathways to Digital News. Washington D. C.: PewResearchCenter. URL: http://www.journalism.org/files/2014/03/pathways_to_news_topline.pdf.

Mordvintsev, Alexander, Olah, Christopher & Tyka, Mike 2015. Inceptionism: Going Deeper into Neural Networks. *Google Research Blog* 15. Juli. URL:

http://googleresearch.blogspot.de/2015/06/inceptionism-going-deeper-into-neural.html [Stand 2015–07–16].

Morey, Timothy, Forbath, Theodore & Schoop, Allison 2015. Customer Data: Designing for Transparency and Trust. *Havard Business Review* 5/2015. URL: https://hbr.org/2015/05/customer-data-designing-for-transparency-and-trust [Stand 2015–07–29].

Müller von Blumencron, Mathias 2014. Podiumsdiskussion. Berlin.

Müller von Blumencron, Mathias 2015a. Propagandaschlacht im Internet: Unsere tägliche Desinformation. *Frankfurter Allgemeine Zeitung* 12. Januar. URL: http://www.faz.net/aktuell/politik/das-internet-als-propagandavehikel-obskurer-theorien-13364530.html [Stand 2015–04–02].

Müller von Blumencron, Mathias 2015b. Facebook will das Internet für sich allein. *Frankfurter Allgemeine Zeitung* 28. März, 16. URL: http://www.faz.net/aktuell/feuilleton/medien/mark-zuckerberg-stellt-presse-plan-vor-13509720.html.

Mundt, Florian 2015. Germanwings Absturz – mit Stefan und Florian # MARIES STAMMTISCH. *YouTube-Kanal von Marie Meimberg* 4. April. URL: https://youtu.be/OHmYSAPE5F4.

Munzinger, Paul 2015. Obama-Berater Jim Messina: Der Wähler-Durchleuchter. *Süddeutsche Zeitung* 10. Februar. URL: http://www.sueddeutsche.de/politik/obama-berater-jim-messina-grossmeister-der-waehler-durchleuchtung-12344019 [Stand 2015–03–28].

Niggemeier, Stefan 2014. Von Putinverstehern und Journalistenverstehern. *stefan-niggemeier.de* 14. Nov. URL: http://www.stefan-niggemeier.de/blog/19716/von-putinverstehern-und-journalistenverstehern/ [Stand 2015–04–05].

Niggemeier, Stefan 2015a. Nach dem Germanwings-Absturz: Jeder ist ein Medienkritiker. *Frankfurter Allgemeine Sonntagszeitung* 29. März. URL: http://www.faz.net/aktuell/feuilleton/medien/germanwings-absturz-jeder-ist-ein-medienkritiker-13511170.html [Stand 2015–03–29].

Niggemeier, Stefan 2015b. *Tweet*, 9. Juli. URL: https://twitter.com/niggi/status/619048675394867200.

Niggemeier, Stefan 2015c. *Tweet*, 9. Juli. URL: https://twitter.com/niggi/status/619047372740501504.

O'Donovan, Caroline 2015. What does Facebook's new tool for fighting fake news mean for real publishers? URL: http://www.niemanlab.org/2015/01/what-does-facebooks-new-tool-for-fighting-fake-news-mean-for-real-publishers/ [Stand 2015–01–22].

Owen, Laura 2015. User-generated content can traumatize journalists who work with it – a new project aims to help. *Niemanlab.org* 4. August. URL: http://www.niemanlab.org/2015/08/user-generated-content-can-traumatize-journalists-who-work-with-it-a-new-project-aims-to-help/ [Stand 2015–08–05].

Owens, Erich & Weinsberg, Udi 2015. News Feed FYI: Showing Fewer Hoaxes. URL: https://newsroom.fb.com/news/2015/01/news-feed-fyi-showing-fewer-hoaxes/ [Stand 2015–01–20].

Packer, George 2014. The Astonishing Rise of Angela Merkel. *The New Yorker* 1. Dezember. URL: http://www.newyorker.com/magazine/2014/12/01/quiet-german [Stand 2015–04–21].

Pallenberg, Sascha 2015. Einfach mal abschalten! Entschleunigung 2.0 – Warum ich den Benachrichtigungs-Wahn nicht mehr mitmache. *Mobilegeeks.de* 27. August. URL: http://www.mobilegeeks.de/artikel/benachrichtigungen-online-digital-wahn/.

PenzeyMoog, Caitlin 2015. The A. V. Club reflects on Jon Stewart's »Daily Show« departure. URL: http://www.avclub.com/article/v-club-reflects-jon-stewarts-daily-show-departure-215107 [Stand 2015–02–12].

Pettitt, Thomas 2010. The Gutenberg Parenthesis: Oral Tradition and Digital Technologies. Cambridge, Boston. URL: http://web.mit.edu/comm-forum/forums/gutenberg_parenthesis.html [Stand 2015–08–02].

Pfeiffer, Dan 2015. How Meerkat Will Change the 2016 Election for Every Campaign, Reporter and Voter. *Backchannel (Medium.com)* 18. März. URL: https://medium.com/backchannel/how-meerkat-is-going-to-change-the-2016-election-for-every-campaign-reporter-and-voter-1daa8954e543 [Stand 2015–04–01].

Pimpl, Roland 2015. F. A. Z.-Chef Thomas Lindner: »Google argumentiert wie ein Senfhändler«. *Horizont* 20. Februar. URL: http://www.horizont.net/medien/nachrichten/F.A.Z.-Chef-Thomas-Lindner-Google-argumentiert-wie-ein-Senfhaendler-132971 [Stand 2015–02–21].

Plante, Chris 2015. How to use your smartphone less and be happier. *The Verge* 7. Juli. URL: http://www.theverge.com/2015/7/7/8907479/smartphone-screen-time-health-sleep-tips-tricks [Stand 2015–08–05].

Plöchinger, Stefan 2014. So kommen Sie schneller zum Kern der Nachricht. *Süddeutsche Zeitung* 14. Oktober. URL: http://www.sueddeutsche.de/kolumne/neu-auf-szde-so-kommen-sie-schneller-zum-kern-der-nachricht-12162375 [Stand 2015–04–05].

Poniewozik, James 2014. Unfortunately, John Oliver, You Are a Journalist.

Time 17. November. URL: http://time.com/3589285/unfortunately-john-oliver-you-are-a-journalist/ [Stand 2015–04–01].

Priller-Gebhardt, Lisa 2014. Nur kein Mindestlohn: Bauer sucht minderjährige Zusteller. URL: http://www.wuv.de/medien/nur_kein_mindestlohn_bauer_sucht_minderjaehrige_zusteller.

Rey, Benjamin 2014. Your tweet half-life is 1 billion times shorter than Carbon-14's. URL: http://blog.wisemetrics.com/tweet-isbillion-time-shorter-than-carbon14/.

Rieger, Frank 2015. Einleitung in eine Diskussion zur »Arbeit 4.0« im Rahmen einer Veranstaltung der »Rhein-Main-Runde«. Frankfurt.

Rosenstiel, Tom & Jurkowitz, Mark 2012. The Master Character Narratives in Campaign 2012. URL: http://www.journalism.org/2012/08/23/2012-campaign-character-narratives/ [Stand 2015–03–28].

Rossignol, Joe 2015. Publishers Upset Over Apple's Opt-Out Terms for Inclusion in iOS 9 News App. *MacRumors* 17. Juni. URL: http://www.macrumors.com/2015/06/17/apple-news-publishers-email-opt-out/ [Stand 2015–06–22].

Rucht, Dieter, Richter, Emanuel & Klein, Ansgar 2003. Einführung: Zugänge zur Demokratiefrage in der EU, in Klein, Ansgar, u. a. (Hg.): *Bürgerschaft, Öffentlichkeit und Demokratie in Europa*. Wiesbaden: VS Verlag für Sozialwissenschaften, 23–29.

Sall, Mike 2003. The Optimal Post is 7 Minutes. *Data Lab (Medium.com)* 2. Dezember. URL: https://medium.com/data-lab/the-optimal-post-is-7-minutes-74b9f41509b [Stand 2015–04–05].

Schilling, Peter 2015. Heftig.co-Gründer Interview | New Platform Advertising | Online Marketing Rockstars. URL: https://www.youtube.com/watch?v=pdtAYcw4bd4 [Stand 2015–06–22].

Schmidt, Eric, Rosenberg, Jonathan & Eagle, Alan 2015. *Wie Google tickt*. Frankfurt am Main, New York: Campus.

Schmidt, Harald 2014a. Harald Schmidt bei Sternstunde Philosophie. *Schweizer Radio und Fernsehen* 25. Mai. URL: https://www.youtube.com/watch?v=wRD1NE-y28Q.

Schmidt, Harald 2014b. Harald Schmidt im Gespräch mit Peter Huemer. *Gespräch im Stadttheater Walfischgasse, Wien* 23. November. URL: https://www.youtube.com/watch?v=kJLjKEHoCRI.

Schmidt, Lucia 2015. »Es ist wie bei einer Suche«: Interview mit Alexander Markowetz. *Frankfurter Allgemeine Sonntagszeitung* 27. September.

Schmidtke, Michael 2014. Corporate Storytelling und Digital Campaigning bei Bosch. Stuttgart. URL: http://www.researchlab-db.com/nextcc-konferenz-2014/.

Schönenborn, Jörg 2012. »Ein Beitrag zur Funktionsfähigkeit der Gesellschaft«. URL: http://www.ard.de/home/intern/presse/pressearchiv/253050/index.html.

Schröder, Jens 2014. 10 000-Flies-Like-Medien des Monats: Zenit schon überschritten? Heftig fällt auf Platz 2 zurück. *10000flies.de* 16. Juli. URL: http://www.10000flies.de/blog/10000-flies-like-medien-des-monats-zenit-schon-uberschritten-heftig-fallt-auf-platz-2-zuruck/ [Stand 2014–07–16].

Schulz, Stefan 2012. Politisches Fernsehen: Ausgedachte Wirklichkeiten. *Frankfurter Allgemeine Zeitung* 22. Dezember. URL: http://www.faz.net/aktuell/feuilleton/medien/politisches-fernsehen-ausgedachte-wirklichkeiten-11993563.html [Stand 2015–07–16].

Schulz, Stefan 2013. Politik im Internet: Googles gefährliche Meinungsmache. *Frankfurter Allgemeine Zeitung* 22. August. URL: http://www.faz.net/aktuell/feuilleton/medien/politik-im-internet-googles-gefaehrliche-meinungsmache-12539987.html [Stand 2015–03–30].

Schulz, Stefan 2014. Sogar Facebook entdeckt noch Neuland. *Digital Twin, F. A. Z.-Blog* 28. Juli. URL: http://blogs.faz.net/digitaltwin/2014/07/28/facebooks-will-jetzt-privatsphaere-765/.

Schulz, Stefan 2015. Was Facebook will? Die De-Institutionalisierung des Journalismus! Journalismus nach dem Text. Düsseldorf. URL: http://sozialtheoristen.de/2015/05/13/was-facebook-will-die-de-institutionalisierung-des-journalismus/ [Stand 2015–05–19].

Schwarz, Hunter 2015a. Rand Paul's one-word strategy to reach young voters: Snapchat. *Washtington Post* 13. März. URL: http://www.washingtonpost.com/blogs/the-fix/wp/2015/03/13/rand-pauls-one-word-strategy-to-reach-young-voters-snapchat [Stand 2015–04–01].

Schwarz, Tobias 2015b. BuzzFeed: Journalismus für das Zeitalter von Social Media? *Netzpiloten.de.* 16. Februar. URL: http://www.netzpiloten.de/buzzfeed-journalismus-fuer-das-zeitalter-von-social-media/ [Stand 2015–02–17].

Scoble, Robert 2015. Facebook tips. *Facebook* 25. Mai. URL: https://www.facebook.com/RobertScoble/posts/10153302327124655.

Sedghi, Ami 2015. A third of young people think social media will influence their vote. *Guardian* 10. März. URL: http://www.theguardian.com/news/

datablog/2015/mar/10/a-third-of-young-people-think-social-media-will-influence-their-vote [Stand 2015–03–28].

Shahani, Aarti 2014. In Google Newsroom, Brazil Defeat Is Not A Headline. *NPR* 9. Juli. URL: http://www.npr.org/blogs/alltechconsidered/2014/07/09/330003058/in-google-newsroom-brazil-defeat-is-not-a-headline [Stand 2015–04–05].

Sifry, Micah L. 2014a. *The Big Disconnect: Why the Internet Hasn't Transformed Politics (Yet).* New York: O/R Books.

Sifry, Micah L. 2014b. Facebook wants you to vote on Tuesday. Here's how it messed with your feed in 2012. *motherjones.com* 31. Oktober. URL: http://www.motherjones.com/politics/2014/10/can-voting-facebook-button-improve-voter-turnout [Stand 2015–04–05].

Simmel, Georg 1908. *Soziologie: Untersuchungen über die Formen der Vergesellschaftung.* Leipzig: Duncker & Humblot.

Somaiya, Ravi 2014. How Facebook Is Changing the Way Its Users Consume Journalism. *New York Times* 27. Oktober, B1.

Spehr, Michael 2014. Börsenmanipulation mit gefälschten Twitter-Accounts? *Frankfurter Allgemeine Zeitung* 12. August. URL: http://www.faz.net/aktuell/technik-motor/computer-internet/nach-dem-hashtag-crash-boersenmanipulation-mit-gefaelschten-twitter-accounts-13091045.html [Stand 2014–08–13].

Spitzer, Manfred 2014. *Digitale Demenz: Wie wir uns und unsere Kinder um den Verstand bringen.* München: Droemer Knaur (Knaur, 30056).

Stark, Birgit 2014. *Die Googleisierung der Informationssuche: Suchmaschinen zwischen Nutzung und Regulierung.* Berlin: De Gruyter (Media Convergence / Medienkonvergenz, 10).

Steinmeier, Frank-Walter 2014. Bedeutung des Journalismus: Voll auf die Presse. Rede bei den »Lead Awards« 2014. *Frankfurter Allgemeine Zeitung* 15. November. URL: http://www.faz.net/aktuell/feuilleton/medien/frank-walter-steinmeiers-rede-bei-den-lead-awards-13266574.html [Stand 2015–03–31].

Sweney, Mark 2014. Guardian launches new three-tier membership scheme: New initiative aims to allow readers to get closer to the Guardian's brand and open journalism philosophy. London. URL: http://www.theguardian.com/media/2014/sep/10/guardian-membership-scheme-patrons-kings-cross.

Tamir, Nimrod 2015. Ein neuer Blick auf die Welt mit Google Trends. *Google Produkt-Blog* 18. Juni. URL: http://google-produkte.blogspot.de/2015/06/google-trends-in-echtzeit.html.

Thaler, Richard H. & Sunstein, Cass R. 2011. *Nudge: Wie man kluge Entscheidungen anstößt.* Ungekürzte Ausg., 1. Aufl. Berlin: Ullstein (Ullstein, 37366).

Theveßen, Elmar 2015. A!026 – Fragen an Elmar Theveßen, Nachrichtenchef des ZDF. *Aufwachen Podcast* 18. Juni. URL: http://aufwachen-podcast.de/2015/06/18/a026-fragen-an-elmar-thevessen-nachrichtenchef-des-zdf/ [Stand 2015–07–07].

Thompson, Derek 2014. The Facebook Effect on the News. *The Atlantic* 12. Februar. URL: http://www.theatlantic.com/business/archive/2014/02/the-facebook-effect-on-the-news/283746/ [Stand 2015–01–22].

Thompson, Derek 2015. What Good Is Twitter? *The Atlantic* 16. Februar. URL: http://www.theatlantic.com/business/archive/2015/02/the-unbearable-lightness-of-tweeting/385484/ [Stand 2015–02–17].

Tiku, Nitasha 2014. Facebook has an empathy team to teach employees that users are human beings. *The Verge* 12. Dezember. URL: http://www.theverge.com/tldr/2014/12/12/7378599/facebook-empathy-team [Stand 2015–04–02].

Tobin, Stephanie J., u. a. 2013. Threats to belonging on Facebook: lurking and ostracism. *Social Influence* 10 (1), 31–42.

Topolsky, Joshua 2010. Apple responds to iPhone 4 reception issues: you're holding the phone the wrong way. *Engadget.com* 24. Juni. URL: http://www.engadget.com/2010/06/24/apple-responds-over-iphone-4-reception-issues-youre-holding-th/ [Stand 2015–06–24].

Topolsky, Joshua 2015. What Google Just Announced Is a Bombshell. *Bloomberg Business* 28. Mai. URL: http://www.bloomberg.com/news/articles/2015–05–28/what-google-just-announced-is-a-bombshell [Stand 2015–06–22].

Tufekci, Zeynep 2014a. Engineering the public: Big data, surveillance and computational politics. *First Monday* 2014 (Volume 19, Number 7). URL: http://firstmonday.org/ojs/index.php/fm/article/view/4901/4097 [Stand 2015–03–28].

Tufekci, Zeynep 2014b. Online social change: easy to organize, hard to win. Rio de Janeiro. URL: http://www.ted.com/talks/zeynep_tufekci_how_the_internet_has_made_social_change_easy_to_organize_hard_to_win#t-10443 [Stand 2015–04–01].

Tyers, Roger 2015. Electioneering, Facebook-style. *Sociology Lens* 19. Februar. URL: http://thesocietypages.org/sociologylens/2015/02/19/electioneering-the-facebook-way/ [Stand 2015–02–20].

van de Laar, Julius 2013. Vortrag bei Google in Berlin. Berlin.

Viner, Katharine 2015. Journalismus – Der Aufstieg des Lesers. *Freitag* 26. März. URL: https://www.freitag.de/autoren/the-guardian/der-aufstieg-des-lesers [Stand 2015–03–29].

Webel, Max von 2015. Selbstbrauendes Bier. *Podcast: »Wir müssen reden«*, Ausgabe 95 2015 [Stand 2015–08–07].

Welzer, Harald 2014. Frage an Google-Aufsichtsrat Eric Schmidt. Berlin.

Wener-Fligner, Zach 2014. Google admits that nobody ever sees more than half of all web ads. *Quartz* 5. Dezember. URL: http://qz.com/307204/google-admits-that-advertisers-wasted-their-money-on-more-than-half-of-internet-ads/ [Stand 2015–04–05].

Wiedeman, Reeves 2015. How The New York Times Works. *popularmechanics.com* 11. Februar. URL: http://www.popularmechanics.com/technology/a14030/how-the-new-york-times-works/ [Stand 2015–03–31].

Williams, Owen 2015. Facebook Wants To Own Everything You Do On The Internet. *thenextweb.com* 25. März. URL: http://thenextweb.com/opinion/2015/03/25/facebook-has-officially-declared-it-wants-to-own-every-single-thing-you-do-on-the-internet/ [Stand 2015–03–31].

Winatschek, Marcel 2015. Wie Facebook den Rest des Internets langsam ausbluten lässt. *Amy&Pink* 21. Juli. URL: http://www.amypink.de/2015/07/21/der-klick-ist-tot-wie-facebook-den-rest-des-internets-langsam-ausbluten-laesst/ [Stand 2015–08–01].

Winterbauer, Stefan 2015. Die nutzlose Reichweite von Google und Facebook: »Digitaler Tsunami«-Autor Nicolas Clasen über Publisher im Teufelskreis. *Meedia* 26. Januar. URL: http://meedia.de/2015/01/26/die-nutzlose-reichweite-von-google-und-facebook-digitaler-tsunami-autor-nicolas-clasen-ueber-publisher-im-teufelskreis/ [Stand 2015–03–31].

Wöhrle, Dieter 1988. *Bertolt Brechts medienästhetische Versuche*. Köln: Prometh Verlag.

Wolf, Armin 2015. *Tweet* 3. April. URL: https://twitter.com/ArminWolf/status/583944308782460929.

Yu, Ansha 2015. News Feed FYI: Taking Into Account Time Spent on Stories. *Facebook Newsroom* 12. Juni. URL: http://newsroom.fb.com/news/2015/06/news-feed-fyi-taking-into-account-time-spent-on-stories/.

Zarella, Dan 2012. How to Get More Clicks on Twitter. URL: http://danzarrella.com/infographic-how-to-get-more-clicks-on-twitter.html.

Zeinlinger, Tina 2014. Warum WhatsApp-Nachrichten immer sofort beantwortet werden. *Der Standard* 3. September. URL: http://derstandard.at/

2000004796020/Warum-WhatsApp-Nachrichten-immer-sofort-beantwortet-werden [Stand 2015–04–05].

Zeit 2015. Medienkritik: Deutsche haben wenig Vertrauen in die Medien. *Zeit Online* 24. Juni. URL: http://www.zeit.de/gesellschaft/2015-06/medienkritik-journalismus-vertrauen [Stand 2015–06–30].

Zook, Jason 2015. Mein seltsames Morgenritual und warum du auch eines brauchst (übersetzt von Patrick Baumann). *Medium.com* 4. Februar. URL: https://medium.com/deutsch/mein-seltsames-morgenritual-und-warum-du-auch-eines-brauchst-bdeb4e13ba38 [Stand 2015–04–11].

DANK

Nicht nur Facebook nutzt eins, auch Teile dieses Buchs wurden von einem Testpublikum begutachtet. Für ihre Unterstützung danke ich Rena Schwarting und Henrik Dosdall. Thomas Schmidt, Tobias Heyl und ihren beteiligten Kollegen von Landwehr und Hanser danke ich für den Zuspruch und das Vertrauen in die Buchidee und in ihren Debütanten. Ich danke meiner Frau und meinen Kindern für ihre Unterstützung und ihre Ablenkungen.

Meine große Dankbarkeit für die Wegbereitung zum ersten Buch gilt Frank Schirrmacher. Es wurde ein Text über die Reste des Journalismus, die nach seinem Tod übrig blieben. Was wäre bloß passiert, wenn er dabei gewesen wäre, als 2015 zuerst ein Spieltheoretiker griechischer Finanzminister wurde und danach eine halbe Million junge Menschen hoffnungsfroh nach Deutschland kamen? Das wissen wir nicht. Aber die Frage lässt uns ermessen, wie sehr Frank Schirrmacher fehlt.